글로벌 마케터 따라 하기, 그 첫 번째 이야기

글로벌 마케터 따라 하기, 그 첫 번째 이야기

초판 1쇄 인쇄 2014년 07월 28일
초판 1쇄 발행 2014년 07월 31일

지은이	안 동 원		
펴낸이	손 형 국		
펴낸곳	(주)북랩		
편집인	선 일 영	편집	이소현, 이윤채, 김아름
디자인	이현수, 신혜림, 김루리	제작	박기성, 황동현, 구성우
마케팅	김회란, 이희정		

출판등록 2004. 12. 1(제2012-000051호)
주소   서울시 금천구 가산디지털 1로 168, 우림라이온스밸리 B동 B113, 114호
홈페이지 www.book.co.kr
전화번호 (02)2026-5777   팩스   (02)2026-5747

ISBN   979-11-5585-292-7 13320(종이책)
        979-11-5585-293-4 15320(전자책)

이 책의 판권은 지은이와 (주)북랩에 있습니다.
내용의 일부와 전부를 무단 전재하거나 복제를 금합니다.

이 도서의 국립중앙도서관 출판시도서목록(CIP)은 서지정보유통지원시스템 홈페이지(http://seoji.nl.go.kr)와
국가자료공동목록시스템(http://www.nl.go.kr/kolisnet)에서 이용하실 수 있습니다.
(CIP제어번호 : 2014021982)

GLOBAL MARKETER
데니스 팀장 따라 하면 10배로 수출한다

GLOBAL 글로벌 마케터 MARKETER 따라 하기, 그 첫 번째 이야기

안동원 지음

북랩 book Lab

프롤로그

"어떤 일 하세요?"

"네, 저는 한 제조업체에서 동물약품을 수출하는 일을 하고 있습니다."

"네, 그러세요? 그런데, 동물약도 수출해요?"

동물약품을 제조하는 회사에서 해외사업팀 팀장을 맡고 있을 때였다. 사람들을 만나면 의외로 많이 듣는 질문 중 하나였다. "동물약도 수출해요?" 이 질문을 하는 이유는 두 가지다.

하나는 동물에게도 약을 쓰는지 모르기 때문이고, 또 다른 하나는 도대체 동물약을 어느 나라에 수출한다는 말인지 상상이 가질 않기 때문이다.

여기서 말하는 동물이란 세렝게티에서 뛰어 다니는 야생 동물을 말하는 건 아니다. 주로 애완견이나 식용으로 쓰기 위해 사육하는 소, 돼지, 닭과 같은 가축을 말한다.

어릴 때 아버지 고향에 가면 친척집마다 소를 몇 마리씩 키우는 걸 본 기억이 난다. 큰 혀를 쑥 내밀어 이리저리 돌리며 나를 쳐다보는 순진한 눈망울. 낯선 사람이 나타나자 새끼는 어미 뒤로 숨어들어간다. 마치 강아지를 부르듯 "메리"하고 오라는 손짓을 해도 좀체 가까이 오질 않는다. 아마 그 송아지의 이름이 '메리'가 아니었던 것 같다.
 어미 소가 새끼를 낳은 경우를 보자. 그 새끼가 아무 아픈 데 없이 어미가 될까? 절대 그렇지 않다. 사람도 태어나는 순간부터 죽을 때까지 병원과 약의 신세를 질 수밖에 없다. 생명을 가진 동물들도 많은 질병에 걸리고 고통 속에 죽음을 맞이하기도 한다. 동물도 생명이니 당연히 약이 필요하다. 사람만 약이 필요한 것이 아니다.

 나는 19년 동안 글로벌 마케터로 일했다. 다양한 업종에서 다양한 제품을 수출해 왔다. 신발, 컴퓨터 주변기기, 인체의약품 등. 이제는 어떤 제품을 어느 나라에 수출하라고 해도 두렵지 않다. 동물약도 마찬가지다. 사람들은 잘 모르지만 어디선가 동물약이 만들어지고 수출되고 있다. 글로벌 마케터들이 수출하는 제품은 정말 다양하다. 수출 잘 될 제품, 수출 안 될 제품은 없다. 어차피 글로벌 마케터도 사람을 상대로 마케팅을 하는 직업이다. 사람 사는 건 어딜 가나 다 똑같다. 동물에 쓰는 약 또한 필요로 하는 사람에게 판매하면 된다. 결코 어려운 일이 아니다.

수출이 어려울 것 같은 제품도 전 세계를 누비며 수출하는 사람들, 그들이 글로벌 마케터이다.

요즘 같은 취업난이 심각할 때에는 글로벌 마케터만큼 취업하기 좋은 직업도 없는 것 같다. 지금은 글로벌 비즈니스를 빼고 사업 자체를 영위하기 어려운 시대다. 그러니 글로벌 마케터에 대한 수요는 갈수록 늘어날 수밖에 없다.

중국의 최대 가전업체인 하이얼의 장루이민 회장이 말했다.

"기업들은 인재가 부족하다고 난리다. 인재가 최대한 능력을 발휘할 수 있도록 제대로 된 시스템을 갖추는 게 정말 중요하다."

청년들은 취업이 안 된다고 울상이지만 기업들은 인재가 없어서 고민이다. 특히 미지의 시장을 발굴해서 무에서 유를 창조해 내는 글로벌 마케터들은 어느 회사나 반드시 필요로 한다. 그들은 좁은 대한민국이 아니라 무한한 글로벌 시장에서 마음껏 역량을 펼쳐 나간다. 시스템이 갖춰지지 않은 회사라도 상관없다. 스스로 시스템을 만들어가며 최대한 능력을 발휘하면 되기 때문이다.

글로벌 마케터라는 직업에 관심이 있는 사람들이 생각보다 많다. 학과를 결정해야 할 고등학생, 그리고 취업을 앞둔 대학생들이 특히 그렇다. 그들에게 글로벌 마케터가 하는 일이 무엇인지 정확히 알려주는 책이 없다. 시중에 나와 있는 책들은 무역 실무만 가르친다. 그건 글로벌 마케터가 알아야 할 내용 중 10%도 안 된다. 그러니 글로벌 마케터가 뭐하는 사람인지 알려줄 필요가 있다. 비단 학생뿐일까?

경력 5년 이상 된 글로벌 마케터들도 체계 없이 닥치는 대로 일을 할 뿐이다. 글로벌 마케터로서의 철학은커녕 하루하루를 버티는 데 급급하다.

그런 후배들에게 도움이 되고 싶다. 대한민국이란 껍질을 벗고 글로벌 비즈니스에 뛰어 들어서 겪었던 삶, 애환, 그리고 성공과 좌절을 엿볼 수 있는 기회를 주고 싶다. 성공담만 늘어 놓은 것은 아니다. 그렇다고 실패담만 늘어놓은 것도 아닌 숱한 시행착오와 노력을 통해 가슴으로 배운 경험담이다. 이를 바탕으로 후배들이 부질없는 시행착오를 줄이고 글로벌 인재로 거듭 나도록 돕고 싶다. 그리고 그 이야기를 머리가 아니라 가슴으로 전해주려 한다.

차례

프롤로그 •4

CHAPTER 1 뭐, 동물약품을 수출하라고? •11

헤드헌터의 전화 •12
수출에 적합한 체질로 개선시켜라 •14
새로운 시장은 인맥을 동원해 개척하라 •16
대박 시장은 대한민국 밖에 있다 •19
눈앞에 펼쳐진 거대한 목장 •21
가슴 뛰는 신선한 충격 •23
우물 밖 세계 시장을 보라 •25
매미는 겨울에 내리는 눈을 알 수 없다 •28
새로운 난관에 봉착하다 •29
우리나라는 만족하기에 너무 좁다 •32
미래는 미리 준비해야 •34
나뭇가지를 묶어서 때려라 •35
멀리 가려면 손잡고 함께 가라 •36
북 치고 장구 치고 •38
300만 불짜리 열정 •40

CHAPTER 2 바이어, 그리고 협상 •43

특명, 바이어의 지갑을 열어라 •44
협상 스킬 알아보기 •55
비즈니스의 모든 것이 협상이다 •79
계약도 협상의 일부분 •87
바이어 잘 꼬시기 •94
빅바이어를 발굴하는 비결 •114
바이어를 꼬시기 위한 TIP •128
전시회 120% 활용하기 •140

CHAPTER 3 경영진, 그리고 마인드 •153

수출 마인드로 전환하기 •154
해외에 공장, 지사 설립하기 •180
우리끼리 경쟁은 하지 말자 •201

CHAPTER 4 글로벌 인재, 그리고 마케팅 •207

글로벌 인재로 거듭나기 •208
글로벌 인재 사장 되기 •266
꿈과 희망을 찾고 있는 글로벌 인재에게 •285

에필로그 •306

부록 Q&A 글로벌 마케터에 대해 궁금한 것들 •311

저자 후기 •328

일러두기

- 전체 이야기는 '데니스 팀장'이라는 가상의 인물을 주인공으로 했다.
- 사람 이름이나 회사명은 영어 이름과 약자를 사용했고, 회사 기밀이나 공개하기 곤란한 부분은 약간의 각색을 거쳤다.
- 본문에서 나오는 '바이어'는 수출을 할 때 제품을 사주는 사람인 '해외 바이어'일 수도 있고, 인생을 살아가는 데 '당신을 필요로 하는 모든 사람'을 의미하기도 한다.

뭐, 동물약품을 수출하라고?

헤드헌터의 전화

봄바람이 차가운 기운을 타고 얼굴을 휘감고 있던 일요일 아침이었다. 모처럼 세차를 하고 있는데 핸드폰 벨소리가 울렸다. 모르는 번호였다. 통화 버튼을 꾹 눌렀다.

"저는 헤드헌팅 회사의 OOO 이사라고 합니다. 괜찮은 회사가 있어 추천하고 싶은데요."

헤드헌팅 회사에서 관심을 가져 주다니 기분이 나쁘진 않았다.

"어떤 회사에요?"

"동물약품 제조업체인데요. 규모는 작아도 내실이 있는 회사입니다. 마침 해외사업팀장을 찾고 있는데요, 면접 한 번 보시죠?"

"네? 동물약품이요? 저는 동물약품은 수출해본 적이 없는데요."

난감했다. 해외영업만 십수 년을 해 왔지만 동물약품이라는 아이템은 수출해본 적이 없었기 때문이다. 생소한 분야라서 과연 내가 할 수 있을까? 라는 걱정이 먼저 앞섰다.

"제가 그쪽 분야는 경험이 없어서요. 죄송하지만 면접은 보지 않겠습니다."

"다양한 경험을 갖고 계시니까 동물약품도 수출 잘하실 것 같은데요. 아니, 그러지 마시고 면접만 한 번 보세요. 그 다음에 결정하시면 되잖아요?"

그 후로도 그는 매일 전화를 했다. 어떤 날은 하루에 세 번이나 전화하기도 했다. 그의 집요함에 두 손을 들었다. 일단 면접만 보기로 했다.

동물약품을 수출한다? 과연 어떤 분야인지, 그리고 수출을 할 수 있을지 호기심이 생겼다. 인터넷을 뒤져 자료를 수집했다. 국내 시장 규모가 크지 않으며 수출 또한 활성화되어 있지 않은 업종이었다. 여기서라면 조금만 잘해도 눈에 확 띌만한 성과가 나올 수도 있겠구나 싶었다.

수출금액은 연간 70~100만 달러 정도 되는 회사였다. 동물약품은 수출하기에 쉽지 않은 아이템이라는 인식을 가지고 있었다. 업계 내에서도 100만 달러 정도면 수출이 굉장히 많은 편에 속했다. 수출이 뭔지도 잘 모르는 회사도 많았으니까.

사장님은 여든에 가까운 노인이었다. "내 소원은 말이야. 죽기 전에 300만 달러 수출탑을 받는 거야. 자네가 꼭 이루어 주길 바라네."

조사한 바로는 한국 동물약품 시장 규모가 해외 시장의 2%밖에 되지 않았다. 해외 시장에서 점유율만 조금 높일 수 있다면 300만 달러가 문제가 아니라 그 이상도 충분히 가능하다는 생각이 들었다. 그렇게 첫 출근을 했다.

💡 수출에 적합한 체질로 개선시켜라

수출 매출을 늘리는 방법은 크게 두 가지다. 하나는 기존 바이어를 잘 키우는 것이고, 다른 하나는 신규 시장을 개척하는 것이다. 현재 단계에서는 신규 시장을 개척하는 것보다 기존 바이어를 잘 키우는 게 쉽고 빠르게 매출을 늘리는 방법이라고 판단했다.

기존 바이어들과 접촉해 나갔다. 우선 기존 바이어들이 우리와 거래하면서 가졌던 불만이나 개선할 점이 있는지 물었다.

공통된 문제점을 발견할 수 있었다. 그중 하나가 '등록 자료'였다.

"등록 자료를 준비하는 데 시간이 왜 그렇게 많이 걸려요? 내가 요구한 지 2년이 다 되어 가는데 아직 받은 게 아무 것도 없어요."

그렇다. 그동안 100만 달러의 벽을 제대로 넘지 못했던 이유가 다 있었던 것이다.

의약품은 수입국 현지에 자료를 제출하여 판매 허가를 받아야 한다. 수입하는 나라 입장에서는 수입하는 약품이 제대로 만들어지는지 심사할 필요가 있다. 회사에 입사하는 경우를 생각해보자. 1차로 서류 전형이 있고 2차로 면접을 본다. 마찬가지다. 의약품도 서류 심사를 먼저 한다. 서류 심사에 통과하지 못하면 면접 기회도 없다. 그런데 이력서와 자기소개서를 내지도 않고 입사하겠다는 게 말이 되는가?

거래를 하겠다고 마음먹었는데 서류도 제출하지 않으니 바이어 입장에서 답답할 노릇이었다. 데니스 팀장은 등록 자료 준비에 왜 그렇게 시간이 많이 걸리는지 알아보기로 했다.

"품질관리부서에서 자료를 보내 주지 않아서 못하는 거지, 우리가 일부러 안 하는 건 아니에요."

등록 자료를 취합해서 작성해야 하는 학술부는 품질관리부서의 태만으로 등록 자료를 작성하는 데 문제가 있다고 말했다. 그런데 품질관리부서는 다른 말을 한다.

"우리 부서가 봉이에요? 모든 자료를 우리보고 다 만들라고 하는데, 그게 말이 됩니까? 학술부는 겨우 서너 장만 작성하고 나머지는 우리가 해야 한답니다. 지금도 바빠 죽겠는데……."

부서 간의 알력과 담당자끼리의 불화가 원인이었다. 품질관리부서 직원은 학술부의 지시하는 듯한 태도가 마음에 들지 않고, 학술부 직원은 품질관리부서가 맨날 바쁘다는 핑계로 협조를 하지 않는 게 마음에 들지 않았던 것이다. 이러다 보니 서로를 감정적으로 대하게 되고 결국 되는 일이 없었다.

아무래도 데니스 팀장이 나서서 조율해야 했다. 일단 업무 범위를 명확하게 할 필요가 있었다. 데이터가 첨부되어야 하는 서류는 품질관리부서에서 책임지고 끝내고, 나머지 서류는 학술부에서 형식을 정해 미리 작성하는 방법을 택했다. 물론 각 부서의 저항도 만만치 않았다. 왜 자기네들이 그것까지 해야 하냐고 따졌다. 때론 싸우고 때론 어르며 합의점을 찾았다. 몇 번의 회의 끝에 서로 반반씩 양보했다. 그러고 나니 책임 소재가 확실해졌다. 더 이상 일을 미룰 수 없게 되자 등록 자료를 만드는 속도가 상당히 빨라졌다.

등록 자료 외에도 바이어들의 불편 사항을 귀담아 들었다. 하나씩 해결해 나갔지만 걸림돌도 많았다. 특히, 회사 내부적으로 수출을 하기 위한 마인드가 많이 부족했다. 관련 부서 직원들과 대화를 많이 나누었다. 소위 정신 교육이었다.

이런 우여곡절을 거쳐 어느 정도 자리 잡는 데 1년 반 가량 걸렸다. 기존 바이어들의 불편 사항을 귀담아 듣고, 회사 내부적으로 수출에 적합한 체질로 개선시켜 나가니 점점 기존 바이어들의 오더가 늘어났다.

새로운 시장은 인맥을 동원해 개척하라

이제 기존 바이어들은 자리를 잡았으니 신규 시장을 개척해보기로 했다.

하지만, 어느 나라로 가야 할지 확신이 서지 않았다. 그리고 어떤 바이어들을 만나야 할지 어떤 제품을 어필해야 할지 감이 잡히질 않았다.

데니스 팀장은 기존 바이어들에게 자신의 솔직한 생각을 털어 놓았다. 시장을 확대해서 신규 거래선을 늘리고 싶은데 어떡하면 좋을

지 조언을 달라고 부탁했다. 그러자 바이어들은 흔쾌히 도와주겠다며 나섰다. 기쁜 마음에 환호성을 질렀다. 바이어들이 친구나 회사를 소개시켜 준 것이다. 심지어는 직접 인근 국가에 지사를 내서 새로운 시장을 개척해주었다.

그동안 데니스 팀장네 회사가 수출에 적합한 체질로 개선되어 나가는 모습을 보면서 이 정도 회사라면 누군가를 소개해줘도 욕은 안 듣겠구나 싶었던 모양이다. 전시회에 나가서도 바이어들은 어김없이 자기 친구들을 소개해주었다. 손쉽게 새로운 시장을 개척해 나갈 수 있었을 뿐 아니라 새로운 거래처에 대한 정확한 정보도 얻을 수 있었다.

우여곡절은 많았지만 고생한 보람을 느꼈다. 수출을 확대하는 데는 회사가 얼마나 수출에 적합한 체질을 갖추느냐가 중요하다. 건강한 체질을 만든 후 열심히 운동을 해야 효과가 좋다. 회사도 수출을 하는 데 건강한 체질을 가지고 있어야 성과가 빠르다.

수출에 적합한 체질이라는 말에는 여러 가지 의미가 담겨있다. 현지에 판매가 가능한 가격대, 소비자가 만족할 만한 품질, 현지 시장에 적합한 제품 라인업, 그리고 전사적인 글로벌 마인드 등을 갖추고 있다는 뜻이다. 어느 하나 소홀해도 수출이 쉽지 않다. 반대로 수출에 적합한 체질만 갖추게 되면 큰 힘을 들이지 않아도 수출이 빠르게 성장하게 된다.

빠른 시간 내에 회사의 많은 걸 바꿀 수 있었다. 대기업에서는 불가능했을지 모르지만 중소기업이니까 가능했다. 직원들의 마인드가 바뀌니 해보자는 긍정적인 에너지가 넘쳤다. 이제부터는 안정보다 성장에 치중할 때가 온 것이다. 데니스 팀장은 100만 달러를 수출하는 회사를 얼마나 더 크게 키울 수 있을까 고민했다. 사장의 소원인 300만 달러는 안중에도 없었다. 데니스 팀장의 개인 목표는 1,000만 달러였다. 그러기에는 큰 시장, 큰 바이어가 필요했다. 고민에 고민을 거듭했다.

데니스 팀장은 98%의 세계 시장이 있다는 것을 통계로만 알고 있을 뿐이었다. 그런 큰 시장이 정말 존재할까? 궁금했다. 눈으로 직접 확인하고 싶었다. 본인의 확신이 부족한데 어떻게 다른 사람을 설득할 수 있겠는가?

마침 사우디 바이어가 연락을 했다.

"2년 동안 묵었던 고민이 해소되고 나니 기분이 정말 좋군요. 이게 모두 데니스 팀장 덕분이에요. 고생했어요. 사우디로 한 번 놀러 오세요. 내가 보여줄 것도 있고요."

좋다. 이번 기회에 바이어 얼굴도 볼 겸 사우디로 가보자.

💡 대박 시장은 대한민국 밖에 있다

52°C.

데니스 팀장은 눈을 의심했다. 그 숫자는 자동차의 외부 온도를 가리키고 있었다.

"이거 정확한 건가요?" 데니스 팀장이 옆에서 운전하고 있는 압둘에게 물었다.

"아마 맞을 거에요. 여긴 더울 땐 온도가 엄청나거든요." 그는 별 대수롭지 않은 듯 입을 열었다. 압둘은 데니스 팀장에게서 축산 제품을 구매하는 바이어로, 얼굴 여기저기에 거칠게 난 흰색과 회색 수염이 마치 삼국지의 장비를 연상시킨다.

압둘이 이사로 있는 Z그룹은 사우디아라비아에서 식품, 유통, 축산, 여행업 등 여러 가지 사업을 하고 있으며 이슬람 종교 행사와 관련된 사업을 주로 한다. 일 욕심이 많은 압둘은 계속 새로운 아이템을 요구하며 데니스 팀장을 달달 볶았다. 2년째 거래하면서 데니스 팀장은 사우디에 대해 조금씩 알아가는 중이었다.

사우디의 여름은 정말 살인적이다. 태양이 더 가까이서 열기를 뿜어내는 듯했다. 에어컨을 빵빵하게 틀어도 소용없었다. 차를 타고 가는 시간 내내 더위가 목을 짓눌러 데니스 팀장은 숨 쉬기조차 힘들었다.

영화에서 봤던 사막과는 조금 다른 사막이 펼쳐져 있었다. 사막 한 가운데에는 끝도 없을 것 같은 고속도로가 뻗어 있었다. 한참을 간 것 같았다.

"얼마나 더 가야 되죠?" 데니스 팀장은 '거의 다 왔다는 대답'을 간절히 바라며 물었다.

"한 시간 정도만 더 가면 됩니다. 정말 덥죠?" 압둘은 특유의 하이 톤으로 웃으며 말했다.

한참을 달리는데 갑자기 팡파르 소리가 귀를 때렸다. 압둘의 핸드폰 알람 소리였다. 잠시 핸드폰을 쳐다보던 압둘은 난처한 표정을 지으며 데니스 팀장에게 말했다.

"데니스 팀장, 잠시 양해를 구해야겠는데요!"

"무슨 일이죠?"

"지금 기도 시간인데요. 잠시 차를 세워야겠어요. 차에서 기다려 줄래요?"

"알았습니다. 안 그래도 갑갑했었는데 잘됐죠."

고속도로를 빠져 나온 차는 넓은 사막 공터에 멈춰 섰다. 차에서 내리더니 압둘은 트렁크에서 휴대용 양탄자를 꺼냈다. 방향을 살피는 듯 둘러보더니 양탄자를 바닥에 깔고 신발을 벗었다. 양탄자 위에 올라가서는 무릎을 꿇고 엎드려 기도를 했다.

뜨거운 햇살이 몸을 뚫고 지나는 것 같았다. 피부 안쪽이 데워지는 듯한 착각이 들었다. 습하지 않아서 그런지 땀은 나지 않았다. 압둘이 기도하는 동안 주변을 둘러보았다. 저 멀리 펜스가 쳐져 있는 곳이 보였다. 뭔가를 개발하는 구역이라고 생각했다.
 10분쯤 지나니 도저히 태양 아래 맨 몸으로 버틸 자신이 없어 차에 올랐다. 압둘은 거의 기도를 마쳤다. 대단해보였다. 낮에, 그것도 태양이 내리쬐는 사막을 지나고 있다면 기도를 빼 먹을 수도 있으련만 그는 달랐다.

눈앞에 펼쳐진 거대한 목장

 '압둘은 과연 뭘 보여 주려고 이 먼 길을 달리고 있는 걸까?'
 끝이 없을 것 같은 길을 가다 보니 오른편에 구릉과 같은 것들이 보이기 시작했다. 압둘이 오른쪽 깜빡이를 켜며 우측 길로 빠져 나왔다. 5분쯤 더 직진하니 철로 된 펜스가 보였다. 경비원으로 보이는 사람이 압둘과 이야기를 나누더니 인터폰을 집어 들었다. 잠시 후 문이 열렸다.
 펜스 문을 지나가니 저 멀리 뭔가가 보였다. 양 떼였다. 그곳은 목장이었다. 그냥 한눈에 보기에도 엄청난 수의 양들이 모여 있었다.

왼쪽에 있는 건물 앞에 차를 세웠다. 건물 안으로 들어갔다. 10여 명의 남자들이 앉아 있었다. 압둘의 안내에 따라 계속 안쪽으로 걸어갔다. 맨 안쪽에 방이 하나 있었다. 아프리카 사람처럼 짙은 피부색을 가진 남자가 일어서며 데니스 팀장을 반겼다. 자기를 목장의 책임자라고 소개했다. 물 한 잔을 시원하게 마셨다. 목장 책임자는 목장을 안내해주겠다며 일행을 데리고 나섰다.

건물과 가장 가까운 곳에는 낙타가 있었다. 바닥에 새끼 낙타가 엎드려 있었다. '어디 아픈가?' 데니스 팀장은 유심히 새끼 낙타를 쳐다보았다.

목장 책임자는 "태어난 지 얼마 되지 않았어요. 스스로 일어설 때까지 기다리는 겁니다."라고 설명해주었다.

옆에 어미로 보이는 낙타가 새끼 낙타 주변을 어슬렁거리고 있었다. 어미 낙타는 등에 한 개의 혹을 가지고 있었다. 여러 마리 낙타 중에는 등에 안장을 채워둔 놈도 있었다.

목장 책임자가 낙타를 한 번 타 보겠냐고 물었다. 생각보다 등이 높았다. 고민하던 데니스 팀장은 이런 기회가 언제 오겠냐며 해보기로 했다.

입고 온 양복바지가 걸리적거렸다. '편한 옷을 입고 올 걸' 하며 잠시 후회했다.

전에 말을 타 본 적이 있어 그나마 해볼 만했다. 목장 직원 중 한 명이 낙타를 앉혔다. 왼발로 등자를 밟고 등에 올라탔다. 그러자 목장 직원이 낙타를 일으켜 세웠다. 순간 몸이 휘청거리며 넘어질 것 같았다.

　데니스 팀장은 땅에서 바라보던 낙타 등의 높이보다 직접 타서 아래를 바라보는 높이가 훨씬 높다는 걸 느꼈다. 당장에 떨어질 것 같았다. 목장 직원이 낙타를 움직이려 하자 데니스 팀장이 손사래를 쳤다. 가만히 타고만 있어도 무서웠다.

　얼핏 봐도 목장 규모가 상당해 보였다. 어느 정도인지 목장 책임자에게 물었다. 목장 책임자는 데니스 팀장에게 SUV를 타라고 했다. 목장 갓길을 따라 한참을 달렸다. 언덕 위로 올라갔다.
　차에서 내린 데니스 팀장은 언덕 위에 올라서서 목장 쪽을 봤다. 목장은 사막을 분지처럼 파내어 만들어졌다. 그래서 마치 사막에 구릉과 언덕이 있는 것처럼 보였던 것이다.

💡 가슴 뛰는 신선한 충격

　마침 목장 너머 해가 붉게 지고 있었다. 깜짝 놀랐다. 목장은 예상보다 컸다. 오른쪽에서 왼쪽으로 고개를 돌려 쳐다봐야 했다. 사육장 1개에 얼핏 봐도 수백 마리의 양이 있었다. 그런데 그런 사육장이 100개가 훨씬 넘어 보였다. 마치 중국 무협영화를 보는 듯했다. 수십

만 대군이 전투를 앞두고 벌판에 대치하고 있는 것 같았다.

데니스 팀장은 "와! 정말 대단합니다. 이 목장에는 어떤 가축들을 키우시나요?"라고 물었다. 목장 책임자가 "양이 주종이며, 종류는 다양합니다. 소도 있지만 그렇게 많지는 않아요." 하고 대답했다.

한국에서는 소를 100마리 정도 키우면 먹고 사는 데 지장이 없다고들 한다. 200마리 정도 키우면 목장주는 목에 힘주고 다닌다.

"그래요? 소는 몇 마리나 되죠?"

목장 책임자는 별거 아니라는 식으로 담담하게 말했다.

"뭐, 아마 7,000마리 정도 될 거에요."

데니스 팀장은 깜짝 놀라며 물었다.

"양들도 엄청 많은 것 같은데, 몇 마리나 됩니까?"

"양은 좀 되죠. 15만 마리쯤 됩니다."

데니스 팀장은 숨이 멎는 것 같았다. 엄청났다. 한국에서는 상상조차 하기 힘든 규모였다.

사무실에 앉아 제품을 수출할만한 큰 시장이 어딜까 고심만 했었다. 그런데 눈앞에 엄청난 시장이 펼쳐져 있었던 것이다. 단숨에 고민을 해결하는 순간이었다.

한국에서 상상도 하지 못할 어마어마한 시장. 그것은 한국에서 찾을 수도 짐작할 수도 없었다. 그것은 한국이 아닌, 한국을 벗어나야 발견할 수 있는 보물섬과 같은 것이기 때문이다. 이것이 왜 세계 시장에 뛰어 들어야 하는가에 대한 답이 아닌가?

언덕 위에서 지는 해를 마주하고 서 있는 데니스 팀장의 가슴은 마구 뛰었다. 끝이 보이지 않는 양 떼. 그 옆에 자리하고 있는 한국 목장의 수십 배나 되는 소 떼.

돌아오는 길에 데니스 팀장은 가슴 한구석이 요동치는 걸 느꼈다. 데니스 팀장은 압둘을 바라 보며 "저 목장이 사우디에서 가장 큰 목장이죠?"라고 물었다. 압둘은 "가장 큰 목장은 아니에요. 사우디에서는 종교 행사 때 한 번에 100만 마리 이상을 도축하기 때문에 많은 양들이 필요하죠. 저기보다 더 큰 목장도 있어요."

우물 밖 세계 시장을 보라

'우물 안 개구리'

우리는 시야가 좁고 자신의 지식 범위 안에서만 모든 걸 판단하려는 사람을 그렇게 부른다. 우물 밖을 나오면 우물과는 비교가 되지 않는 큰 세상이 있다. 맛있는 과실을 풍족하게 먹을 수도 있지만 세상의 위험이 언제 들이닥칠지도 모른다. 우물 안이 오히려 안전하고 그럭저럭 살아갈 수 있는 곳일 수도 있다. 큰 욕심이 없다면 우물 안에서 먹던 거 먹으며 사는 게 낫다.

베트남 하노이 인근에는 조그만 연못과 호수가 많다. 베트남 바이어가 차를 타고 가면서 저 연못과 호수는 대부분 양어장이라고 말했다. 무엇을 키우는지 물었더니 '고이'라는 물고기를 키운다고 했다. 고이를 한 번 보고 싶었다. 마침 바이어가 아는 사람이 양어장을 크게 하고 있었는데 호수에 칸막이를 여러 개 만들어서 고이를 키우고 있었다. 거기서 자라는 고이의 크기는 약 50㎝ 정도였는데 모두 식용으로 키운다고 한다.

고이라는 물고기는 차동엽 신부의 『무지개 원리』를 읽고 처음 알게 되었다. 참 희한한 게 고이를 어항에 넣어 놓으면 5㎝만 자란다. 수족관에 넣어 놓으면 30㎝까지 자란다. 그런데 강에 풀어 놓으면 1m까지 자란다고 한다.

중국에 차이니즈 뱀부라는 대나무가 있다. 씨를 뿌리고 기다려도 처음에는 도무지 자랄 기미가 보이지 않는다. 5년 동안 거의 자라지 않다가 5주 만에 20여 미터가 자란다.

데니스 팀장이 지방의 기업인 모임에서 수출에 대해 강의를 한 적이 있었다. 강의를 듣던 한 기업인이 "수출하려니 시간도 오래 걸리고 남는 것도 없는데 왜 수출하는지 잘 모르겠어요."란 말을 했다.

이때 이해를 돕기 위해 고이와 중국 대나무 이야기를 했다. 고이와 중국 대나무는 자녀 교육, 투자, 사업, 학업 등 여러 분야에 좋은 예로 많이 회자된다.

자녀 교육, 사업, 학업 모두 투자의 일종이다. 시간과 돈, 땀과 정성을 투자해야 결실을 거둔다. 많은 투자를 해야 하지만 결과가 바로 보이지 않을 수도 있다. 그러다 보니, 조급증이 나고 작은 결과에는 만족하지 못한다. 결국 포기하고 만다. 결실을 볼 때가 언제인지 사실 알지 못한다. 목적지에 거의 다 왔는데도 다 왔는지 모른다. 그게 사람이다. 사람이니 추상적인 목적지가 눈에 보이지 않는다. 당연하다. 그래서 투자에 실패한다.

 수출과 같은 글로벌 비즈니스도 마찬가지다. 투자라는 개념이 선행되어야 한다. 바이어 발굴부터 해외 출장, 전시회 등 많은 돈이 투입된다. 그걸 비용으로 보면 아깝다. 투자로 봐야 한다. 중국 대나무처럼 분명히 보이지 않는 곳에서 회사와 제품에 대한 홍보가 되고 있는데 그걸 알지 못한다.

 수출 상담을 해보면 가끔 터무니없는 가격을 제시하는 제조업체가 있다. 왜 그럴까? 원가 계산은 적당히 하고 이윤은 충분히 붙이기 때문이다. 그런 가격으로는 수출하기 힘들다. 가격 경쟁력이 있어야 수출 시장에 뛰어들 수 있다. 최대한 빠듯하게 원가를 계산해야 한다는 말이다. 자본과 기술력이 떨어지는 중소기업일수록 마른 수건 짜듯 제조원가를 산출해야 한다.

 "남는 것도 없는데 그거 수출해서 뭐해?"
 수출 담당자에게 경영자가 가장 많이 하는 말이다. 그런 경영자는 모든 비즈니스에서 수익이 많이 나야 한다는 생각을 갖고 있다. 수출만큼은 세계 시장에서 싸워야 한다는 점을 기억해야 한다. 나만 독불장군식으로 비싼 가격을 받으려고 하면 수출은 불가능하다.

매미는 겨울에 내리는 눈을 알 수 없다

고故 정주영 현대그룹 회장이 쓴 '시련은 있어도 실패는 없다'에서 고선지부지설이라는 글이 나온다. '매미는 겨울에 내리는 눈을 알 수 없다'는 뜻이다. 여름에 나와 서늘한 나무 그늘에 앉아 노래만 하다 겨울이 오기 전에 없어지는 매미는 한겨울에 펑펑 내리는 눈을 알 수도 없고 누군가가 아무리 말해 줘도 이해하지 못한다.

견문이 좁고 독선적인 사람은 자기 상식이 전부인 줄 안다. 우물 안에서 그럭저럭 먹고 사는 개구리는 우물 밖으로 나가고 싶은 생각이 없다. 우물 밖에 뭐가 있는지 모르기 때문이다. 우물 안에서 한평생을 산 할아버지 개구리는 손자 개구리를 앉혀 놓고 가르친다.

"우리가 사는 이곳이 세상의 전부다. 하늘은 우물 입구의 크기만 하며 우리 이외의 생명체는 없단다."

"할아버지, 그럼 파리는 어디서 오나요?"

"그건 우리 먹으라고 하늘이 내려 주시는 거야."

"그래도 우물 위로 올라가면 뭐가 있지 않을까요?"

"우물 위로 가면 하늘밖에 없어. 잘못하면 하늘에 빨려 들어가 죽고 말 거야. 욘석아, 할아버지 말 들어. 절대 올라가면 안 돼. 알았지?"

키보드만 두드리면 뭐든지 알 수 있다는 인터넷 세상이지만 여전히 우리가 알지 못하는 세상이 훨씬 더 많다. 글로벌 시장은 더욱더 그렇다. 과학이 이렇게 발전해도 여전히 사람 마음속은 알 수 없다. 글로벌 비즈니스는 사람이 하는 것이다. 그래서 어려운 것이다.

'고이'를 생각하며 더 큰 세상에 뛰어 들고, '중국 대나무'를 생각하며 참고 버티면 글로벌 비즈니스에서 성공할 수 있다. 수출이라는 투자를 했다면 확신을 갖고 포기하지 마라. 계속 진행하라. 물론 전제가 있다. 과연 이 투자가 우리 회사에 적합한지, 제대로 된 선택인지 투자를 하기 전에 잘 따져봐야 한다. 묻지마식의 막무가내 투자를 하고 무조건 진행한다고 성공할 수 있는 건 아니기 때문이다.

새로운 난관에 봉착하다

해외출장을 갔다 온 후 글로벌 시장에 대한 확신이 생겼다. 그동안 쌓였던 바이어들의 불만을 해소해주니 수출이 늘어났다. 예전에는 하루에 1,000~2,000개를 생산하던 공장이 10,000개씩 생산할 정도로 오더(바이어의 주문)가 늘었다.

그런데 다시 두 가지 새로운 문제에 봉착했다.

제약회사는 인체의약품이든 동물의약품이든 GMP(우수의약품 제조관리기준) 인증을 받아야 한다. 의약품은 잘못 만들면 생명을 앗아갈 정도로 치명적인 결과를 초래한다. 그래서 정해진 규정과 매뉴얼에 따라 제대로 약을 제조해야 한다. 그래야 약화 사고를 최소화시킬 수 있다.

문제는 국내 GMP 기준이 선진국에 비해 많이 부족하다는 점이다. 앞에서 언급한 것처럼 1차 서류 전형을 통과해도 2차 면접이 남아 있다. 수입국 공무원이 한국을 방문해 제조시설을 점검하는 걸 GMP 실사라고 부른다. 이게 바로 면접이다.

서류가 아무리 완벽해도 면접에서 좋은 점수를 받지 못하면 입사가 어렵듯이 의약품 수출도 마찬가지다. 면접과 같은 GMP 실사에서 불합격하게 되면 수출은 물 건너간다.

데니스 팀장이 회사 내부적인 체질은 수출에 적합하도록 바꾸어 놓았지만 제조시설까지 바꿀 수는 없었다. 어느 날 아프리카 공무원이 한국을 방문했다. 그런데 제조시설을 점검한 뒤 불합격 처분을 내려버렸다. 날벼락이었다. 수출 실적의 15%를 차지하던 바이어가 하루아침에 날아가 버린 것이다. 충격이 컸다.

보완을 해서 두 번 만에 통과할 수 있었지만 바이어에게는 치명적인 결과를 초래했다. 1년 여 동안 바이어는 제품을 수입도 판매도 할 수 없었다. 그러니 거래처를 많이 잃어 버렸고 회복이 힘들게 되었다.

만약 다른 나라에서도 실사를 시행해 같은 결과가 반복된다면 초유의 사태가 벌어질지도 모르는 일이다. 그렇다고 제조시설을 새로 짓기도 어려웠다. 회사는 대규모 자금을 투자할 여력이 없었다.

또 한 가지 문제는 수입업자들과는 달리 동물약품을 직접 사용하는 현지 농장 사람들에게 한국 제품의 인지도가 너무 낮다는 것이다. 이게 세계 시장 규모에 비해 매출이 큰 폭으로 늘지 않는 이유였다. 한국 제품을 한 번도 사용해보지 않은 농장 사람들은 한국산 동물약품을 못 미더워했고, 차라리 비싸더라도 믿을 수 있는 유럽산 제품을 선호했다. 일단 써보라고 권해도 혹시 가축이 폐사하면 어쩌나 하는 걱정에 고개를 절레절레 흔들었다.

한국에서 만든 제품이 유럽산보다 가격이 저렴하면서도 품질이 좋다는 걸 인식시키는 게 쉽지 않았다. 한 회사가 고군분투한다고 해결되는 문제가 아니었다.

앨 리스와 잭 트라우트가 쓴 『마케팅 전쟁』에는 이런 말이 나온다. "마케팅에서 힘의 우월성(量)이 질적인 차이를 압도할 수 있는 이점을 가지고 있다."

방법은 하나다. '다른 동물약품 회사들과 연합을 하자. 한국 제품에 대한 인지도는 다른 동물약품 회사들과 함께 시장에 뛰어들어 인해전술로 해결하자. 그리고 제조시설을 증축하는 데 필요한 돈은 동물약품 회사들이 입을 모아 정부의 자금 지원을 유도해보자.' 이런 생각을 했다. 그래서 업계 원로인 사장님을 설득해서 민관협 토론회 자리를 만들게 되었다.

우리나라는 만족하기에 너무 좁다

식당 안은 사람들로 가득 찼다. 밥 먹으러 온 사람들이 아니다. 큰 회의실이 없어 구내식당에 회의 자리를 마련했기 때문이다. 양복을 깔끔하게 입은 정부 관계자들이 맨 앞에 앉아 있다. 그들을 발견한 업체 사람들이 눈도장 찍으려고 저마다 명함을 건네고 있다.

시계가 3시를 가리키자 누군가 마이크를 훅 불었다. "잠시 후 동물약품 수출에 관한 민관협 토론회가 있을 예정이오니 모두 자리에 앉아 주시기 바랍니다."

데니스 팀장이 프레젠테이션을 시작했다. 할 말이 많았다. 공무원과 업체 관계자들이 왜 이 자리에 모이게 되었는지 설명을 시작했다.

"우리나라 동물약품 시장 규모는 세계 동물약품 시장의 2%대에 불과합니다. 눈을 밖으로 돌리면 더 큰 시장이 있습니다. 조그만 국내 시장에 안주하지 말고 수출을 해야 합니다."

업체 대표로 참가한 사람이 손을 번쩍 들었다.

"동물약품을 수출한다는 게 쉽지 않다던데요?"

"네, 쉽지 않습니다. 그렇다고 불가능한 것도 아닙니다. 저희도 지금 연간 100만 달러 넘게 수출하고 있습니다."

"세계 시장이 크다는 건 짐작했지만 그 정도인가요?", "우리나라 의약품은 해외에서 인정도 못 받는다던데 어느 나라에 수출할 수 있다는 말이죠?", "후진국은 고기 먹는 사람도 많지 않으니 축산 규모도

작을 테고 우리가 수출할 수 있을까요?"

 여기저기서 수출에 대한 부정적인 시각을 드러냈다. 세계 수출 7위 국가이자 한류로 세계인의 주목을 받는 대한민국도 제약에서만큼은 개발도상국 대우밖에 받지 못한다. 미국, 일본, 유럽의 선진국들은 한국에서 제조한 약품을 그다지 신뢰하지 않는다. 선진국이 힘들다고 하면 후진국으로 눈을 돌려야 하는데, 먹고 사는 것도 힘든 후진국에서 과연 축산물 소비가 있을까 하는 의구심을 가지는 것은 당연했다.

 "후진국이라고 우습게 보면 안 됩니다. 예를 들어 드릴게요. 베트남만 하더라도 닭은 우리보다 1.5배 정도 많이 키우고요, 돼지는 3배가 넘습니다."
 사람들은 깜짝 놀랐다. 베트남을 못 먹고 못 사는 나라 중 하나라고 생각했던 사람들은 우리나라보다 훨씬 큰 축산 규모를 갖고 있다는 말에 충격을 받은 듯했다.
 "베트남 사람들이 그렇게 고기를 많이 먹나요?"
 "일단 베트남은 우리나라보다 인구가 2배 가까이 됩니다. 그리고 현지 소비 외에 중국이나 인접 국가로 수출도 합니다. 지금은 우리나라 동물약품 소비의 1/3에 불과합니다만, 소득 수준이 높아지면 그들의 고기 수요도 늘어날 겁니다. 그렇게 되면 동물약품 소비도 현재보다 9배가량 늘어날 전망입니다."

사람들은 지금이라도 수출을 하지 않으면 안 되겠구나 싶었는지 웅성거리기 시작했다. 정부 관계자들도 이런 수치에 놀라움을 감추지 못했다. 이 정도의 시장이 있다면 정부가 적극적으로 나서야 한다는 말이 나왔다.

미래는 미리 준비해야

데니스 팀장은 주의를 환기하고 계속 말을 이어 나갔다.
"하지만, 여기서 우리가 간과해서는 안 되는 게 있습니다."
무슨 말일까 싶어 사람들은 이내 귀를 기울였다.
"아시다시피 제약회사는 GMP 인증을 받아야 합니다. 그런데 국내 GMP 기준으로는 후진국에 수출하는 것도 힘들지 모릅니다."
앞에서 선진국은 한국에서 제조한 의약품을 신뢰하지 않는다는 말을 했다. 이유는 바로 GMP 기준이 선진국에 훨씬 못 미치기 때문이다.
"선진국뿐만 아니라 후진국에서도 공무원이 여러분 공장에 방문하여 GMP 기준이 적합한지 제대로 약을 만드는지 점검을 하러 옵니다. 이걸 GMP 실사라고 부릅니다. 문제는 실사에서 불합격하게 되면 그 나라에 의약품을 수출하는 게 불가능해진다는 겁니다."
"에이, 후진국에는 제약회사도 없을 텐데 그 사람들이 우리나라 제약회사를 실사한다고요? 말도 안 되지."

"후진국에는 제약회사가 없거나 있어도 수준이 많이 떨어지는 건 사실입니다. 그래서 수입품에 의존할 수밖에 없습니다. 그렇다고 자국 국민의 생명에 치명적인 의약품을 수입하려고 하겠습니까? 더욱더 수입 의약품을 잘 점검해서 문제가 없는지 확인한 후에야 수입을 허가하는 겁니다. 그리고 실사에 파견되는 공무원은 거의 대부분 유럽에서 공부한 엘리트 약사입니다. 후진국에 산다고 해서 그들의 자부심까지 후진국인 것은 아닙니다."

실제로 후진국이라고 GMP 실사를 대충하지 않는다. 실사단은 전문 지식을 갖춘 엘리트들이다. 여러 나라를 다니면서 제약 시설을 점검하여 충분한 경험이 있기 때문에 반나절만 둘러봐도 금방 그 회사의 수준을 알아챌 정도다.

"여러분의 회사가 수출을 하고 싶다면 GMP 기준에 맞는 제조시설을 갖춰야 합니다. 미래는 미리 준비해야 합니다."

💡 나뭇가지를 묶어서 때려라

"정부 관계자들을 모신 이유를 말씀드리겠습니다. 동물약품도 수출 시장이 크고 가능성이 많다고 말씀드렸습니다. 충분히 이해하셨을 거라 생각합니다.

하지만 제조시설 수준이 다른 나라에 비해 매우 낮은 게 현실입니다. 이대로는 수출이 어렵습니다. 외국 공무원들이 와서 실사를 하게 되면 합격을 장담할 수 없습니다. 그러면 어떻게 해야 할까요? 선진국 기준에 맞게 공장을 새로 지으면 됩니다. 그런데 이게 100억 원이 들지 200억 원이 들지 모릅니다. 영세한 우리 동물약품 업체들이 이처럼 대규모의 투자를 감행하기에는 위험 부담이 큰 게 사실입니다."

정부 관계자가 한마디 했다.

"그럼 어떻게 해야 한다는 말이죠?"

데니스 팀장은 안경을 고쳐 쓰면 대답했다.

"정부의 관심과 지원이 절실합니다. 동물약품 업체가 개별적으로 큰 금액을 투자하기에 무리가 많습니다. 정부에서도 지속적으로 관심을 갖고 기업을 도와주시기를 간절히 부탁드립니다."

멀리 가려면 손잡고 함께 가라

지금은 동물약품을 수출하는 회사와 품목 그리고 금액이 상당히 많이 늘었다. 불과 5~6년 만의 일이다. 동남아에 치중되어 있는 게 안타깝지만 그래도 공격적으로 글로벌 마케팅을 하고 있다.

사람들은 말한다. "세계 시장에 들어가 혼자 다 먹지 왜 경쟁업체들과 연합하나?" 물론 그 말도 맞다. 하지만 현실은 다르다. 세계 시장에 들어간다고 혼자 다 먹을 수도 없을뿐더러 혼자 간다면 길을 잃고 헤매다 쓰러질지도 모른다.

많은 한국 동물약품 기업들이 세계 시장에 진출하고 있으며 품질을 인정받기 시작했다. 한 회사만 발버둥치며 수출하는 것보다 한국의 여러 회사들이 다 같이 진출한 것이 결과적으로 더 나았다. 가구 판매점이 수십 개씩 모여 있는 곳이 장사가 더 잘 되는 것과 같은 이치다. 시장에서 한국 제품이 다양하게 눈에 많이 띌수록 한국 제품에 대한 관심과 구매가 느는 것이다.

지금은 해외의 축산 농장들도 한국 제품이 다국적 제품보다 저렴하면서도 품질은 그에 못지 않다며 엄지손가락을 추어올린다.

정부의 지원도 많이 늘었다. 해외마케팅 지원이 강화되었고 정부의 자금 지원 정책에 따라 공장을 신축하거나 준비 중인 회사도 다수다.

국내 축산 시장은 포화 상태에 이르렀다. 동물약품 또한 성장을 기대하기 어렵게 되었다. 만약 그때 수출 시장에 관심을 갖지 않았다면 지금쯤 동물약품 업계는 상당히 고전을 면치 못했을 것이다.

데니스 팀장의 회사도 수출이 많이 늘었다. 다른 회사가 동남아 시장에 치중할 때 아프리카와 중동 시장으로 수출을 확대한 전략이 주효했다. 수출 금액이 300만 달러를 넘어섰다. 사장님의 소원이던 300

만 달러 수출탑을 받은 건 물론이고 이제는 밀려드는 오더를 감당하기 힘들 정도가 되어 버렸다. 생산 능력을 훨씬 초과했기 때문이다. 불과 3년 전만 하더라도 생산 능력의 25~30%에 그쳤던 것이 이제는 120%를 넘어섰다. 생산부 직원들은 쉬는 날도 반납해야 했다. 생산부에 근무하는 아주머니들은 특근수당은 안 받아도 좋으니 제발 휴일에 쉬게 해달라고 부탁할 정도였다.

북 치고 장구 치고

    중소기업에서 글로벌 마케팅을 한다는 것은 참 힘든 일이다. 해외영업 부서에 직원이 한 명뿐인 회사도 허다하고 수출 전담 직원이 아예 없는 경우도 흔하다. 그러니 혼자서 북 치고 장구 치고 다해야 하는 게 현실이다.

    데니스 팀장도 말이 좋아 해외사업팀장이지 몇 년간 팀원이 한 명도 없었다. 그러나 그는 그런 현실을 받아들이고 혼자서 두세 명 역할을 하며 최선을 다했다.

    바이어와 이메일로 업무를 진행하고, 생산 지시를 하며, 선적 서류를 만들고, 은행에서 신용장 네고도 했다. 바이어를 만나러 출장을 가고, 갔다 오면 밀린 업무 처리하며, 전시회도 준비했다. 더우나 추우나 직접 서류를 들고 상공회의소와 대사관 인증을 받으러 다니기도 했다. 외국에서 손님이 오면 공항에 마중을 나가고 돌아갈 때에는 공항까지 데려다 주었다. 외국 손님이 오면 접대를 해야 하고 주말이면 서울이나 근교 투어도 시켜줘야 했다.

　이 많은 일들을 혼자 다할 수 있냐고? 물론 다할 수 있다. 데니스 팀장이 능력이 대단해서가 아니다. 업무에 대한 프로세스를 이해하고 우선순위를 따져서 차근차근 해 나가면 된다.

　혼자서 북을 치고 장구도 잘 쳐야 하지만 동료들의 협력도 필요하다. 누구 혼자 잘한다고 해서 수출이 잘 되는 것은 절대 아니다. 바이어를 만나 협상을 잘해서 오더를 많이 따온 건 데니스 팀장이지만 그 이면에 많은 사람들의 피와 땀이 있었다는 걸 잊지 말아야 한다. 시장성 있는 제품을 개발한 개발부서, 납기에 정확히 맞춰 제품을 만들어주는 생산부서, 최고의 품질을 유지하기 위해 끊임없이 노력하는 품질관리부서, 좋은 품질의 원료를 저렴하게 구매하는 구매부서, 그리고 회사의 자금과 경영을 맡은 관리부서. 어느 한 사람 중요하지 않은 사람이 없다. 그들의 도움이 있기에 데니스 팀장이 마음껏 능력을 펼칠 수 있는 것이다.

300만 불짜리 열정

300만 달러 수출. 다른 업계에서 볼 때에는 그게 뭐 대단하냐며 코웃음 칠지도 모른다. 데니스 팀장도 처음에는 그랬으니 말이다. 하지만 업계마다 시장 규모가 다르고 환경이 다르기 때문에 단순히 숫자로 경중을 가늠해서는 안 된다.

1달러짜리 동물용 주사제를 아프리카에 수출한다고 가정해보자. 먹고 살기에도 급급한 아프리카에 동물에 사용할 주사제를 팔아야 한다. 이윤을 많이 볼 수도 없다. 바이어를 찾아 거의 원가에 가까운 가격으로 설득해야 한다.

이런 상황에서 300만 달러를 수출하려면 도대체 몇 개를 팔아야 하나? 그렇다. 1달러짜리 제품을 300만 개를 팔아야 하는 것이다. 그러니 300만 달러 수출이 동물약품 업계에서는 결코 쉬운 일이 아니다.

데니스 팀장이 동물약품 회사와 관련 공무원들이 함께 하는 워크숍에서 이런 말을 한 적이 있다.

"1불짜리 주사제를 수출하는 데 들어가는 노력과 열정이 1억 불짜리 배 한 척 수출하는 데 들어가는 그것에 결코 뒤지거나 부족하지 않습니다."

동물약품 수출하느라 온갖 고생을 마다하지 않던 다른 회사의 수출 담당자들이 이 말을 듣고 크게 감동했다고 한다.

이 책은 글로벌 마케터를 꿈꾸고 있거나 이미 글로벌 마케터로 일을 하고 있지만 어려움을 느끼고 있는 이들을 위해 쓰였다.

동물약품 수출을 예로 들었지만 굳이 그걸로 한정 지을 필요는 없다. 사람들이 익숙하지 않은 아이템도 얼마든지 수출이 가능하다는 걸 말하고 싶다. 데니스 팀장은 십 수년간 여러 산업에서 다양한 아이템을 수출한 경험이 있다. 결코 아이템에 따라 수출이 쉽고 어렵고를 판단할 필요는 없다. 어차피 수출도 사람이 하는 것이다. 글로벌 마케터의 능력과 마인드에 달려 있다. 여기에서는 바이어를 파트너이자 친구로 만드는 법, 비즈니스에서 직면할 수 있는 협상에서 이기는 법, 그리고 경영진과 글로벌 인재가 가져야 할 마인드와 자세를 이야기할 것이다.

"성공이란 반드시 승리에만 있는 것이 아니라 승리하려는 마음에도 있다."라고 니체는 말했다.

숫자로 보이는 결과에만 연연하지 말고 최선을 다하겠다는 마음가짐이 더 중시되기를 바라는 마음이다.

CHAPTER 2

바이어, 그리고 협상

특명, 바이어의 지갑을 열어라

사례 1 수출 협상 ───────────────

화창한 봄날, 얇은 양복을 꺼내 입었다. 머리를 단정히 빗어 올린 후 넥타이를 맸다. 아내는 걱정 섞인 웃음을 지어 보였다.

"이왕 가기로 결심한 거 열심히 해 봐요."

데니스 팀장이 회사를 옮긴 후 첫 출근하는 날이었다. 아내는 작은 회사로 옮기는 걸 탐탁히 여기지 않았다.

데니스 팀장은 직원들을 소개받고 자리에 앉았다. 업무 인수를 해 줄 사람은 없다고 했다. 전임 담당자가 회사를 그만둔 지 2개월가량 되었기 때문이다. 두 달이나 업무에 공백이 생겼으니 빨리 업무를 익혀야 한다. 마음이 급해진 데니스 팀장은 현재 거래 중인 업체부터 파악하기로 했다.

회장 비서가 "커피 마시면서 천천히 하세요."라며 커피 한 잔을 내밀었다. 고개를 꾸벅 하는 걸로 인사를 대신했다.

컴퓨터 파일을 이것저것 열어 보았다. 전임 담당자가 나름대로 자료 정리를 잘해 놓아서 보기는 괜찮았다. 그중 '바이어 미수금 내역'이란 파일이 눈에 띄었다. 왼쪽 마우스를 더블 클릭했다. 수출 실적과 현재 미수금(판매 후 아직 받지 못한 돈) 내역이 기재되어 있었다. 그런데 뭔가 이상했다. 미수금이 수출 실적에 비해 너무 많았던 것이다.

바이어별 결제 방법을 찾아보았다. 신용장 방식으로 결제하는 바이어는 이상이 없었다. 그런데 송금 방식으로 결제하는 두 개의 거래선들은 문제가 심각했다. 선적 후 90일에 송금하는 방식이지만 이게 지켜지지 않았다.

심지어 나이지리아의 한 바이어는 일 년에 60만 달러어치를 수입해가면서 미수금은 100만 달러가 넘었다. 선적 후 90일 결제라는 걸 감안해도 너무 많은 액수였다.

데니스 팀장은 순간 정신이 멍해졌다.

'아! 이 회사는 관리가 제대로 되지 않는구나. 수출이 이 모양이니 다른 부서는 말하지 않아도 뻔해.'

회사를 잘못 옮겼다는 생각이 들었다. 그러나 이미 스스로 결정한 사항인데 후회해서 뭘 하나.

협상 상대에 대한 정보를 수집하라

나이지리아에 수출을 많이 해서 실적을 올리는 것보다 미수금을 받아 내는 게 급선무가 되어버렸다. 직원들 말을 들어 보면 이 나이지리아 바이어가 참으로 골 때리는 사람인 것 같았다. 말 그대로 자기 하고 싶은 대로 하는 사람이었다. 결제를 잘해줄 것이라 믿고 신용거래를 허락했건만 약속을 지키지 않았던 것이다.

바이어에게 이메일을 보냈다. 데니스 팀장 본인에 대한 소개를 하고 주문과 결제 계획을 물었다. 그는 곧 주문도 하고 돈도 보내 주겠다는 말만 되풀이했다. 하지만 주문만 했지 돈은 여전히 보내지 않았다.

나이지리아 바이어는 도대체 왜 결제는 하지 않으면서 주문만 할까? 직원들 말처럼 그냥 반(半) 사기꾼인가? 아니면 다른 이유가 있는 걸까? 일단 이 질문들에 대한 답을 먼저 찾는 게 중요하다는 생각이 들었다.

나이지리아 바이어가 한국에 들어왔다고 해서 공항에 데리러 갔다. 나이지리아 바이어는 한국에 자주 왔기 때문에 호텔까지 알아서 잘 찾아 간다. 하지만 일부러 공항에 마중을 나갔다. 바이어는 내심 기분이 좋았나 보다.

차에서 이런 저런 이야기를 했다. 나이지리아에 대해 많은 걸 물었다. 그리고 시장 상황과 가족에 대해서도 여러 가지 질문을 했다. 한국을 떠나는 날까지 매일 만나서 대화를 나누었는데 데니스 팀장은 주로 질문을 하고 바이어는 답을 하는 식이었다. 그는 자세하게 대답해주었고 거기에서 많은 정보를 얻었다. 데니스 팀장은 대화를 나누면서 얻은 정보를 바탕으로 전략을 구상했다.

나이지리아 바이어로부터 수집한 주요 정보는 다음과 같았다.

- 나이지리아에는 사기꾼들이 매우 많다. 하지만, 자신은 사기꾼이 아닌 진정한 비즈니스맨이다.
- 자식이 4명인데 모두 캐나다 유학 중이다. 4명 앞으로 들어가는 돈이 연간 1억 5,000만 원 가량이다.
- 침체된 시장이 곧 활기를 띨 것으로 예상한다.
- 시즌을 놓치면 안 되는 제품들이 있으므로 납기가 중요하다.
- 당신 회사를 믿을 수 없다. 돈을 다 보내주면 다른 바이어와 거래할까 봐 걱정된다.

정보를 토대로 전략을 짜라

이런 정보를 듣고 나니 바이어와 어떻게 협상을 해 나가야 할지 감이 잡혔다.

나이지리아 바이어는 컨테이너 4대 분의 주문을 하고 돌아갔다. 공장에 생산 지시를 했다. 그러자 공장장을 비롯한 임원들이 미수금이 늘어나면 어쩌나 걱정을 했다. 당연히 걱정할 만했다.

바이어에게 이메일을 썼다. 현재 미수금이 얼마이고 컨테이너 4대 분의 금액은 얼마다, 그러니 미수금 중 일부만이라도 보내 달라고 부탁했다. 그리고 다음의 문구를 같이 썼다.

나는 이번에 나이지리아 사람을 처음 만나 봤어요. 솔직히 나이지리아 사람들은 모두 사기꾼이라는 편견이 있었습니다. 하지만 당신을 만나면서 나이지리아란 나라에 대해 많은 걸 알게 되었고 당신과 같은 성실한 비즈니스맨이 있다는 것도 알게 되었어요. 나는 당신이 정말 믿을 수 있는 비즈니스맨이라는 걸 회사 사람들에게 확인시켜주고 싶어요. 제 부탁을 들어 주기 바랍니다.

그는 미수금의 30%가량을 보내 주었다.

컨테이너 4대 분을 선적했다. 한 번에 선적하지 않았다. 1~2주 간격을 두고 차례로 선적했다. 그리고 선적서류는 발송할 준비만 해 놓고 보내지 않았다. 선적 스케줄을 도착일자와 함께 바이어에게 알려 주면서 미수금을 추가로 결제해 달라고 요청했다.

첫 번째 컨테이너가 나이지리아에 도착하기만 기다렸다.

한 달 반 정도 지나자 바이어가 이메일을 보내 왔다. 컨테이너는 도착했는데 선적 서류를 아직 받지 못했다고 했다. 모른 척했다. 며칠 후에 바이어가 또 연락을 했다. 이번에는 전화를 걸었다.

"데니스 팀장, 컨테이너는 도착했는데 선적 서류를 받지 못했다고 하네요. 언제 보냈는지 확인해주세요."

데니스 팀장은 아무렇지도 않은 듯 담담히 말했다.

"그렇죠? 서류는 아직 제 서랍에 있어요."

"네? 아직 서류를 보내지 않았다고요? 왜 안 보냈어요? 빨리 통관해야 되는데……. 통관비용이 많이 나와요."

약간 흥분한 나이지리아 바이어에 비해 데니스 팀장은 차분하게 말을 이어 나갔다.

"제가 보낸 이메일 받으셨죠? 미수금이 여전히 너무 많아 추가로 결제해 달라고 요청드렸고요. 그런데 아직 안 들어 왔더군요."

바이어는 더 흥분한 목소리로 말했다.

"전에 30% 보내 드렸잖아요?"

"정상적으로 하면 40%를 더 보내 주셔야 합니다."

"아, 이거 큰일인데."

바이어는 난처한 듯 우물쭈물 했다. 그리고는 어쩔 수 없다는 투로 말했다. "알았어요. 일단 10%씩 보내 드리죠. 대신 선적 서류는 최대한 빨리 보내 주셔야 합니다."

목줄을 잡아 당겨라

데니스 팀장은 10% 입금이 확인되면 선적서류를 한 건씩 보냈다. 그리고 마지막 서류를 보내기 전에 바이어에게 주문을 요구했다.

바이어는 주문과 함께 미수금 일부를 보냈고 서류를 하나씩 받을 수 있었다. 시간이 2년쯤 지나자 연간 매출은 130만 달러로 늘어났고 미수금은 30만 달러로 줄어 있었다.

참으로 어려운 게 물건 팔고 돈 받아 내는 일이다. 돈을 받아야 원료 공급처에 결제를 하고 인건비 등 공장 운영비를 지불할 수 있다. 실컷 잘 팔고 돈을 받지 못하면 큰일이다. 대부분의 바이어는 대금 결제에 있어 깔끔한 인상을 주려고 한다. 신뢰할 수 있는 회사라는 이미지를 주고 사기꾼처럼 보이지 않으려고 대금 결제에 있어서는 쿨한 척한다.

바이어가 약속을 지키지 않고 결제를 제때 해주지 않으면 정말 골치 아프다. 수출보험이나 해외 추심업체의 도움을 받을 수도 있지만 절차가 복잡하고 시간이 많이 걸린다. 그리고 이런 것들은 바이어와 끝낼 각오를 하고 마지막에 강구해야 하는 수단이다. 돈은 받아내면서 비즈니스는 계속 유지하는 게 최선이다.

위의 사례를 다시 보자.

매출은 늘리면서 미수금을 줄여 나갔다. 데니스 팀장이 바이어에게 썼던 방법은 무엇일까? 데니스 팀장은 바이어에게 많은 질문을 했다. 그래서 최대한 많은 정보를 얻었다. 그리고 작전을 짰다. 나이지리아 바이어의 상황을 되짚어 보자. 나이지리아 바이어의 목줄을 잡아당길 수 있었던 정보들이 많았다는 걸 알 수 있을 것이다.

- 자신은 절대 그런 사기꾼이 아니라고 강조했다: 데니스 팀장은 당신이 사기꾼이 아니라는 걸 보여 달라고 요구했다.
- 자식을 유학 보냈고 많은 돈이 필요하다: 데니스 팀장이 제품을 공급하지 않으면 바이어는 사업을 계속 유지하기 힘들어진다. 그러면 자식들의 유학 비용을 대는 것도 어려워진다.
- 침체된 시장이 곧 활기를 띨 것이다: 시장이 활기를 띠기 시작하면 주문

량이 늘어 날 것이다. 바이어가 주문을 계속 할 수밖에 없으니 거래를 끊지 못할 것이다.

- 시즌 제품들이 있어 납기가 **중요하다**: 시즌을 놓치면 팔지 못하고 재고로 남을 위험이 있기 때문에 시간을 오래 끌 수 없다. 데니스 팀장은 선적 서류를 무기로 결제를 독촉했다. 시간이 길어질수록 바이어가 불리해진다.
- **당신 회사를 믿을 수 없다**: 공급처가 다른 나이지리아 바이어와 거래할까 봐 걱정한다. 만약 공급처가 거래를 끊어 버리면 바이어는 큰일이다. 다른 공급처를 찾으려 해도 나이지리아 바이어에게 신용 거래를 허락할 공급처는 없을 것이다.

사례 2 수입 협상

컴퓨터를 할 때 필수적으로 사용하는 마우스. 하지만 손목과 마우스 사이의 각도가 맞지 않아 손목에 통증을 유발한다. 이것을 손목터널증후군이라 하여 마우스와 키보드를 오랫동안 사용하는 많은 현대인들에게 발병하기 쉽다.

협상이 어려우면 둘러가라

데니스 팀장은 대만의 한 업체에서 생산하는 젤 손목 보호대를 수입하여 판매하기로 하였다. 유사한 제품을 중국에서도 생산하고 있지만 대만 제품이 더 좋은 품질의 스판덱스 원단을 사용하고 있었다. 오렌지 계열의 컬러가 돋보여 상품성이 좋아 보였고 판매가 잘될 것으로 생각했다.

문제는 대만 제품의 가격이 중국 제품보다 50% 정도 비싸다는 것이었다. 소비자가를 낮추어 가격 경쟁을 할 수도 있지만 이윤이 너무 적다.

대만 업체의 담당자 제리와 가격 협상에 돌입했다. 20% 가격 인하를 요청했지만 제리는 꿈적도 하지 않았다. 도저히 가격 협상이 되지 않았다. 하지만 상품성을 감안하면 저급한 중국 제품보다 대만 제품을 수입하는 것이 더 낫다고 판단했다.

데니스 팀장은 이윤이 적더라도 대만 제품을 취급하기로 결정했다. 대신 가격을 깎을 방법을 궁리하고 있었다.

상대가 흘리는 정보에 귀 기울여라

몇 번 구매해보니 대만 업체가 품질은 좋으나 납기가 오래 걸리는 문제가 있었다. 발주 후 선적까지 5주 정도 소요되었다. 그렇다고 한

번에 대량 구매를 할 수도 없었다. 재고와 자금에 부담이 생길 수 있기 때문이다.

데니스 팀장은 소량씩 구매하되 발주 기간을 줄이고 싶었다. 또한 갑작스럽게 많은 물량이 판매될 때를 대비해 빠른 납기를 요구했다.

제리는 데니스 팀장이 원하는 색깔의 스판덱스 생산에 시간이 많이 걸리기 때문에 납기를 줄일 수 없다는 답변만 되풀이했다.

품질이 좋으니 어쩔 수 없이 재고 부담을 지더라도 많은 양을 발주할 수밖에 없었다. 그 사이 데니스 팀장은 다른 업체에서 생산하는 비슷한 제품을 계속 알아보고 있었다. 중국의 한 업체가 비슷한 품질의 제품을 생산하고 있었지만 스판덱스의 색깔이나 포장에서 아쉬움이 있었다.

어느 날 데니스 팀장은 대만 업체의 납기가 조금씩 빨라지고 있는 걸 알게 되었다. 이전에는 5주가량 걸리던 납기가 4주가 채 걸리지 않았다. 왜 그런지 궁금한 데니스 팀장은 제리에게 전화를 했다.

"당신들과 거래를 해보니 품질이 좋고 안정적이어서 만족하고 있습니다. 그런데 요즘 납기가 예전보다 빨라진 것 같던데요. 기계를 새로 사셨나 봐요?"

제리는 "아, 그거요. 기계를 새로 산 건 아니고요. 당신들과 거래해 보니 결제도 깔끔하고, 괜찮은 회사인 것 같아 스판덱스 원단을 대량으로 구매했어요. 당신네 발주 물량을 보고 일 년 치 원단을 구매했죠. 대량으로 구매하면 원가도 절약할 수 있고요."라고 말했다.

데니스 팀장은 순간 생각했다. '이것 봐라? 원단을 일 년 치나 구매했다고? 그 오렌지 스판덱스 원단은 우리 외에는 원하는 회사가 없다고 했는데.'

상대의 약점을 집요하게 파고들어라

대만 업체가 일 년 치 물량의 스판덱스 원단을 구매한 것은 그 회사 결정이니까 좋다 이거다. 하지만 그걸 바이어인 데니스 팀장에게 있는 그대로 이야기한 것은 약점을 알려준 꼴이 돼버렸다.

데니스 팀장은 현재 젤 손목 보호대의 재고 상황을 파악했다. 3개월 정도의 여유가 있었다. 만일의 사태를 대비해 즉시 중국에 있는 비슷한 품질의 제품을 생산하는 회사와 접촉했다. 그리고 소량씩 제품을 가져올 수 있도록 조치를 취했다. 중국에서 소량을 가져오면 가격이 올라가지만 대만 제품 가격보다는 싸니까 문제는 없었다.

2개월쯤 지나니 제리가 이메일을 보냈다. 요즘 왜 발주를 하지 않느냐고 했다. 데니스 팀장은 회신을 하지 않았다. 1~2주 지나니까 제리가 이메일을 보내는 횟수가 늘었다.

3개월째 발주를 하지 않으니 제리가 전화를 했다.

"데니스 팀장님, 요즘 이메일 회신도 없으시고, 발주도 하지 않으시고 무슨 일 있으세요?"

"제리, 미안하지만 당신 제품이 너무 비싸서 도저히 판매를 할 수 없게 되었어요. 제품 품질은 마음에 들지만 시장에서 가격 저항이 워낙 세니까 나로서도 방법이 없네요."

"그게 무슨 말씀이세요? 우리 제품은 저가의 중국산 제품과는 품질이 확실히 다릅니다. 그러니 가격이 비쌀 수밖에요. 오렌지 스판덱스 원단을 거의 일 년 치나 갖고 있는데 구매를 안 하시면 어떡합니까? 그 컬러를 원하는 다른 회사는 없어요. 전 큰일 납니다. 회사에서 이거 해결 못 하면 저보고 책임지라고 합니다."

"하지만, 가격이 비싸서 더 이상 구매하기 힘들어요. 혹시 가격을 낮춰줄 수 있다면 모르지만……."

"그래요? 얼마면 될까요? 원하시는 가격을 말씀해보세요."

결국 대만 제품을 원하는 가격에 구매하기로 합의했다.

협상 스킬 알아보기

아이들도 협상 전문가

아들 녀석이 7살 때였다.

"엄마~! 나 사탕 먹고 싶어. 사탕 줘."

녀석이 사탕 먹고 싶다고 칭얼거렸다. 아내는 이가 썩는다며 사탕을 못 먹게 했다.

"안 돼. 사탕 많이 먹으면 이가 다 썩잖아. 나중에 치과 가서 치료 받아야 돼. 치과 무섭지? 윙~ 소리 나는 기계로 치료 받기 싫잖아, 그치?"

아들 녀석은 소파에 가서 앉더니 풀이 죽어 있었다. 그런데 잠시 후 아들이 사탕을 한 개 물고 나타났다. 엄마가 줄 리 없는 사탕을 어떻게 먹게 됐지? 궁금했다. 그래서 아들에게 어떻게 된 일인지 물었다. 녀석은 자랑스러운 듯 대답했다.

"엄마가 사탕을 저기(싱크대 찬장) 넣어 두잖아? 내가 의자를 갖고서 몰래 사탕을 두 개 꺼냈어. 그리고는 엄마한테 가서 '사탕 두 개 다 먹을 거야.' 그랬어. 그랬더니 엄마가 '안 돼. 하나만 먹어.' 그랬어."

삶의 모든 과정이 협상이다.

7살짜리도 사탕을 먹기 위해 나름대로 엄마와 협상을 한 것이다. 아무리 졸라도 안 줄 것 같으니 몰래 사탕을 두 개 꺼내어 최후통첩을 한 것이다. '두 개 다 먹을 거니까 알아서 해.' 그러자 엄마는 두 개 다 먹게 할 수는 없으니 한 개만 먹으라고 협상을 한 것이다.

아이가 먹고 싶었던 건 사탕 두 개가 아니었을 것이다. 한 개라도 먹으면 만족할 것이다. 결국 아이는 협상을 잘해서 원하는 걸 얻어냈다.

직장에서는 상사와 동료, 부하직원들과 보이지 않는 협상을 통해 관계를 정립해 나간다. 가정에서는 남편 또는 아내와 협상을 해야 한다. 치약을 밑에서부터 짤 것인지와 같은 사소한 일에서부터 아이들 학교 문제와 같은 큰일까지 무수한 협상이 이루어진다.

심지어 스스로와도 협상을 한다. 자명종이 울렸는데 5분만 더 자고 싶은 '나'와 지금 일어나지 않으면 지각할지도 모르니 빨리 일어나라는 '나'가 협상을 한다. 그 협상 결과에 따라 '나'의 하루가 달려 있기도 하다. 만약 5분만 더 자고 싶은 '나'가 협상에서 이겼다고 치자. 5분만 더 잔다는 게 30분을 더 자 버렸다. 자명종을 5분 뒤로 맞춰 놓지 않은 것이다. 머리도 감지 못하고 부랴부랴 옷을 걸치며 뛰어 나간다. 오늘따라 지하철에 사람이 왜 이리 많은지 한번을 놓치고 탄다. 시계를 보니 이미 9시가 훌쩍 지났다. 사무실에 들어서니 너무도 조용하다. 미안한 마음에 조용히 자리로 갔다. 부장이 빤히 쳐다보고 있다. 하루 종일 일이 손에 잡히질 않고 부장 눈치만 보고 있다. 급히 나오느라 어제 입었던 와이셔츠에 김치 국물이 묻어 있는 걸 발견하지 못했다. 사람들이 자꾸 나를 쳐다보는 것 같고 영 찜찜하다. 머리를 감지 못하고 나왔더니 오른쪽 머리에 새집이 지어져 있다. 퇴근 무렵 부장이 "오늘 우리 부서 회식인 거 다 알지?"라고 말한다. 일찍 퇴근하고 싶었는데, 아! 미치겠다.

그렇다. 협상 결과에 따라 미치는 파장은 엄청날 수 있다. 특히, 비즈니스에서 협상이 매우 중요하다. 협상 하나 잘못해서 큰돈을 날리거나 몇 년 동안 고생한 경우도 수없이 봤다. 회사에서 고객을 상대하는 직원은 협상 능력을 키우는 데 더 많은 노력을 기해야 한다. 회사에서는 많은 일들이 일어난다. 담당자가 그 일들을 어떻게 처리하느냐가 정말 중요하다는 말이다.

협상 전략은 무수히 많다. 그중에서 어떤 전략을 쓸지는 상황을 잘 보고 판단해야 한다. 서점에 가면 협상에 관한 책들이 많이 나와 있다. 최소한 5권은 읽어 보기 바란다.

협상 전문가들이 쓴 책을 보면 사례와 이론을 통해 협상 전략을 풀어 놓는다. 하지만, 가장 정확한 협상 전략을 짤 수 있는 사람은 협상에 투입되는 담당자다. 글로벌 마케팅을 담당하고 있는 실무자가 바이어에 대해 가장 잘 알기 때문이다. 아무리 협상의 대가라도 옆에서 코칭은 해줄 수 있겠지만 바이어의 성향까지 세밀하게 알기는 힘들다. 그래서 협상 테이블에는 협상 능력을 가진 담당자가 앉는 것이 가장 좋다.

글로벌 마케터에게는 협상 능력을 키우는 것이 무엇보다 중요하다. 비즈니스를 해보라. 모든 것이 크고 작은 협상이며 협상이 비즈니스의 반이라는 걸 알게 된다.

그러면 어떻게 협상 능력을 키울 것이며 어떤 전략들이 있는지 살펴보자. 협상 전략에 관한 이론들 중에서 실제로 글로벌 비즈니스에서 많이 쓰이는 것들을 소개하겠다.

협상의 중요 요소. 정보, 가치, 결정권

협상을 하기 전에 다음의 세 가지는 꼭 확인할 필요가 있다. 바로 정보, 가치, 결정권이다.

정보

협상 상대자(바이어), 상대 회사의 현재 상황, 경쟁자, 시장 상황, 우리의 포지션 등 알아낼 수 있는 정보는 최대한 수집한다. 가급적 평소에 바이어에 관해 많은 걸 알아내라. 바이어와 만나면 혼자 떠들지 말고 물어라. 그리고 들어라. 들었으면 기억을 하거나 메모를 해라. 별 거 아닌 것 같은 사소한 정보가 협상의 결과를 뒤집을 수 있다.

가치

협상을 할 가치가 있는지 따져보라. 협상을 통해서 얻을 수 있는 게 큰지, 작은지 따져보고 협상 여부를 결정하라. 얻을 수 있는 게 적은데 굳이 힘들게 협상할 필요는 없다. 협상 상대자도 분명히 이번 협상의 가치를 따져볼 것이다. 우리와 협상에서 건질 게 별로 없다고 하면 상대도 협상에 신경 쓰지 않을 것이다. 따라서 우리가 협상에서 얻을 수 있는 것과 상대가 우리를 통해 얻을 수 있는 가치의 크기를 따져본 후 협상 전략을 짜야 한다.

결정권

협상 테이블에 앉은 상대가 과연 결정권을 가진 사람인지 여부는 협상에서 매우 중요하다. 실컷 협상을 해 놓고 상대가 결정권자가 아니라고 하면 '말짱 꽝'이다. 결정권이 없는 사람과는 협상을 하지 마라. 만약 상대가 결정권자가 아닌 걸 알게 되면 상대의 요구 조건을 듣기만 하라. 그리고 나중에 협의를 거쳐 알려주겠다고 하고 협상을 빨리 마무리 짓는 게 낫다.

하나씩 얻어라. 그러면 다 갖게 된다

터키의 H 그룹의 불런트 지사장의 예를 보자. 불런트 지사장은 중요한 협상이 있는 경우 상대 협상 대상자와 대화를 최소화한다. 같이 차를 마시며 환담을 나눈다든지 협상이 끝난 이후에 식사를 한다든지 이런 일은 하지 않는다.

불런트는 협상 테이블에 앉으면 자기가 그 자리에서 결과를 이끌어

낼 보따리를 절대 한 번에 다 풀지 않는다. 처음에는 한 가지만 가지고 이야기한다. 상대는 그것이 그날 협상에서 가장 중요한 사안이라고 생각하고 그것에 집중하여 협상한다. 불런트는 시간이 걸리더라도 포기하지 않고 그 요구 사항을 관철시킨다. 첫 번째 요구 사항이 관철되면 두 번째 요구 사항을 슬그머니 끄집어낸다. 또 그 사항에 대해서만 이야기하며 끈질기게 두 번째 사항에 대해서 관철시킨다.

결국 세 번째, 네 번째가 하나씩 튀어 나온다. 협상 상대방은 여기에 말려들어 요구 사항을 거의 들어 주게 된다.

그가 협상에서 주로 쓰는 말은 "아차, 방금 생각났는데"이다. 그리고 거의 협상이 끝났다고 생각하고 악수로 마무리를 지으면서까지 한 가지 더 끄집어낸다. 그때는 그다지 크지 않은 사안을 말한다.

"아, 그리고 D 제품은 이번 기회에 개당 50센트만 깎아주세요."

상대가 긴 협상을 마무리 지었다고 안도하는 순간을 노린다. 사소한 걸 요구하니까 상대도 거의 포기하다시피 그러자고 한다. 결국 불런트는 사소한 하나까지 다 얻어 냈다.

우리나라 비즈니스맨들은 협상에 강하지 못하다. 마음이 급하다. 빨리 결론을 짓고 싶어 한다. 그리고 내가 가진 보따리를 한 번에 다 풀어 놓는다. 상대는 요구 조건을 하나씩 끄집어내 대부분 원하는 결과로 이끌어 낸다. 내 요구 조건은 통째로 다루다 보니 이득이 있는 것도 있고 손해를 보는 것도 있다. 결과적으로 잘한 협상이라고 보기 힘들다.

너무 쉽게 수용하지 마라

이사를 하면서 가구 몇 가지를 사기로 했다. 아는 사람 소개로 가구 판매점을 방문했다. 디자인과 재질을 확인하고서 판매점 사장과 가격 흥정을 하게 되었다.

"소파, 식탁, 서랍장 모두 해서 130만 원입니다."

인터넷에서 알아본 가격과 별 차이가 없는 것 같아 마음속으로는 만족했다. 그러나 가격을 좀 더 깎아볼 심산으로 가격을 던졌다.

"100만 원에 해주세요. 제 예산이 그것밖에 안 돼요."

조금이라도 깎아주면 좋겠다며 우는 소리를 했다. 그런데 가구 판매점 사장은 한 치의 망설임도 없이 그러겠다고 했다.

"그러세요. 언제 배달해 드려요?"

순간 머리가 멍했다. 너무 쉽게 승낙하니 뭔가 이상했다. 혹시 내가 바가지를 썼던 것일까? 더 깎을 수 있는데 못 한 건 아닌가? 가격을 싸게 하니 매장에서 본 제품과 다른 걸 갖다 주는 건 아닐까?

깎아주니 좋은 게 아니라 자꾸 이상한 생각만 떠올랐다.

누구나 그런 경험이 있을 것이다. 물건 값을 흥정할 때 파는 사람은 남는 거 없다, 우리는 뭘 먹고 살라는 말이냐며 절대 못 깎아 준다는 반응이 나와야 정상적이다. 그런데 너무 쉽게 깎아 주면 오히려 당황스럽다.

바이어와 가격 협상을 할 때에도 마찬가지다. 이 가격에 주면 우리는 정말 큰일 나는 것처럼 하라. 남는 게 없다면 당연히 그렇게 해야 겠지만 이윤이 많이 남는 거래라 하더라도 절대 폼 잡지 마라. 죽는 시늉을 하라. 그래야 바이어는 조금이라도 깎은 것에 만족하고 돌아간다.

전화를 걸지 말고 기다려라

협상에 관한 책에서는 전화를 기다리지 말고 먼저 걸라고 조언한다. 내가 준비가 된 상황이고 상대방은 준비가 덜 되어 있으니 나에게 유리하다는 측면에서 말한 것이다. 이렇듯 준비가 덜 된 상대에게 전화를 걸어 내가 유리한 방향으로 협상을 이끌어 나가는 것도 좋은 방법이다. 그러나 나는 생각이 조금 다르다.

협상에서 불리한 쪽은 항상 '아쉬운 게 있는 사람'이다.

'내가 저 물건이 마음에 들어 사고 싶은데 비싸다. 1,000원이라도 깎아 주면 좋겠다.'

'이 제품은 10,000원 이하에는 팔 필요 없어. 이 손님이 아니라도 어차피 팔릴 텐데 굳이 9,000원에 팔지는 않겠어.'

이 상황에서는 사는 사람이 10,000원에 오케이하고 사게 되어 있다. 조금 투덜거리기야 하겠지만.

장사하는 사람이 제일 이윤을 남기기 힘든 경우는 살 마음이 없는 사람을 꾀어서 팔아야 할 때이다. 일단 제품이 마음에 들게 해야 하니 설명하고 설득하는 게 힘들다. 그 다음은 가격이 비싸다며 사지 않겠다는 손님을 잡고 "깎아 드릴 테니 제발 사 주세요."라고 해야 한다.

내가 먼저 전화를 걸면 전화를 걸게 된 목적이 있을 테고 그 목적을 달성하려고 내 것을 먼저 던져줘야 한다. 고개를 숙이고 얻어 내야 하니 불리하다. 차라리 기다려라. 당신 아니라도 내가 팔 데 많다는 생각으로 버텨라. 그래도 먼저 연락이 오지 않으면 살짝 밑밥을 던져라. "어떻게 지내세요? 저는 요즘 너무 바빠서 정신이 없네요. 뭐 필요한 건 없으시죠?"

반반씩

양념 반 후라이드 반 이야기가 아니다. 짜장면도 먹고 싶고 짬뽕도 먹고 싶은 마음을 배려한 짬짜면 이야기도 아니다.

협상에서 가장 많이 쓰이는 방법이다.

손님: 8,000원에 해주세요.
과일 장수: 안돼요. 우리도 남는 게 있어야죠? 10,000원 밑으로는 죽었다 깨어나도 안돼요.
손님: 아이, 그럼 우리 반반씩 합시다. 9,000원, 됐죠?
과일 장수: 안 되는데…… 알았어요. 9,000원에 가져가세요. 하지만, 딴 데 가서 9,000원에 사셨단 말씀 절대 하시면 안 돼요. 아셨죠?

협상에서 접점을 찾기 위한 가장 좋은 방법이 '반반씩'이다. 조금씩 양보해서 서로 원원하자는 숨은 뜻이 담겨 있다. 가격 협상에서 가장 많이 쓰이는 전략이지만 이때에도 주의할 점이 있다. 바로 섣불리 반반 전략을 펼치지 말라는 것이다. 위의 사례처럼 손님이 9,000원에 하자고 했는데 과일 장수가 거절하면서 새로운 안을 끄집어내면 손님은 불리해진다. 손님은 이미 9,000원이면 사겠다는 의사를 표시했기 때문에 공은 과일 장수에게 넘긴 상황이다. 즉, 과일 장수가 9,000원을 거절하고 9,500원을 부른다면 과일장수가 제시한 9,500원과 손님이 제시한 9,000원에서 다시 협상이 이루어진다. 즉, 9,250원에 합의하게 된다. 손님은 250원을 더 지불해야 하고, 과일 장수는 250원을 더 남기게 된다.

반반씩 전략도 먼저 제시하기보다 상대가 먼저 하도록 기다리거나 유도하는 게 더 유리하다.

분위기를 반전시키는 법

협상 과정에서 우리 측이 밀린다는 느낌이 들 때가 있다. 그렇다고 그냥 밀릴 수만은 없다. 분위기를 반전시킬 필요가 있다. 코너에 몰렸다고 당황해 하지 말고 때를 기다려라.

우리 측이 밀린다는 느낌을 받았다면 분명히 상대는 유리한 위치에 올랐다고 느낄 것이다. 조금만 더 밀어붙이면 이길 수 있을 거란 확신이 들며 회심의 미소를 지을 것이다. 이때 상대는 말실수를 하게 마련이다. 냉정하지 못하고 들뜬 나머지 해서는 안 될 말이나 행동을 하게 된다. 이때를 놓치지 마라.

어떻게 그런 말이나 행동을 할 수 있는지, 당신들 미친 거 아니냐는 반응을 보여라. 오버해도 된다. 어차피 협상에 지는 거 파투라도 낼 기세를 보여라.

상대는 잘못한 게 있으니 미안해하며 어찌할 바를 모를 것이다. 물론 속으로야 뭐 이런 걸 가지고 이렇게까지 화를 내나 싶을 것이다. 그러거나 말거나 화를 못 참겠다는 듯 행동하라. 상대가 실수했다며 사과할 것이다. 그러면 조금씩 누그러지며 시간을 끌어라. "정말 우리가 이런 대우를 받으면서까지 거래를 해야 합니까?"라는 말을 던진다. 이제 분위기는 바뀌었다. 하나씩 우리 측 요구 조건을 관철시켜라. 다는 아니더라도 많은 것을 만회시킬 수 있다.

결정권자가 아닌 척하라

옷을 사러 매장에 들렀다. 마음에 드는 옷을 발견했다. 그런데 가격이 비싸다. 점원에게 세일하냐고 물었다. 약간 미소를 띠며 지난주에 세일 기간이 끝났다고 한다. 10%만 깎아 달라며 조른다. 점원은 안 된다고 버틴다. 계속 조른다. 그러면 점원은 이렇게 말한다.

"손님, 죄송한데요. 저는 알바생이거든요. 깎아드리면 제 월급에서 물어내야 해요. 정말 죄송합니다."

 이런 말을 들으면 더 이상 깎아 달라는 말을 못한다. 그 점원은 결정권자가 아니기 때문이다. 간혹 깎아 주기 싫어 점원인 척하는 사장도 있다.

 협상 상대를 만나거나 만나기 전에 그 사람이 그 자리에서 결정을 할 수 있는 결정권자인지 아닌지 꼭 파악해야 한다. 힘들게 협상을 했더니 자기는 결정권자가 아니다, 본사와 협의 후 알려 주겠다고 하면 정말 맥 빠진다.

 반대로 협상을 하다 결정하기 애매하거나 불리한 상황에 처했을 때, 우리 측 요구를 계속 밀고 나가고자 할 때 이 방법을 써보는 것도 좋다.

예시 1

 바이어가 가격을 깎아 달라고 요구한다. 그런데 바이어가 요구하는 가격이 제조원가 정도다. 이윤이 남지 않는다. 제조원가를 다시 검토할 시간이 필요하다.

예시 2

 이미 바이어와 가격 협상을 끝내고 가격을 결정했다. 그런데 나중에 다시 검토해보니 가격을 잘못 계산했다는 것을 발견했다. 바이어에게 가격을 다시 협상하자고 해도 무슨 소리냐며 인정하려 들지 않는다.

예시 3

우리 측에서는 바이어의 요구를 들어주지 않을 계획이다. 그런데 바이어는 집요하게 요구하고 있다.

이럴 때에는 결정권자가 아닌 것처럼 행동해보라. 본사에 있는 사장, 상사의 재가를 받아야 결정할 수 있으니 차후에 알려 주겠다고 하는 것이다. 설령 당신이 결정권을 갖고 있다 하더라도 다른 누군가 핑계를 대는 것이다.

가격을 실수로 잘못 계산해서 바이어와 다시 협상을 해야 할 경우가 있다. 본인의 잘못을 인정하는 것보다 사장 핑계를 댄다. 사장에게 보고했더니 그 가격에는 절대 수출할 수 없다고 하더라, 미안하다 이런 식으로 둘러 대는 게 낫다.

예시 3처럼 바이어가 끈질기게 요구 조건을 관철시키려고 하는 경우도 마찬가지다. 위의 옷가게 점원처럼 나는 월급 받는 일개 직원이다, 당신 요구를 들어 주고 싶지만 내가 힘이 없다, 당신 요구대로 하면 내가 돈을 물어내거나 책임을 져야 한다, 정말 미안하다고 말하면 된다.

협상 초반부터 결정권자가 아닌 것처럼 보이면 안 된다. 협상이 어느 정도 진척된 도중에 불리한 상황이 벌어진 경우 이런 방법을 쓰면 효과적이다. 들어줄 수 있는 부분은 수용하되 안 되는 건들은 다른 사람 핑계를 대면서 위기를 빠져 나온다.

가끔씩 무슨 말인지 못 알아듣는 척하라

영국에 수출했던 제품에 하자가 발견되었다. 바이어가 통관한 후에 품질 문제가 발견된 것이다. 하지만, 바이어는 전수 검사(전체 물량을 모두 검사)를 하지 않았다. 일부만 그런 것으로 생각하고 판매를 시작했다. 소비자의 불만이 계속 접수되자 데니스 팀장에게 이 사실을 알렸고 바이어가 한국으로 찾아왔다.

문제가 된 제품을 바이어와 함께 검토했다. 데니스 팀장은 품질 문제라고 지적된 것이 보는 관점에 따라 판단하기 애매하다는 걸 알았다. 반반이었다. 만약 이번에 클레임 처리를 해주면 다음에 또 이런 클레임을 받을 가능성이 있었다. 데니스 팀장은 클레임을 받지 않기로 결심했다. 그리고 고개를 갸우뚱거리며 바이어에게 말했다.

"이건 문제가 없습니다. 왜 이게 문제가 되는 건가요?"

"데니스 팀장, 보세요. 이것과 저것의 길이가 조금 다르잖아요."

"제가 보기에는 길이가 거의 비슷한데요. 그리고 쓰는 데는 문제가 없잖습니까?"

"소비자들이 불편하다고 해요. 제조 공정에 문제가 있는 겁니다. 제조 공정상 이쪽 작업을 먼저 하고 그 다음에 저쪽 작업을 해야 하는데 거꾸로 한 것 같은데요."

"무슨 말씀이신지 이해가 되질 않는데요. 어떻게 해야 한다고요?"

"이쪽을 먼저 하고, 저쪽을 작업해야 한다고요."

"……."

데니스 팀장은 왜 그런 공정을 해야 하는지 이해를 못하겠다, 우리는 그렇게 해도 문제가 없다는 쪽으로 밀고 나갔다. 화가 난 바이어는 소리쳤다.

"데니스~!"

사실 바이어가 말하는 제조 공정이 더 나은 방법이었다. 하지만 그 자리에서 인정하면 클레임 요구를 할 게 뻔했다. 명백히 우리 잘못이면 몰라도 애매한 것까지 클레임을 다 받아 줄 순 없었다. 결국 바이어가 협상안을 제시했다.

"이번에는 우리 측에서 소비자들을 설득시켜보죠. 대신 다음에는 우리가 말한 공정대로 생산해주시고, 3% 정도 여유분을 무상으로 제공해주세요."

데니스 팀장은 승낙했다. 클레임을 받아주는 것보다는 훨씬 저렴한 비용에 협상을 마무리했다.

시간 끌기

허브 코헨이 쓴 『협상의 법칙』에 '협상의 성공은 시간과 비례한다'는 말이 나온다. 즉, 상대의 귀한 시간을 많이 소비하게 만들수록 내가 원하는 결과를 얻을 수 있다는 말이다.

TV 매장에 들렀다. 점원은 보고 오신 모델이 있냐고 묻는다. 있어도 없다고 말한다. 이 모델의 장점이 뭐냐, 저 모델의 새로운 기능이 뭐냐 물어본다. 이 모델이 마음에는 들지만 기능이 너무 많아 싫다고 한다. 저 모델은 기능이 간단해서 좋지만 프레임 색깔이 마음에 들지 않는다고 한다. TV를 꼭 살 것처럼 하면서 여러 가지를 고심하는 척 시간만 끈다. 점원은 계속 옆에 붙어 있지만 슬슬 짜증이 난다. 심지어 다른 손님을 상대할 시간마저 뺏긴다. 이도 저도 못하고 있다. 모델을 정하고 슬슬 가격 협상에 들어간다. 급할 것 없이 천천히 한다. 결국 점원은 내가 원하는 가격에 판매할 가능성이 높다.

바이어와 가격 협상을 할 때에도 절대 서두르지 마라. 충분한 시간을 두고 협상에 임해야 한다. 그래야 이길 수 있다. 그 자리에서 결정이 안 되면 내일 다시 하라. 내 요구 조건이 관철될 때까지 버티고 버텨라. 결국 시간이 더 많은 사람이 이긴다.

이때 주의할 사항은 협상의 중요 요소를 따져 봐야 한다. 시간을 끌어서 얻을 수 있는 것이 내 시간과 상대의 시간, 얻게 되는 이득을 감안해서 가치가 있다면 과감히 시도하라. 만약 시장에서 콩나물 값 500원을 깎으려고 한 시간 동안 죽치고 있는 건 미련한 짓이다.

　미얀마 출장을 가기 전에 잠재 바이어를 5개 정도 발굴했다. 그중에서 TS사를 선정 1순위로 내심 정해놓고 출장길에 올랐다. 2~5순위의 바이어를 먼저 만나고 1순위인 TS사를 만나기로 했다. 다른 바이어가 별로라면 마지막으로 방문할 예정인 TS사로 결정할 심산이었다. 막상 만나고 나니까 제일 괜찮을 거라고 예상했던 TS사가 생각보다 별로라는 것을 알게 되었다. 매출액이나 영업 사원 수도 예상보다 적었다. 그리고 우리 이외에도 한국에 다른 공급처가 있었다. 하루에 2개 업체씩 상담을 하는 일정으로 갔기 때문에 시간이 별로 없었다.
　다음날 캄보디아로 가야 했기 때문에 하루 더 있는 것도 어려웠다. 부리나케 4순위였던 R사에 연락을 했다. 그나마 가장 적극적인 회사였던 R사를 선정하기로 했던 것이다. 다음날 아침에 만나자고 했다.
　R사 대표가 호텔로 왔다. R사는 여러 요구 조건을 내세웠다. 결국 많은 부분에서 R사에 유리한 방향으로 비즈니스 조건이 정해졌다. 미얀마까지 출장을 갔는데 결국 원하지 않는 방향으로 흘러 가버린 사례였다. 만일을 대비해서 하루나 이틀 정도 여유를 두었다면 더 좋았을 뻔했다.

　조급함은 항상 일을 그르친다. 빨리 결과를 얻으려고 하지 마라. 중요한 협상일수록 시간 여유를 충분히 가져라. 어떤 협상에서도 예기

치 못한 돌발변수가 나오기 마련이다. 그런 상황을 예상하고 돌발변수에 대한 여유 시간을 확보하도록 하라.

가격 협상 시 주의 사항

글로벌 비즈니스에서 가격 협상을 빼고 무슨 말을 할까? 그만큼 가격 협상이 중요하다. 기껏 바이어를 발굴해도 가격 협상을 잘못하면 크게 낭패를 본다. 남는 거 없이 수출하기도 하지만 손해를 보는 경우도 심심찮게 본다.

데니스 팀장도 바이어에게 가격을 줄 때마다 많은 고민을 한다. 이윤을 많이 남기려다가는 바이어를 놓쳐 버리게 된다. 이윤을 적게 남기면 수익성이 떨어진다.

협상의 중요 요소 세 가지 중 '정보'가 가격 협상에서 중요하다. 시장에서 팔리는 가격 정보만 있으면 가격 협상 시 유리한 고지를 점하게 된다. 당연히 정보가 없으면 불리하다.

바이어가 주로 취급하는 제품들에 대해 가격을 줄 때에는 적정한 수준의 가격대부터 시작해야 한다. 그 이상 부르게 되면 바이어의 관심을 끌 수 없다. 바이어가 취급하지 않거나 생소한 제품의 경우는 여유 있게 가격대를 책정하도록 한다. 그럼 일단 높은 가격을 제시했다가 깎아 주면 되는 거 아니냐고 반문할 수 있다. 다음의 경우를 보자.

한번은 이런 일이 있었다. 바이어가 F라는 제품을 원했다. 현지 시장 조사를 미처 하지 못해 비슷한 제품이 어느 정도의 가격대에 팔리는지 감을 잡을 수 없었다. F의 제조원가는 7달러였다. 일단 네고(가격 협상)를 해줄 요량으로 두 배인 14달러를 제시했다. 그런데 바이어는 아무런 회신이 없었다. 네고해 달라고 하면 마지못해 5% 정도 해줄 생각이었는데 아무런 회신이 없으니 난감했다.

계속 이메일을 보내도 답이 없어 전화를 걸었다. 그러자 상대가 약간 화가 난 목소리로 말했다.

"당신 제정신이에요? 우리가 파는 가격이 15달러인데 14달러를 부르면 어쩌라는 거에요? 이건 뭐 3, 4% 차이 나는 것도 아니고 어이가 없어서. 당신들과 거래할 생각 없으니 연락하지 마세요. 뚝, 뚜뚜뚜……."

가능하면 바이어에게 가격을 제시하기 전에 시장 조사를 할 필요가 있다. 그러나 그게 쉽지 않다. 나라마다 가격 조사를 다 한다는 건 현실적으로 불가능하다. 이윤을 많이 남기려고 높은 가격을 제시하면 바이어는 관심이 없다며 아예 연락을 하지 않는다. 그렇다고 이윤을 많이 남길 수 있는데 조금만 남기는 것도 억울하다. 이것이 바로 바이어에게 가격을 제시할 때 느끼는 딜레마다.

시장 조사가 선행되지 않았다면 먼저 바이어를 찾아 가는 게 낫다.

A라는 국가에 수출을 하기로 했다. 그러면 가능한 많은 바이어 리스트를 확보한다. 가능성이 있는 잠재 바이어를 추려본다. 거래 우선

순위를 나름대로 매겨본다. 그중에서 가장 낮은 순위의 바이어를 접촉해서 가격을 준다. 그리고 바이어의 반응을 본다.

관심이 없는 것 같으면 그 위의 순위에 있는 바이어에게 접촉한다. 그리고 조금 더 낮은 가격대를 제시한다. 차례대로 접촉한다.

만약 바이어가 비싸다는 반응이 오면 어느 정도의 가격대가 적당한지 물어 본다. 바이어가 알려준 가격대를 검토한다. 그리고 우선 순위가 가장 높은 바이어에게 적당한 가격대를 제시한다. 약간의 네고를 해주며 최종 가격을 정한다. 시장 조사는 못했지만 가장 괜찮은 바이어에게 적절한 가격을 제시해 거래 가능성을 높이는 아주 좋은 전략이다.

가격을 제시한 후에 바이어가 가격이 비싸다며 가격 인하를 요청한다. 그런데 어느 정도 인하를 해주면 적당한지 가늠을 할 수 없다. 이럴 때 바이어에게 타겟 프라이스(목표가)를 달라고 요구하는 방법이 있다. 당연히 바이어는 가격을 최대한 깎으려고 할 것이다. 섣불리 타겟 프라이스를 요구하면 우리가 처음에 제시한 가격보다 훨씬 낮을 수 있다.

바이어가 가격 인하를 요구하는 경우는 두 가지이다. 하나는 조금만 더 가격을 인하해주면 거래가 가능한 경우이고 다른 하나는 이미 그 가격이 적당한데도 더 깎아보려고 시도하는 경우이다.

가격을 제시했더니 바이어가 회신을 했다면 그것은 우리가 제시한 가격이 터무니 없는 가격은 아니라는 뜻이다. 그럴 때에는 타겟 프라이스를 요구하지 마라. 대신 아주 약간의 네고만 해주어라. 더 깎아 달라고 요구하다가 결국 바이어가 스스로 타겟 프라이스를 제시할 것이다. 길게 협상할수록 바이어는 실질적인 타겟 프라이스를 제시하게 된다. 그러면 처음에 제시한 가격에서 근접한 가격으로 협상을 마무리할 수 있다.

 선진국과 거래할 때에는 가격을 제시하기 전에 타겟 프라이스를 먼저 받는 게 유리한 경우가 많다. 후진국과 거래할 때에는 바이어가 스스로 타겟 프라이스를 줄 때까지 기다려야 한다.

 도저히 가격을 인하해주지 않으면 안 될 상황에 처했다면, 이런 방법을 써보자.

 가격을 인하해주는 조건으로 다른 협상을 하는 것이다. 예를 들면, 결제 조건을 바꾼다거나 물량을 늘려 달라고 하거나 연간 발주 물량을 보장해 달라거나 하는 방법들이 있다. 회사의 사정에 따라 적절하게 요구하면 된다.

 또한 가격을 할인해주는 것보다 증품(무상으로 제품을 더 얹어주는 것)을 주는 것도 한 방법이다. 바이어가 제조원가가 8달러인 제품 B를 10달러에 100개 주문한다. 1,000달러가 된다. 바이어가 5%를 인하해 달라고 한다. 그러면 950달러가 된다. 100개에 대한 제조원가가 800달러이므로 이윤은 150달러가 된다.

 만약 가격을 깎지 않는 조건으로 5% 증품을 준다고 가정하자. 제조수량은 105개가 된다. 개당 제조원가가 8달러라면 105개 만드는 데 840달러가 소요된다. 이윤은 160달러가 된다.

수량과 금액을 이해하기 쉽게 작게 잡아서 그렇지 증품을 주는 게 가격을 인하해주는 것보다 더 많은 이윤을 남길 수 있다.

모든 걸 내려 놓아야 이긴다

직장인이라면 연봉 협상을 한다. 작년에 내가 이뤄낸 성과를 보여주고 연봉을 올려 달라고 요구하는 것이다.

회사마다 다르겠지만 연봉을 인상해주지 않거나 협상의 기회조차 주지 않는 회사도 있다. 이런 회사에 다니는 직장인은 자괴감이 든다. 열심히 일한 대가를 받지도 못하니 낙심하게 된다.

회사가 연봉을 올려 줬지만 그 폭이 너무 작거나 기대에 미치지 못할 수 있다. 이럴 때 연봉을 올릴 수 있는 방법이 뭘까? 더 열심히 해서 성과를 보여 주면 될까? 아니다. 그런 회사는 아무리 열심히 해도 직원에게 적절한 보상을 해주지 않는다. 방법은 하나다. 사직서를 내고 연봉 협상을 하는 것이다.

사직서를 제출하면 상사가 불러 무슨 이유인지 물어본다. 정말 능력이 떨어져 제발 나가 줬으면 하는 직원만 아니라면 붙잡는다. 그때 요구 조건을 말하는 것이다.

개인적으로 사직서를 내면서 협상하는 방법은 권하지 않는다. 사직서는 말 그대로 회사 그만 둘 때 내는 것이다. 하지만, 직원에 대해 배려를 하지 않는 회사에 무엇을 기대할 수 있는가? 얼마나 답답하면 그런 방법이라도 쓰려고 할까?

 이런 협상 방식이 '최후의 통첩'이다. 상대에게 마지막으로 한 번만 더 기회를 주는 것이다. 'All or Nothing!'이다. 서로 마지막으로 담판을 하자는 것이다. 상대에게 마지막 기회인 만큼 나에게도 마지막 기회이다.

 모든 것을 내려놓을 각오를 하고 시도해야 한다. 이때 결과를 판가름하게 되는 요소가 있다. 바로 '누가 더 아쉬운가' 하는 것이다. 회사에 사직서를 냈더니 즉시 사직서를 수리한다. 그건 회사가 당신이 퇴사해도 아쉬운 게 없기 때문이다. 연봉을 올려 주느니 다른 사람을 구하는 게 낫다고 판단한 것이다. 사직서를 낸 당신이 가장 큰 피해자가 된다. 연봉도 올리지 못하고 그나마 다니던 직장도 잃게 된다.

 회사가 당신을 필요로 한다면 연봉을 올려 주어서라도 데리고 있을 것이다. 당신은 연봉도 올리고 직장도 유지하게 된다.

 여기서 주의할 점이 있다. 다니던 직장을 그만두더라도 옮길만한 회사가 있다면 몰라도 잘못하다간 모든 걸 잃을 수 있다. 그야말로 최후의 통첩이 되어야 한다. 설령 회사가 연봉을 올려 주었다 하더라도 안심할 수 없다. 회사는 즉시 당신을 대체할 사람을 구할 것이다. 그리고 업무를 넘기게 만들어 회사 업무에 지장이 없게 될 시점이 되면 무슨 수를 써서라도 당신을 내보낼 것이다.

 모든 협상에서 최후의 통첩 전략은 정말 마지막으로 한 번 써야 한다. 그리고 그 결과물을 얻기 위해서는 모든 걸 잃을 각오를 해야 한다. 내가 가진 모든 걸 포기할 각오만 되어 있으면 협상에서 가장 유리한 위치가 된다. 다 비운 사람을 이길 수는 없기 때문이다.

협상 과정에서 이도 저도 안 되면 상대의 인간적인 면에 호소하라. 인간적으로 한 번만 도와달라고 하라. 의외로 먹히는 경우가 많다.

비즈니스의 모든 것이 협상이다

일반적으로 협상이라고 하면 가격 흥정을 가장 많이 떠올린다. 가격 협상뿐 아니라 주문 수량, 계약 조건, 선적 일정 등을 협의하는 것도 모두 협상이다.

비즈니스에서는 가격 협상보다 다른 협상을 더 많이 한다. 테이블에 앉아 '협상 시~작. 협상 끝' 하는 협상도 있겠지만 이게 협상인지 아닌지 모르게 진행되는 협상도 있다.

협상은 전체를 봐야 한다. 예를 들면, 가격 협상을 할 때 한 제품의 가격에만 매달리는 경우가 있다. 계약하기로 한 제품이 5가지면 그중에서 많이 남는 제품도 있고 손해 보는 제품도 있다. 모든 제품에서 이익을 다 내야 하는 건 아니다. 밑지는 제품이 있더라도 전체적으로 이익이 난다면 합의해도 된다. 한 가지 제품 가격에 연연하다 전체를 놓치는 우를 범하면 안 된다는 말이다.

판매를 하고 나면 그걸로 끝이 아니다. 돈을 받아 내야 한다. 아무리 많이 팔더라도 돈을 다 받아내지 못하면 '헛방'이다.

신용장처럼 대금 결제에 안전성이 많이 보장된 방법으로 결제하는 바이어도 있지만 현금으로 결제하는 바이어도 많다. 현금 결제라도 선적 전에 대금을 모두 받을 수 있다면 그게 가장 좋다. 외상으로 물건을 가져가는 바이어가 있다면 이게 골치가 아프다. 서로 신뢰가 쌓여 "이 바이어는 절대 돈을 떼먹지 않을 거야."라고 철석같이 믿어도 막판에 대금을 받지 못하는 경우도 수두룩하다. 비즈니스가 깨질 상황이 되면 그동안 쌓였던 신뢰는 한낱 물거품에 불과하기 때문이다.

선적을 하고 나서 현금으로 결제하기로 한 바이어가 있다. 1~2년 정도 결제를 잘해준다. 하지만 몇 년 지나다 보면 이게 잘 지켜지지 않는다. 서로 믿고 외상을 준건데 얼렁뚱땅 결제 기일을 자꾸 늦추는 바이어를 보면 열불 난다. 바이어 관리에 틈이 보이면 미수금 잔고가 1년 치 매출과 맞먹을 정도로 늘어나 버린다. 특히 아프리카 지역 바이어들이 이런 경우가 많다.

외상 잔고가 많아지면 칼자루는 바이어가 쥔다. 바이어 측의 관리 소홀로 제품에 문제가 생겼는데도 공급업체에 책임을 묻는다. 밀린 잔고를 받기 위해 바이어가 억지를 부려도 끌려 다녀야 하는 일이 벌어진다. 바이어는 책임을 물어 미수금 잔고에서 제하겠다고 강하게 나온다. 공급업체는 100%가 됐든 50%가 됐든 변상을 하게 된다.

연애만 밀당(밀고 당기기)을 하는 게 아니다. 비즈니스도 마찬가지다.

사안의 경중에 따라 협상에 임하는 선수(글로벌 마케터)들의 멘탈이 중요해진다. 대수롭지 않은 건으로 협상할 때에는 상대방의 요구를 쉽게 승낙한다. 그러나 정말 중요한 내용을 협상할 때에는 내가 원하는 결과를 얻기 위해 박 터지게 싸운다.

이걸 잘해야 한다. 박 터지게 싸우다 보면 정말 박 터져 비즈니스가 깨져 버리기도 하기 때문이다.

멘탈에서 지면 끝이다

명로진 작가가 쓴 『인디라이터』라는 책에 이런 이야기가 나온다.

수벽이란 전통 무예가 있다. 태견 무형문화재 신한승 선생의 수제자 육태안이 이룬 우리의 무술이다. 육태안 선생 왈 "매일 당수가 천 기술을 이긴다."

당수란 손날로 치는 기술이다. 매일 당수 한 가지 기술만 연마한 사람이 1,000가지 기술을 구사하는 사람을 이긴다는 말이다. 한 가지 기술을 한 시간씩 1,000가지 수련한 사람보다 당수 한 가지만 1,000시간을 수련하는 사람이 훨씬 센 것은 어찌 보면 당연하다.

협상에서 100가지 전략이 있어도 이 한 가지가 없으면 무용지물이다. 바로 멘탈이다. 전략을 구사하기 위한 기본이 멘탈, 즉 내공이다. 강한 정신력으로 내공을 다진 사람만이 최고의 협상을 펼칠 수 있고 원하는 걸 얻을 수 있다.

혹시 바이어가 우리와 거래를 하지 않으면 어쩌나, 협상이 결렬되지는 않을까, 직장을 잃으면 큰일인데 등 마음속의 부정적이고 불안한 마음을 잘 컨트롤해서 겉으로 전혀 내색하지 않는 사람이 협상의 고수다.

야구 이야기를 해보자.

한국시리즈 마지막 경기다. 우승을 가리기 위해 막판까지 왔다. 반드시 이겨야 한다. 그래서, 감독은 선수를 총동원하고 지략 대결을 한다.

9회 말 동점인 만루 상황에서 마무리 투수가 마운드에 올랐다. 공을 대여섯 차례 던지며 몸을 풀었다. 본격적인 대결에 들어가 투수가 초구를 던졌다. 볼이다. 만약 볼넷을 주게 되면 역전되면서 경기는 끝나 버린다. 그래서 신중을 기해 두 번째 공을 뿌렸다. 또 볼이다. 아무래도 볼넷을 줄 것 같은 예감이 들었다. 투수는 마음이 흔들렸다. 불안했다. 그러니, 손가락이 덜덜 떨리며 힘이 들어가지 않는다. 주위를 둘러보았다. 동료들의 시선이 느껴졌다. 내가 볼넷을 주지 않을까 노심초사하는 분위기다. 나를 도와줄 사람은 아무도 없다. 울고 싶은 마음이 든다. 빨리 이 상황을 벗어나고 싶다.

포수는 손가락으로 사인을 보내며 스트라이크를 던지라고 무언의 종용을 한다. 투수는 떨리는 손으로 스트라이크 존을 향해 공을 뿌렸다. 전력투구를 하지 못했다. 스피드를 줄여서라도 스트라이크를 잡아야 하기 때문이다.

아차! 실투다. 공은 한가운데로 향하고 있었다. 상대 타자는 이 공을 놓치지 않고 방망이를 휘둘렀다.

안타다. 결국 3루 주자가 홈으로 들어와 경기가 끝났다. 졌다.

야구를 멘탈 스포츠라고 한다. 육체적인 기술보다 멘탈로 인해 경기 결과가 달라지기 때문이다. 선수가 멘탈에서 상대에게 밀리면 그 경기는 이기기 힘들다.

마무리 투수는 강심장이어야 한다. 안타 하나면 경기를 내주게 되는 그런 상황에서 공을 던질 때도 있다. 그러니 얼마나 떨리겠는가? 그래도 내색하면 안 된다. 얼굴은 돌부처처럼 변함이 없어야 한다. 그래야 타자를 이길 수 있다.

멘탈을 강하게 하려면 어떻게 해야 할까?

마음의 수양을 해야 한다. 종교에 의지할 수도 있다. 혼자만의 방법으로 스스로 수양하기도 한다.

가장 효과가 좋았던 방법은 공부였다. 마음 공부. 내 마음은 내가 가장 잘 안다. 그러면 내 마음을 다스리는 방법도 나만이 찾을 수 있다. 마음을 강하게 수련하여 내공을 키울 수 있는 나만의 방법을 찾아보자.

마음 공부를 위해서 한 가지 방법을 추천하겠다. 바로 독서다. 재미 위주의 독서가 아니라 내 머리가 반짝하면서 눈과 마음이 열리는 그런 독서다.

이 책은 글로벌 비즈니스에 관한 책이므로 독서에 관해서는 다른 기회를 통해 이야기하도록 하겠다.

흐름을 긍정적으로 상상하라

다시 야구 이야기로 돌아가자.

나는 프로야구를 좋아한다. 시즌 중에는 아이들 데리고 가끔 잠실 야구장에 간다. 야구장에 가지 못할 때에는 집에서 TV 중계를 보며 좋아하는 팀을 응원한다.

경기를 자주 보다 보면 내가 응원하는 팀이 이길지 질지 대충 감이 온다. 굳이 자리 깔고 점집 차리지 않아도 느낌으로 알 수 있다.

하일성 야구해설위원이 자주 쓰는 말이 있다. "야구는 흐름이 중요하죠."

많은 스포츠 경기가 그렇듯이 흐름이라는 것이 있다. 흐름이 좋으면 이길 가능성이 높다. 반대로 흐름이 좋지 못하면 이기기 힘든 경우가 많다. 경기가 잘 풀리지 않는다는 것은 원하는 대로 경기를 이끌지 못한다는 것이다.

초반부터 계속 꼬이면서 잘 풀리지 않다가 어떤 계기를 통해 분위기를 바꾸더니 결국 역전승을 이끌어낸 팀이 있다고 치자. 이 팀은 좋지 않은 흐름을 자신들에게 유리한 방향으로 바꾸었다. 그 결과 경기에 이기게 되었다.

협상 역시 흐름이 중요하다. 초반부터 뭔가 얘기가 잘 통하고 흐름이 괜찮으면 좋은 결과로 이어지는 경우가 많다. 반면에 말이 꼬이고 감정적으로 대립하게 되면 좋은 결과를 기대하기 힘들다.

협상에 임하기 전에 흐름을 상상해보라. 상대를 만나서 어떤 말로 인사할지부터 어떻게 말을 하고 상대는 어떤 말로 받아 칠까 그러면 우리 측에서는 어떻게 대응할지 등 전체 시나리오를 머릿속으로 상상해보는 것이다. 그러면 실제 협상 테이블에서 최대한 논리적이고 이성적으로 상대를 설득하는 데 큰 도움이 된다.

실제 상황은 아니지만 머릿속으로 예행연습을 해보는 셈이다. 많이 해볼수록 유리하다. 다양한 시나리오를 검토해보기 때문에 실제 상황에서 벌어질 수 있는 실수를 최소화할 수 있다.

수시로 협상을 연습하라

구매 담당자만 구매를 하라는 법은 없다. 글로벌 마케터도 돈을 주고 뭔가를 구매해야 한다. 수출 업무에 필요한 서비스를 맡기는 경우이다.

해상/항공 운임, 내륙 운송비, 수출 포장, 카탈로그, 바이어에게 지원할 판촉물 등 다양하다. 만약 이런 일을 당신이 결정해서 구매를 해야 하는 자리에 있다면?

'내가 네고(가격 협상)해서 가격 잘 받는다고 회사에서 알아주거나 해? 내 돈 나가는 것도 아닌데 대충 하지 뭐.'라고 생각하는가?

최선을 다해 네고해보라. 최저의 운임을 받도록 하고, 가장 저렴하게 최고의 서비스를 받게끔 해보라.

최선을 다해 네고 하면서 당신은 협상 기술을 계속 닦아 나가는 것이다. 내가 돈 주고 사는 서비스다. 파는 것 보다 훨씬 쉽다. 그런 협상에서도 주도권을 쥐고 협상을 유리하게 하지 못하는데…… 큰 협상에서는 잘할 것 같은가?

내 돈 나가는 거 아니니까, 그래서 대충 한다고? 당신은 평생 남 밑에서 월급쟁이만 할건가? 월급쟁이만 한다손 치더라도 회사에 득이 되는 일을 해야 한다. 당신이 사업을 하게 된다면 그땐 정말 당신 돈이 나간다. '내 돈 나갈 때 되면 네고 잘해서 최저 가격 받으면 되지.' 잘 안 될 것이다.

협상도 수시로 연습하자. 남편, 아내와 새 세탁기를 사느냐 마느냐로 옥신각신 하는 것도 협상이다. 휴일에 집에서 쉬고 싶은데 애들이 놀아 달라고 떼 쓸 때 잘 달래는 것도 협상이다.

'우리는 정찰제입니다'라고 큼지막하게 벽에 붙여 놓은 옷 가게에서 가격을 깎는 것도 협상이다.

우리 주변에는 크고 작은 협상이 무수히 일어나고 있다.

'돈 10,000원 깎자고 아쉬운 소리 하기 싫은데.'

그러면 돈 10,000원 더 주고 사라. 돈 10,000원이 큰돈이라서 협상을 하라는 것이 아니다. 해보라. 막상 해보면 정찰제 매장에서 가격을 깎게 되는 '놀라운' 경험을 하게 될 것이다.

아무리 해도 가격을 깎지 못할 때도 있다. 그래도 시도해보자. 본 게임(비즈니스 협상)에서 잘하기 위해 연습한다고 생각하자.

계약도 협상의 일부분

계약은 신중하게

아프리카 위주로 수출하는 한 회사는 10여 년 전에 했던 계약 때문에 골치가 아프다.

우연한 기회에 아는 사람 소개로 아프리카 남아공에서 온 바이어를 만나게 됐다. 당시만 해도 아프리카는 정말 먼 곳이라고 생각되었다. 아프리카는 가본 적도 없고 시장 상황이 어떤지도 전혀 몰랐다. 마침 제품을 사 주겠다는 바이어가 나타나니 무척 고마웠다. 바이어가 5년 안에 매출을 500만 달러 이상 할 테니 독점권을 달라고 했다. 그리고 아프리카 다른 지역에도 바이어를 찾아 비즈니스를 만들어 주겠다는 약속도 덧붙였다.

사업가 기질이 충분해 보이는 바이어가 마음에 들어 회사는 계약을 하게 되었다. 아프리카 대륙 전체에 대한 독점권을 주었고 아프리카에서 발생되는 매출의 5%를 커미션으로 지급하겠다는 계약이었다. 회사 입장에서는 이 바이어가 열심히 해준다면 아프리카 전체 독점권을 주는 게 더 낫다고 생각했기 때문이었다.

바이어는 열심히 노력해서 해마다 수출이 상승했다. 회사는 바이어 잘 만났다고 기뻐했다. 그런데 바이어는 자기 나라 이외에 다른 나라에도 수출을 해주겠다는 약속을 지키지 않았다. 바이어는 지금 현지 비즈니스 확대에도 바쁘니 시간을 좀 더 주면 다른 지역에도 바이어를 발굴해주겠다는 말만 거듭했다.

회사의 수출이 커지면서 아프리카의 새로운 바이어들과 접촉할 기회가 생겼다. 동부 아프리카, 북부 아프리카 바이어들이 제품을 공급해 달라고 했다. 남아공 바이어는 아프리카의 다른 지역에는 전혀 신경을 쓰지 않았고 회사는 새로운 바이어를 놓치고 싶지 않았다. 아프리카 여러 나라에 수출을 하면서 매출이 많이 늘었다. 출장, 전시회, 홍보 자료 등 회사에서는 지원을 아끼지 않고 매출 확대에 전력을 다했다. 몇 년이 지나자 기존 바이어 매출보다 새로운 바이어들의 매출이 훨씬 커지게 되었다.

어느 날 남아공 바이어가 한국에 왔다. 남아공 이외에도 아프리카에 수출하는 걸 알고 있으니 자료를 보여 달라고 했다. 계약서를 들이밀면서 5% 커미션을 요구했다. 회사는 억울했다. 동북부 아프리카에 수출하는 동안 남아공 바이어는 아무런 도움을 주지 않았는데 커미션을 요구하니 어이가 없었다. 바이어 발굴부터 모든 걸 회사가 비용을 들여가며 알아서 했는데 이제 와서 커미션을 요구하는 바이어가 원망스러웠다. 바이어가 완강히 자신의 권리를 주장하니 어쩔 수 없었다.

결국 회사는 남아공 이외에 아프리카 전체 매출의 5% 커미션을 지급했다. 남아공 바이어는 본인의 사업을 접고 커미션만 받아먹게 되었다. 회사는 남아공 시장도 놓치고 아프리카 지역에서 발생되는 매출의 5%는 꼬박꼬박 남아공 바이어에게 지급했다. 배가 아파도 어쩔 수 없었다. 이미 아프리카 전체에 대한 독점권을 줘 버렸기 때문이다.

독소조항은 반드시 찾아 내라

계약서에 본래의 취지와 다르게 교묘한 조건을 두어 상대를 불리하게 만드는 조항이 있다. 이런 걸 독소조항이라고 부른다. 우리 측에 불리한 조항이면 상대 측에게는 유리한 조항이라고 볼 수 있다.

계약서에 나와 있는 조항들을 하나하나 잘 뜯어보는 게 정말 중요하다. 논리적이지 않거나 우리 측에 불리하거나 지키기 쉽지 않은 조항이 있다면 반드시 찾아내야 한다. 그리고 계약서를 수정하도록 상대와 협의를 해야 한다. 상대가 강하게 나온다고 물러서면 안 된다. 언젠가 그 독소조항이 우리 측에 또는 나에게 독화살로 돌아올지 모르기 때문이다.

다음의 사례들을 보자. 회사마다 상황이 다르므로 참고만 하기를 바란다.

사례 1

'갑'은 '을'의 제품과 비슷한 제품을 개발, 판매해서는 안 된다.

호주의 한 회사로부터 제품을 수입하는 계약을 체결하게 되었다. 그런데 그 회사가 보내온 계약서에 '비슷한 제품을 개발, 판매하면 안 된다'는 조항이 있었다. 수입하는 회사가 제조업체이니까 개발 능력은 있다. 그걸 우려해서 제품을 카피할까 봐 이런 조항을 삽입한 것으로 보인다. 같은 사양의 제품을 카피하는 것은 도의상 문제가 있다손 치더라도 비슷한 제품을 전혀 개발하거나 팔지 못하게 하는 것은 너무 가혹한 조항이다.

사례 2

'갑'이 주문한 날로부터 30일 이내에 '을'은 선적을 완료해야 하며, 이를 어길 시 1일 당 인보이스(commercial invoice) 금액의 1%를 감액한다.

제조업체가 항상 주문 접수 후 30일 이내에 선적할 수 있다면 문제가 없다. 하지만, 일정에 여유가 별로 없어 30일을 초과할 가능성이 내재해 있다면 이 조항은 다시 검토되어야 한다. 또한 하루에 인보이스 금액의 1%를 감액한다는 것도 너무 심하다.

사례 3

'구매자'가 '공급자'의 제품에 대해 제3의 공급자 제품보다 불리한 대우를 할 때

'공급자'는 계약을 해지할 수 있다.

이게 무슨 말인가? '구매자'가 '공급자'의 제품에 대해 다른 공급자 제품보다 불리한 대우를 하면 안 된다는 말이다. 말이 되는가? 다시 말하면 '공급자'란 회사가 '구매자'에게 제3의 공급자와 같거나 유리한 대우를 해 달라고 요구하는 것이다.

'구매자'가 다른 공급자와 같거나 유리한 대우를 해 줘야 한다면 어느 '구매자'가 그 '공급자'로부터 물건을 사겠는가?

또한, 제3의 공급자는 누구를 말하는 것이며 불리한 대우의 근거나 기준은 무엇인지 명확하지 않다. '공급자'가 계약을 해지하기 위한 명분이 될 수 있다. 만약 당신이 '구매자' 입장에서 이런 계약서를 받았다면 무조건 삭제해야 한다.

사례 4

'구매자'는 유통기한이 지난 제품을 반품할 수 있고, '공급자'는 그 대금을 반환해야 한다.

유통기한이 있는 제품들이 있다. 식품, 화장품, 의약품 등이다. 바이어는 유통기한이 지난 제품이 있으면 전량 반품을 시키고 대금을 돌려받겠다는 속셈이다. 유통기한이 지난 제품에 대해 반품을 받아주는 회사도 있다. 대신 차기 주문에서 대금을 차감해 준다. 반품이 많지 않다면 차기 주문을 유도하기 위한 전략 중 하나로 활용하기도 한다.

　수출의 경우는 반품을 받아 주기 곤란한 부분이 많다. 일단 반품을 하기 위한 운송료가 비싸며 통관 시 애로 사항이 있다. 그리고 반품의 수가 너무 많으면 앞으로 남고 뒤로 밑지는 일이 발생할 수 있다.

　유통 기한이 2년인 제품이 있다. 2년이면 짧은 시간이 아니다. 그동안 제품을 다 팔지 못하고 반품을 요구하는 바이어라면 판매 능력에 문제가 있는 게 아닐까?

사례 5

'갑'은 '을'의 전 제품에 대해 독점권을 가지며……

사례 5는 아래의 내용을 읽어 보도록 한다.

계약서에는 반드시 안전장치를

　수출에 경험이 그다지 많지 않은 회사가 주로 저지르는 실수가 독점권에 대한 계약이다. 지금 수출이 많지 않으니 바이어가 나타났을 때 바이어를 놓치지 않으려고 바이어의 요구를 최대한 수용하게 된다. 이때 별 생각 없이 독점권을 부여해 버리는 경우가 많다.

　위의 회사처럼 몇 년을 내다보지 못하고 아프리카 대륙 전체에 대한 독점권을 주는 건 정말 잘못된 선택이다. 바이어의 요구가 너무 강해 독점권을 줘야 한다면 국가별 또는 제품별 독점권을 주는 게 맞다. 또한 독점권을 주되 계약서에는 빠져 나올 수 있는 구멍을 만들어야 한다. 즉 바이어가 잘못을 저지르거나 원하는 만큼의 매출을 해 내지 못하는 경우를 대비해 계약을 파기할 수 있도록 조항을 삽입해야 한다. 바이어가 고집을 피워 그런 조항의 삽입이 힘들다면 계약을 섣불리 하지 마라. 잘못된 계약으로 마음 고생하는 것보다 차라리 다른 바이어를 찾는 게 나을 수 있다.

계약을 할 때에는 회사의 권익을 보호하기 위한 안전조항을 삽입하는 것이 필수 사항임을 잊지 말아야 한다.

독점권을 줄 때에는 목표를 제시하고 기간 내에 달성하도록 요구해야 한다. 만약 바이어가 목표를 달성하지 못할 경우 협의를 통해 목표를 재설정해주거나 아니면 다른 바이어와 거래할 수 있어야 한다.

이런 조항이 없으면 바이어가 한 푼도 주문하지 않아도 계약을 해지할 만한 명분이 없다. 아무리 주문을 늘리라고 소리쳐도 한 귀로 듣고 한 귀로 흘리면 그뿐이다. 다른 더 좋은 바이어가 있어도 바꿔 타기 힘들어 진다.

바이어들은 같거나 비슷한 제품을 공급해주는 서플라이어(공급자)를 2~3개 끌고 가려는 경향이 있다. A가 가격을 올리려고 하면 B로 갈아타기 위함이다. B의 납기가 늦으면 C에게 주문한다. 이럴 경우 공급자는 협상에서 매우 불리한 위치에 놓인다.

차라리 계약서에 '우리 회사 이외의 공급처에서 같은 제품을 공급받지 않는다'란 조항을 삽입하도록 유도해야 한다. 바이어가 독점권을 요구한다면 우리 쪽에서도 우리 제품만 판매하도록 요구해야 한다. 독점권을 요구하지 않더라도 이 조항을 삽입하도록 요구하라.

크레이그 크로퍼드의 『이기는 기술』을 보면 "동기를 부여하는 데에는 사랑보다 두려움이 더욱 효과적이다."라는 말이 나온다. 계약서는 서로 약속을 지켜야 한다는 최소한의 두려움을 주려는 것이다.

실제로 계약서는 계약서일 뿐이다. 바이어와 서플라이어가 상호 신뢰하고 약속을 지킨다면 계약서는 필요 없다. 계약서가 있더라도 약속을 안 지키면 어쩌겠는가? 법적 조치는 말 그대로 최후의 수단에 불과하다.

바이어 잘 꼬시기

바이어와 연애 하듯이

바이어와 인간적으로 친해지는 것보다 비즈니스를 활성화시킬 수 있는 더 좋은 방법은 없다. 처음에야 드러난 겉모습, 즉 제품, 가격, 품질로 평가한다. 하지만 비즈니스가 성공하려면 속마음이 중요하다. 바로 신뢰라는 것이다. 서로 신뢰가 쌓여야 비즈니스가 발전한다.

그렇다면 바이어와 인간적으로 친해지려면 어떻게 해야 할까? 데니스 팀장은 바이어와 친해지는 것은 연애하는 것과 같다고 말한다. 즉, 바이어를 연애 상대라고 생각하라는 것이다.

자주 연락하라

연애를 막 시작한 연인들은 전화번호를 교환하고 자주 연락을 한다. 자주 연락할수록 친밀감이 커지고 점점 사랑의 감정도 싹트게 된다.

바이어도 똑같다. 서로 명함을 교환해서 연락처를 알게 된다. 자주 연락해서 친밀감을 느낀다. 아무래도 자주 연락하거나 만나는 사람과 비즈니스를 하게 될 가능성이 훨씬 크다.

이메일이 껌이냐?

애인이 전화나 문자를 했는데 답이 없으면 어떤가? 여자라면 삐쳐서 한동안 말을 하지 않는다. 남자라면 불안해하며 안절부절 못하거나 화를 낸다. 애인이 전화를 받지 않거나 문자에 답을 하지 않으면 난리난다.

바이어가 전화나 이메일로 문의를 했다면 절대 답을 미루지 마라. 전화를 받지 못했다면 확인 즉시 전화를 해라. 이메일로 문의를 받았다면 최대한 빨리 답장을 보내라. 만약 문의에 대한 답을 확인하는데 시간이 필요하다면 "이메일을 접수했고 언제까지 답을 하겠다"는 이메일이라도 보내라. 그리고 약속한 날에 답변을 하라.

바이어 입장에서 거래처 담당자가 전화를 받지 않거나 이메일을 보내도 답이 없는 경우가 잦아지면 거래할 마음이 없는 것으로 간주한다.

애인에게 전화나 문자를 해도 답이 없으면 한바탕 싸우고 헤어진다. 바이어도 마찬가지라고 생각하면 된다.

밀고 당기기를 잘하라

젊은 친구들은 연애할 때 밀당(밀고 당기기)을 잘하는 것이 중요하다는 말을 한다. 잘해줄 땐 감동 받을 정도로 잘해주고 가끔 화를 내거나 토라진 척하며 상대를 안절부절 못하게 만든다. 그래야 애인을 자기 페이스대로 끌고 가면서 길들인다고 한다.

바이어와의 비즈니스도 크게 다르지 않다. 무조건 잘해주기만 해선 곤란하다. 더 많을 걸 요구하기 때문이다. 상대의 실수나 약점을 발견하면 몰아치듯이 상대를 긴장하게 만든다. 그리고 다독거리며 풀어준다. 이 방법은 바이어를 내 페이스대로 끌고 가는데 좋은 방법이다. 그렇다고 너무 자주하면 안 된다. 그리고 너무 세게 해도 안 된다. 소나기 퍼붓듯이 짧고 강하게 한번에 해야 한다. 특히, 주의할 점은 바이어가 감정을 다치지 않게 해야 한다. 잘못하다간 영영 끝날 수 있다.

나는 당신 편이야

결혼 생활 중 아내가 가장 섭섭해 할 때가 언제일까? 남편이 자기 편을 들어주지 않을 때라고 한다. 애인이나 배우자는 무슨 일이 있어도 내 편이 되어 줄 것이라 믿는다. 그런데 내 편을 들어주지 않고 다른 사람을 두둔하게 되면 섭섭해 한다. 물론 본인이 잘못한 경우라도 자기 앞에서는 편을 들어주는 척이라도 해주길 바란다.

데니스 팀장의 아내는 가끔 시댁을 갔다 오는 길에 시댁에 대해 섭섭한 마음을 표현한다. 이때 데니스 팀장은 "아니, 그런 일이 있었단 말이야? 다음에 내가 한마디 해야겠네. 아니야, 지금 바로 전화할까? 우리 가족들이지만 어떻게 그럴 수가 있어?" 하며 씩씩거린다. 데니스 팀장의 진심이 아니라는 건 아내도 안다. 그냥 아내 앞에서 아내 편을 들어주는 것뿐이다. 하지만 아내는 내심 기분이 좋다.

제조업체에 소속된 글로벌 마케터의 경우를 보자. 소속은 제조업체지만 바이어와 제조업체 중간자 입장이 되어야 한다. 바이어 입장에서도 생각하고 제조업체 입장에서도 생각해야 한다. 그래서 비즈니스가 이어질 수 있는 접점을 찾는 역할을 해야 한다.

팔이 안으로 굽는다고 소속인 제조업체에 조금이라도 더 유리한 방향으로 일을 하게 된다. 그래도 바이어에게는 그런 모습을 보이는 것은 좋지 않다. 바이어 입장에서는 자기편을 드는 것처럼 느끼게 행동해야 한다. 말이라도 이렇게 하면 된다. "당신 입장에서 말하는 것이다." "우리끼리 이야기지만 나는 당신 편이다."

콕 집어 칭찬하라

"자기는 아랫입술이 참 섹시한 거 같아."

"당신 눈은 반짝거리는 게 별을 담아 놓은 것 같아 자꾸 보고 싶어져."

칭찬 받아서 기분 나쁜 사람은 없다. "예쁘다, 잘 생겼다, 착하다"보다 "눈이 예쁘다, 어깨가 넓어 믿음직스럽다" 등 디테일을 찾아내 콕 집어 칭찬하는 게 더 좋다.

바이어와 만나게 되면 구체적으로 칭찬하라. 너무 뻔하지 않게 바이어의 외모나 성격을 칭찬하라는 것이다.

구체적으로 칭찬하는 것은 그렇게 쉬운 일이 아니다. 진심이 담긴 칭찬을 하려면 상대를 유심히 살펴 봐야 하고 좋은 점을 찾으려고 애를 써야 한다. 그래야 입에 발린 칭찬이 아니라 구체적인 칭찬을 할 수 있다. 이런 행동은 긍정적인 효과를 낳는다. 상대의 좋은 점을 찾다 보면 상대가 좋아진다. 그러면 진심이 담긴 칭찬을 하게 된다. 자연적으로 비즈니스는 잘 되게 된다.

데니스 팀장이 베트남에 출장을 가서 베트남 사장 부부와 저녁 식사를 같이 하게 됐다. 바이어 사장은 데니스 팀장을 칭찬하려고 유심히 봤던 것 같다. 하지만 별로 칭찬할 게 없었던 모양이다. 한마디 꺼낸 게 "당신 시계가 참 마음에 든다."고 했다. 그래도 데니스 팀장은 기분이 좋았다.

예, 아니오로 답하게 하지 마라

처음 소개팅을 하는 자리다. 남자가 대화를 주도하려고 이것저것 여자에게 묻는다.

"영화 좋아하세요?"

여자는 짧게 대답한다.

"네."

"이번에 개봉한 ㅇㅇㅇ이라는 영화는 보셨어요?"

"네."

"아, 네. 보셨구나."

그 다음에 할 말이 없다. 어색한 분위기에 서로 침묵한다. 대충 밥을 먹고 헤어진다. 그리고 두 번 다시 만날 일이 없다.

소개팅에서 성공하려면 두 사람의 대화가 통하고 서로 호감을 느껴야 한다. 그렇지 않으면 연애로 이어지기 힘들다. 대화가 끊기지 않고 유쾌하게 이어지려면 대화 소재를 준비하는 게 좋다. 그러면서 공통점을 찾고 맞장구를 치면서 '이 사람과 내가 통하는 게 있네.'라는 생각이 들게 만들어야 한다.

바이어가 방문을 하거나 출장을 가서 만나면 같이 보내는 시간이 많다. 사무실에서 미팅을 하고, 거래처를 방문하기 위해 차를 타고 가거나 관광을 하는 등 출장 기간 내내 거의 붙어 있다시피 한다. 비즈니스에 관한 이야기도 몇 시간이면 끝난다. 현안 과제 위주로 대화를 나누고 협상을 하고 결론을 찾는 데에는 그리 오랜 시간이 필요하지 않다. 그렇다면 그 외의 시간은 어떤 말을 나눌까?

 차를 타고 바이어의 거래처를 방문하는 길이다. 3시간 정도 가야 한다. 창밖으로 경치를 구경하거나 졸거나 한다. 바이어와 별로 할 말이 없다. 어쩌다 눈이 마주치면 씩 웃고 만다.

 저녁 식사를 하게 된다. 바이어 회사의 사장이 참석했다. 몇 마디 주고받다가 서로 말없이 밥만 먹는다.

 이렇게 되면 서로를 알고 친하게 될 기회가 없어진다. 바이어와 시간을 보낼 때에는 가능하면 많은 대화를 나누는 게 좋다. 최대한 친해져야 한다. 평소에도 재미있는 에피소드를 정리해서 이야기 거리를 만들어 놓는다. 그리고 바이어 나라에 대한 정보를 수집해 놓는다. 아는 것도 모른 척하면서 바이어에게 질문을 한다. 자기 나라에 대해 궁금해 하고 알고 싶어 하는 사람에게 누구나 신이 나서 친절하게 설명해 준다. 그런 이야기 거리들을 충분히 준비하도록 하라.

 데니스 팀장이 필리핀 바이어를 만났을 때 놀란 적이 있다. 필리핀 바이어는 한국에 대해 정말 많을 걸 알고 있었다. 정치, 외교, 경제할 것 없이 자기 의견을 피력했다. 현재 한국 대통령의 아버지가 고 박정희 대통령이라는 것, 박정희 대통령의 업적, 6.25 한국전쟁이 발발하게 된 배경, 북한의 상황 등 심지어는 데니스 팀장이 잘 모르는 내용까지 알고 있었다. 데니스 팀장은 그런 필리핀 바이어에게 호감을 느끼지 않을 수 없다.

선물을 줘라

애인 없는 모태솔로들이 가장 해보고 싶은 로망이 있다. '만난 지 100일' 같은 기념일에 서로 선물을 주고 받는 것이다. 커플링을 보여주며 친구들에게 자랑도 하고 싶다.

무슨 날이다 하면 어떤 선물을 받을까 기대에 부풀어 있다. 그만큼 선물은 사람 기분을 좋게 만드는 마력이 있다.

데니스 팀장 집에는 장식장이 하나 있다. 바이어가 준 조그만 선물을 하나씩 모아 두었다. 예전에는 집이 좁아 버린 것도 많았다. 그걸 다 모아두지 못한 게 아쉽다.

비싼 건 아니지만 바이어의 마음이 담겨 있는 선물은 받을 때마다 기분이 좋다. 선물은 사람 마음을 기분 좋게 한다.

해외 출장을 갈 때 조그만 선물을 준비해 가도록 한다. 부피가 크면 이동할 때 불편하니 조그만 선물을 여러 개 준비한다. 필요에 따라 선물을 나눠준다. 평범한 것보다 한국적인 게 좋다. 대신 'Made in China'라고 찍혀 있지 않은지 살펴보는 센스가 필요하다.

사람은 자기를 좋아하는 사람을 좋아한다

집에서 키우는 강아지도 자기를 예뻐하는 사람에게 꼬리치며 반긴다. 자기를 예뻐하고 좋아하는 사람을 싫어하는 사람은 없다.

바이어를 좋아하자. 일을 하다 보면 서로 트러블이 생기기도 한다. 감정적으로 대립하기도 한다. 하지만 근본적으로 바이어도 자기를 좋아해주는 담당자는 싫지 않다.

데니스 팀장은 파키스탄 바이어를 좋아하지 않았다. 열심히 하기는 하는 것 같은데 매출이 늘지 않았다. 다양한 방법으로 바이어에게 압력을 가했다. 심지어는 바이어와 거래를 끊을 생각도 했다.

전시회에 파키스탄 바이어가 찾아 왔다. 상담을 마친 후 같이 사진을 찍었다. 어느 날 페이스북에서 파키스탄 바이어를 발견했다. 그런데 데니스 팀장과 찍은 사진을 메인으로 올려 놓은 걸 발견했다. 파키스탄 바이어는 자기에게 그렇게 매출을 늘리라고 압력을 가한 데니스 팀장을 각별하게 생각했다. 그걸 느낀 데니스 팀장은 마음이 약해졌다. 거래를 끊을 생각이었지만 마음을 바꿔 먹고 마케팅 지원을 늘렸다. 아직까지 매출액이 마음에 들지 않지만 그래도 전년보다 20% 가량 늘었다.

바이어에게 크게 욕을 먹어라

새로 입사를 하거나 이직을 하면 의욕이 넘친다. 열심히 잘하고 싶고 성과도 보이고 싶다. 바이어들에게 이메일로 본인의 소개를 곁들인 인사를 한다. 바이어들은 환영의 답장을 보낸다.

담당자가 새로 입사를 하거나 바뀔 때 바이어들은 자신들의 요구 조건을 관철시키려 시도하는 경우가 있다. 가격 인하는 물론 결제 조건까지 바꿔 줄 것을 요구한다. 아니면 기싸움을 해서 담당자를 주 눅들게 만들어 향후 비즈니스에서 유리한 고지를 점하려고도 한다. 첫 미팅 자리에서는 전임 담당자를 심하게 폄하하면서 '당신은 그러지 마.'라는 무언의 압력을 가한다.

경험이 적은 담당자들은 이런 바이어들의 공세를 잘 버텨내지 못한다. 상사에게 보고하면 "알아서 잘해 봐."라고 퉁명스럽게 대답한다. 담당자들은 머리가 아프다. 바이어들은 의욕이 넘치는 새 담당자의 기를 누르면서 매출 확대를 위해서 이런 것도 못 해주냐며 면박을 준다. 간혹 무리한 요구를 하면서 억지를 부리기도 한다.

이런 경우는 그냥 넘어가서는 안 된다. 한번 기가 눌린 담당자는 비즈니스 내내 바이어의 페이스에 끌려 다닐 가능성이 매우 높다. 한번은 관계를 정리하고 넘어가야 한다. 그러나 섣불리 덤벼들다가는 노련한 바이어들에게 오히려 말려 들 수 있으니 주의해야 한다.

해외에 나가서 사업을 하는 한국인 바이어 P사장. 그는 해외에 나가서 고생도 많았지만 짧은 시간에 성공한 사업가다.

오랜만에 한국에 온 P사장은 첫 미팅부터 데니스 팀장과 기싸움을 시작했다. 데니스 팀장이 지난 3개월 동안 수행했던 업무를 평가했다. 그리고 사장 앞에서 데니스 팀장에 대한 불만 사항을 늘어놓았다. 데니스 팀장은 항변했고 사장은 짧은 시간 동안 업무 파악이 안 돼서 그런 걸 거라며 P사장의 이해를 구했다.

이후에도 P사장은 데니스 팀장을 계속 힘들게 했다. 데니스 팀장은 아무래도 한번 관계를 정리해야겠다고 결심했다. 그리고 때를 기다렸다. 데니스 팀장은 자기 나름대로 P사장을 괴롭히기 시작했다. 원하는 자료나 서류를 제때 보내주지 않았다. 전화나 이메일로 따지면 곧 보내 드리겠다는 답변만 하고 시간을 끌었다. 한 번은 엉뚱한 서류를 보낸 적도 있었다. P사장은 열을 받았다. 그의 머리 뚜껑이 완전히 열릴 때까지 기다렸다. 명절을 하루 앞둔 전날 그는 전화를 해서 급한 서류를 왜 보내지 않았냐고 따져 물었다. 명절이 끼면 며칠 동안 서류를 보내지 못할 텐데 어떡할 거냐고 난리를 쳤다. 무슨 말인지 못 알아듣는 척하고 그의 화를 돋우었다. 결국 그는 폭발했다. "야! 이 × 새끼야."라고 소리쳤다. 데니스 팀장은 기다렸다는 듯이 다른 직원들이 다 듣도록 큰 소리로 말했다. "지금 뭐라고 하셨습니까? ×새끼라고 하신 겁니까?" 그러자 그는 "그래, 너는 ×보다 못한 새끼야."라고 거품을 물면서 악을 썼다.

처음에는 씩씩 거리며 분을 이기지 못하던 P사장은 시간이 지나며 조금씩 누그러졌다. 그리고 데니스 팀장에게 물었다.

"어이, 데니스 팀장. 당신은 경험도 많고 팀장씩이나 된 사람이 일을 왜 그딴 식으로 하는 거야? 도대체 이유가 뭐야?"

데니스 팀장은 잠시 쉬었다가 대답을 했다.

"P사장님께서는 저를 어떤 사람으로 보시나요? 그냥 본인이 물건을 팔아주는 공급처의 직원 정도? 아니면 전임자들처럼 1~2년 다니다 그만 둘 뜨내기 정도? P사장님께서 저를 그 정도로 보셨다면 실수하신 겁니다. P사장님께서는 거래처 담당자를 일개 직원 정도로만 여기실지 모르겠습니다. 하지만 P사장님 비즈니스에 직접적인 영향을 미치는 존재라는 건 모르시는 것 같습니다. 담당자가 어떻게 하느냐에 따라 좋은 쪽으로, 때론 안 좋은 쪽으로 방향이 정해질 수 있습니다. P사장님께서는 담당자를 본인 편으로 만들어 최대한 좋은 결과를 이끌어 내셔야 하지 않겠습니까? 그런데 담당자를 그것도 팀장인 사람을 공개적으로 망신을 주고 힘들게 하는데 P사장님께 무슨 도움을 드리겠습니까? P사장님께서는 저를 그냥 공급처의 일개 직원이 아니라 파트너로 대해주셨으면 합니다."

데니스 팀장은 바이어가 감정적으로 폭발하게 만들어 하고 싶은 말을 할 수 있는 기회를 만들었던 것이다. P사장은 젊은 사람에게 심한 욕을 한 점에 대해 사과를 했다. 데니스 팀장은 결제가 제때 되지 않는 것 또한 상기시키고 결제일에 늦지 않게 송금하겠다는 약속도 받아 냈다.

시간이 지난 후 그가 한국에 왔을 때 데니스 팀장과 술 한 잔 하면서 이런 말을 했다.

"내가 미처 몰랐는데, 데니스 팀장은 머리 좋은 사람이야."

바이어는 초등학생

퇴근하고 집에 가면 아이들 공부를 봐주곤 한다. 주로 영어를 가르친다. 그런데 한번 가르쳐준 걸 또 물어 볼 때가 있다. 몇 번을 알려주었는데 잘 모르면 화가 난다. 아이를 윽박지르고 야단을 친다. 노트에 잘 적어 두었다가 수시로 들여다봐야 하지 않냐며 화를 낸다.

어떤 때에는 굵은 눈물을 뚝뚝 흘리며 열심히 하겠다고 다짐한다. 그러면 마음이 약해져 차근차근 다시 설명해 준다.

어느 날 곰곰이 생각해본다. '나 정도 되면 괜찮은 영어 선생인데 왜 가르친 효과가 없을까?' 하지만 설명해주고 돌아서면 또 모르니 미치고 팔짝 뛸 노릇이다.

하루는 아이를 불러다 물어 보았다.

"아빠가 영어 설명해줄 때 이해가 잘 안 되니?"

아이는 "이해가 갈 때도 있지만 무슨 말인지 전혀 모를 때가 있어요."라고 말했다.

"무슨 말인지 전혀 모르면 모르겠다고 다시 물어야 하지 않니?"

"아빠가 열심히 설명하시는데 모르겠다고 그러면 혼날 것 같아서요."

아이가 말한 전혀 모르겠다는 건 뭘 말하는 것일까 하고 고민해보았다. 그건 영어에 나오는 용어들이다. 아빠에게는 쉬운 용어라도 아이에게는 생소한 것이다. 그런 용어들을 써 대며 설명을 했으니 이해를 못하는 건 당연한 일이다.

초등학생인 자녀들은 아직 아빠와 엄마의 손길이 많이 필요하다. 공부뿐 아니라 밥 먹고, 씻고, 학교 가는 것 모두 혼자 알아서 다 하진 못한다.

엄마는 항상 애들을 따라 다니며 챙겨 주고 잔소리를 달고 산다. 학교 마칠 때 되면 정문 앞에 기다렸다 학교 가방 받고 학원 가방을 건네준다. 밥 먹을 때에는 밥이나 반찬을 흘리지 않나 살펴본다. 씻을 때에는 샴푸로 머리 감겨 주고, 이 잘 닦았는지 검사한다.

애들은 나름대로 그게 불만이다. 자기들은 알아서 잘할 수 있는데 엄마, 아빠가 너무 잔소리를 한다는 것이다. 공부도 알아서 하면 되는데 엄마가 빨리 해라, 정신 차려서 집중해라, 잔소리를 한단다. 밥 먹다가 흘리면 닦으면 되는데 왜 조금이라도 흘릴까 봐 걱정하는지 모르겠다고 한다. 이젠 머리 감고 샤워하고 이 닦는 것 정도는 혼자서도 잘 할 수 있는데 말이다.

자식이 아무리 나이가 들어도 부모 눈에는 여전히 초등학생이다.
밖에서 더 좋은 거 잘 먹고 다니는데 밥이나 먹고 다니냐고 걱정하신다. 밥 먹을 때 체할까 봐 물 챙겨 주신다. 어쩌다 고향 한번 내려가면 불편한 거 없는지 하나하나 살펴주신다.
마흔 넘은 자식 출근할 때도 일흔 넘은 어머니는 여전히 잔소리를 하신다. 차 조심하고, 술 담배 많이 하지 말고, 일찍 다니라고 하신다. 자식을 키우다 보면 부모님의 그 말씀이 잔소리가 아님을 잘 안다. 항상 자식 걱정에 노심초사하시는 그 마음이 사랑임을 잘 안다.

T사의 제이슨 과장 이야기를 들어보자.

T사 글로벌 마케팅부는 8명으로 구성되어 있다. 크게 샘플, 생산, 원가 세 파트로 나뉘어 있다. 샘플 파트가 실제로 영업과 가장 밀접

한 관련이 있다. 그래서 샘플을 담당하는 제이슨 과장은 바이어 회사에서 파견한 알렉스와 밀접하게 일을 한다.

알렉스는 마른 체격에 미국인치고 키가 작은 편이다. 총각으로 한국에 왔다 6개월 만에 한국 여자와 결혼했다.

제이슨 과장은 영어를 잘한다. 발음은 거칠지만 표현력이 좋다. 제품에 대해서는 모르는 용어가 없으며 전 생산 공정을 영어로 설명하는 데 전혀 문제가 없다.

그의 파트너인 알렉스는 생산 공정을 잘 몰랐다. 그래서 제이슨 과장은 샘플을 만드는 과정, 생산 공정을 알렉스가 알기 쉽게 잘 설명해주었다.

한국에 파견된 지도 1년 가까이 되어 가지만 알렉스는 여전히 업무에 부담을 많이 느꼈다. 사실 알렉스는 바이어 회사의 임원 아들이었다. 대학을 졸업한 지 얼마 되지 않아 사회 경험이 없었다. 업무를 배우라는 의미에서 파견을 보낸 것이다. 제이슨 과장은 그런 알렉스를 지극정성으로 대했다. 때로는 큰형처럼 때로는 친구처럼 잘해주었다.

아침 회의를 마치고 급한 업무를 처리한 후 알렉스에게 간다. 그리고 간단히 샘플에 대한 의견을 나눈 후 알렉스의 책상에 앉는다. 그리고 알렉스의 이메일을 열어 마치 자기가 알렉스인 양 대신 답변을 한다. 1시간가량 이메일 회신이 끝나면 알렉스와 점심 식사를 한다. 이메일 내용을 설명해주고 어떤 답변을 썼는지 상세히 알려 준다.

알렉스는 그런 제이슨 과장이 정말 고마웠다. 제품과 생산 공정에 익숙하지 않은 알렉스가 이메일 답변을 하면 하루 종일 걸렸기 때문이다. 제대로 의미를 모른 채 회신을 했다가 본사 상사에게 엄청나게 깨진 적도 있었다. 그런데 제이슨 과장이 도와준 다음부터 본사 상사가 일 잘한다는 칭찬을 가끔씩 한다. 모든 게 제이슨 과장 덕분이니 그가 사랑스러워 보였을 것이다.

알렉스는 T사 사장에게 제이슨 과장이 최고라고 추켜세웠다. 다시 1년 후 알렉스는 미국으로 돌아갔다. 중요 보직을 맡게 되었다. 얼마 후 제이슨 과장은 그 회사로 스카우트 되었다. 알렉스는 마치 성인이 된 후 그동안 보살펴 준 부모님께 효도하는 자식 같았다.

바이어를 대할 때에는 부모 눈에 비친 초등학생 대하듯 하라. 그들은 내가 챙겨 주어야 할 초등학생 자식이라고 생각하라.

그들은 우리 제품에 대해 잘 모른다. 하나하나 잘 가르쳐 주자. 우리는 잘 알고 자주 쓰는 용어지만 바이어가 잘 모를 수도 있다. 또한 우리가 쓰는 영어 표현과 바이어들이 쓰는 영어 표현이 다를 경우도 있다.

우리 제품이 나에게는 익숙하지만 바이어에게는 낯선 것이다. 이 정도 내용은 알겠지 생각하지만 모를 수도 있다. 마케팅을 모르면 마케팅 방법도 가르쳐 주어야 한다.

초등학생인 자식을 챙겨줄 수 있는 시간이 생각보다 길지 않다. 좀 더 크면 엄마 아빠와 말도 하지 않고 제 방에만 처박혀 있을 것이다. 그럴 때에는 힘든 게 없는지 도와 줄 건 없는지 대화를 나누어야 한다.

바이어가 자리를 잡고 회사 규모가 커지면 질풍노도의 시기가 온다. 다른 공급처가 없는지 더 싸게 공급하는 곳은 없는지 찾게 된다. 한국 방문이 뜸한 건 물론이고 회사에 찾아가는 것도 별로 반기지 않는다. 뭔가 이상한 느낌이 든다. 우리와 거래를 끊고 다른 공급처와 거래를 할지 모른다는 예감이 들게 되면 방법을 찾아야 한다. 대화를 시도해야 한다. 뭐가 문제인지 물어 본다. 가격이 높은지 납기가 늦어 재고 관리에 힘이 드는지 아니면 그냥 우리와 거래하는 게 싫은 건지 파악해야 한다. 그 시기만 잘 넘기면 바이어와는 평생 파트너가 된다.

얻어 먹는 근성

바이어 토니는 한국을 참 좋아한다. 발전된 나라이기도 하지만 사람들이 친절하다고 한다. 그는 마치 한국에 비즈니스가 아닌 쇼핑을 하러 오는 것 같았다. 주로 데니스 팀장을 데리고 이태원과 백화점을 다니며 사고 싶은 걸 마음껏 샀다.

토니와 다니면서 우리나라 사람들은 외국인에게 관대하고 친절하다는 걸 느꼈다. 외국인과 쇼핑을 가보라. 한국 사람을 대할 때와 외국 사람을 대할 때가 다르다는 걸 느낄 것이다.

토니는 그 점을 악용하는 외국인 중 하나다. 매장에 들러 외국인으로서 누릴 수 있는 특권은 다 누린다. 손가락 하나로 종업원을 오라 가라 시킨다. 터무니없는 가격을 제시하며 깎아 달라고 떼를 쓴다. 핸드백을 사면서 남자 지갑을 끼워 달라고 한다. 심지어 운동화를 살 때에는 의자에 앉아 가게 사장에게 신발끈을 묶어 달라고 요구한다. 그런데 한국 사람들이 그런 토니의 요구를 웬만하면 들어준다는 것이다. 한 번 해주니까 계속 요구한다.

　식당에서는 저녁에 팔지 않는 점심 메뉴를 해 달라고 했다. 식당 종업원이 지금은 준비가 안 된다고 말해도 소용없었다. 지난번에도 줬으니 이번에도 달라고 했다. 종업원은 주방에 가서 나름대로 사정을 했을 것이다. 외국인이 요구하는데 해줄 수 있냐고 부탁을 했을 것이다. 결국 토니는 원하는 메뉴를 먹었다. 그것도 공짜로.

　얻어먹는 근성이란 말을 들어 보았을 것이다. 어떤 사람이 만날 때마다 밥을 사주면 고맙기도 하고 미안하기도 하다. 그러나 자꾸 얻어먹다 보면 그 사람이 밥 사는 걸 당연하게 받아들이게 된다. 그러다 그 사람이 밥을 사주지 않으면 섭섭해 하고 다른 사람에게 그 사람 욕을 한다.

　바이어가 한국에 오면 술과 밥을 사주며 접대를 한다. 우리 바이어이니 고마워서 극진히 대접한다. 올 때마다 좋은 데서 술과 밥을 사준다. 그런데 버릇을 잘못 들인 건가? 어쩌다 대접이 소홀하다 싶으면 싫은 티를 내는 바이어가 있다. 술집도 비싸고 좋은 데 가자며 조른다. 아무리 바이어지만 매번 비싼 술집에 데리고 갈 수는 없다.

　바이어들 접대하는 것도 적절한 수준이어야 한다. 너무 과하면 안 된다. 그게 기준이 된다. 다음에 그 기준보다 못하면 섭섭해 한다. 그런 바이어들에게는 막 퍼주지 마라. 퍼준 만큼 돌아오지도 않는다.

시간이 지날수록 퍼주는 걸 당연하게 생각한다.

두 번 사고 한 번 얻어먹을 수 있는 상황이 아니라면 적절한 수준에서 접대를 하는 게 낫다.

바이어는 서로 협력하는 파트너다

자수성가한 사장들은 내공이 장난이 아니다. 산전수전을 겪어서인지 웬만한 사람들과 기 싸움에서 밀리지 않는다. 그런 사장들도 외국 바이어 앞에서는 기를 잘 못 펴는 모습을 많이 봤다.

바이어가 어느 나라 사람이든 영어로 말을 하면 일단 주눅부터 든다. 본인이 영어를 유창하게 하지 못하면 옆에 통역을 거쳐 대화를 주고받는다. 이게 한 수 꺾고 들어간다고 느끼는 모양이다.

바이어가 회사에 대해 불평불만을 늘어놓기라도 하면 고개를 끄덕이며 쏘리(sorry)를 연발한다. 바이어는 이때를 놓치지 않고 여러 요구 사항을 끄집어 내놓는다. 사장은 많은 걸 수용하게 된다.

똑같은 대화를 한국 사람과 한국어로 했다면 절대 그런 일은 일어나지 않았을 것이다. 심지어 상대방이 버릇없다며 야단을 칠지도 모른다. 그런데 외국 사람이라는 것 때문에 많은 부분에서 양보를 하게 된다.

특히 큰 회사에서 온 바이어 앞에서는 더 하다. 한편으로는 돈 몇 푼 더 벌려는 소인배로 비춰지기 싫어 통 큰 척한다. 계약을 위한 협상 자리에서 이는 상당히 위험하다. 잘못하면 노예 계약이 될 소지가 크다.

다국적 회사와 계약을 했던 A사의 사례를 보자. 다국적 회사의 B라는 제품을 수입 판매를 하게 되었다. 영업부에서는 시장 점유율을 높여 잡아도 일 년에 10만 개 이상은 무리라고 했다.

다국적 회사의 한국 지사장은 A사의 사장과 협상 과정에서 13만 개도 못 파냐고 약간 빈정거리듯이 말을 했다. 평상시에도 직원들에게 스스로 대인배임을 강조하던 A사의 사장은 오케이를 외치더니 연간 13만 개 수입 계약서에 사인을 했다. 결제도 선적 전 전액 현금 결제 조건이었다. 결국 A사는 연 13만 개를 주문해야 했다. 영업부에서 열심히 노력했지만 연간 10만 개 이상은 판매가 어려웠다. 돈은 돈대로 결제를 다 해주고 매년 재고는 3만 개씩 쌓여 갔다. 사장의 대인배 놀이는 엄청난 손해를 야기하고 말았다.

손님은 왕이라고 했던가? 우리 제품을 구매해주는 바이어를 왕이라고 생각해서인지 수출을 담당하는 글로벌 마케터들 중에 바이어를 자신보다 높은 위치라고 생각하는 경향이 있다. 바이어에 의해 회사 매출과 자신의 실적이 좌지우지 되니 그에게 고개를 숙이게 된다. 회사에서는 왕 카리스마를 가진 사장도 외국 바이어 앞에서는 절절 맨다.

반대로 후진국에서 온 바이어를 무시하는 사람도 있다. 피부색이 까맣고 생김새가 다르다고 해서 싫은 티를 낸다. 같이 식사하는 것뿐 아니라 악수하는 것도 꺼림칙하게 생각한다.

심지어 어떤 회사의 사장은 공장 견학을 마친 후진국 출신 바이어가 몇 가지 지적을 하자 "제까짓 것들이 어디서 내 회사를 평가를 하고 있어?"라며 매우 불쾌해했다고 한다.

바이어가 어느 나라 출신이든 회사 규모가 크든 작든 그런 건 중요하지 않다. 우리와 비즈니스 하는 사람이라면 파트너인 것이다. 동등한 위치에서 서로를 존중하고 배려해야 한다. 미국에서 온 바이어가 영어로 이야기한다고 해서 주눅들 필요도 없고, 어디 붙어있는지 모르는 나라에서 온 바이어라고 해서 무시해서도 안 된다.

글로벌 비즈니스를 하는 사람은 상대에 대한 편견을 버려야 한다. 그리고 동등하게 대해야 한다. 그 사람의 가치를 발견하고 존중하면 된다.

빅바이어를 발굴하는 비결

글로벌 마케터에게 주어진 가장 큰 미션이 무엇일까?
바로 빅바이어를 찾는 일이다. 왜냐면 글로벌 마케터도 실적으로 평가를 받는 영업사원이며 빅바이어가 실적에 가장 크게 영향을 미치기 때문이다.

그런데 빅바이어가 어디 말처럼 쉽게 만들어지겠는가? 하지만 방법이 있다.

배우자를 고르듯 바이어를 찾아라

방글라데시 바이어 I씨는 연간 구매 금액이 8년째 큰 변화가 없었다. 물량을 늘려 달라는 요구에도 조금만 더 시간을 달라는 말만 반복했다. 그렇게 여러 해가 흘렀다. 더 이상 기다려줄 수 없었다. 바이어를 바꾸기로 마음먹고 바이어에게 이 사실을 통보했다. 전시회에서 데니스 팀장을 찾아온 I씨는 제품 공급을 중단하지 말아 달라며 사정을 했다. 공급처는 데니스 팀장 회사가 유일하다, 이번에 큰 소매상과 거래를 하게 되었으니 시간을 조금만 더 달라며 간곡히 부탁을 했다. 마음이 약해진 데니스 팀장은 1년만 더 기다리기로 했다.

문제는 그렇게 통사정하던 I씨가 평소에는 이것저것 요구를 많이 한다는 것이다. 판촉물을 지원해 달라, 가격을 깎아 달라, 증정품을 더 달라. 사실 I씨와의 비즈니스를 통해 남는 게 별로 없던 데니스 팀장은 고민이 안 될 수 없다.

이 바이어를 계속 끌고 가자니 매출 확대는 기대하기 힘들다. 그렇다고 거래를 중단하자니 그동안의 정 때문에 미안한 마음이다.

좋은 바이어를 만난다는 것은 글로벌 마케터에게는 정말 큰 행운이다. 오더 물량이 매년 늘어나면서, 매너 좋고 결제까지 깔끔한 바이어라면 금상첨화다. 괜찮은 바이어를 찾아 비지니스로 연결해 내는 것이 글로벌 마케터의 능력이다. 즉, 좋은 바이어를 찾는 것이 비즈니스의 성패를 결정짓는다.

반대로 좋은 바이어일 거라 기대하고 거래를 시작했건만 시간이 지나도 만날 그 자리에서 맴도는 바이어가 있다. 바이어에게 물량이 왜 늘지 않는지 물어보면 바이어는 바이어대로 이유가 있단다. 가격이 경쟁력이 없다, 시장 상황이 변했다, 큰 거래처를 뺏겼다, 품질에 확신을 갖지 못하겠다 등 다양한 이유를 말한다. 해결 방안으로 바이어의 요구 조건을 들어 주지만 이것도 잠시뿐이다. 매출이 늘다가 다시 제자리다. 좋지 않은 바이어와 거래하면 평생 고생이다.

좋은 바이어는 내 평생을 책임져 준다

월급쟁이로서 글로벌 마케터는 거래하는 바이어와 관계를 잘 유지할 필요가 있다. 바이어가 그 회사 사장일 수도 있고, 수입 담당자일 수도 있다. 지위 고하를 막론하고 바이어와 좋은 관계를 가져 놓으면 손해 볼 것 없다. 어쩌면 그 바이어가 내 평생을 책임져 줄지도 모른다.

나중에 월급쟁이가 아닌 사업을 하게 된다면 바이어 중 한 명 또는 몇 명이 나의 든든한 후원자가 될 수 있기 때문이다. 사람 일은 모른다. 월급쟁이 글로벌 마케터가 사업을 하게 된다면 새로운 아이템보다 기존에 하던 아이템을 선택할 확률이 높다. 전에 거래하던 회사의 바이어가 내 사업을 도와줄 가능성이 높다.

바이어도 월급쟁이라면 평생 월급쟁이로 끝나지 않을 것이다. 언젠가 독립을 해서 사장이 되고 싶을 것이다. 그때 그 사람이 독립을 하면서 당신에게 사업을 제안하거나 같이 비즈니스를 하자고 제안할 지도 모른다.

그게 계기가 되어 평생 좋은 비즈니스 파트너가 된 경우가 의외로 많다.

K사장은 중국의 한 의약품 원료 회사의 한국 에이전트로 일하고 있다. 월급쟁이 시절 친하게 지내던 중국 거래처와 에이전트 계약을 맺고 독립을 했다. 서로 큰 욕심을 부리지 않고 열심히 비즈니스를 키워 나갔다. 서로를 파트너로 존중하고 배려했다.

15년의 세월이 지난 지금 K사장은 200억 원 가량의 매출을 올리고 있다. 에이전트 커미션이 5% 가량 된다. 직원은 3명이면 충분하다. 능력이 뛰어난 직원을 채용해서 급여와 복리후생 등 최고의 대우를 해준다. 그러니 더 열심히 일하고 있다.

K사장은 중국 파트너와 새로운 사업을 구상 중에 있으며 1년 안에 큰 성과를 이끌어 낼 것으로 기대하고 있다.

좋은 파트너를 만난다는 것은 행운일지 몰라도 좋은 관계를 계속 유지해 나가는 것은 노력이다. 상대에게 말 한마디라도 따뜻하게 하

라. 서로가 제품을 팔고 사는 관계가 아니라 같이 비즈니스를 만들어 가는 파트너임을 잊지 않아야 한다. 파트너를 위해 땀 한 방울 더 흘린다는 생각으로 열심히 노력하면 서로를 평생 책임져 주는 좋은 관계가 된다.

성공적인 바이어 발굴 방법

수출이 급성장하는 회사들은 어떻게 바이어를 발굴하는지 그 공통점을 알아보았다.

1. 한번이라도 접촉한 적이 있는 바이어의 리스트를 잘 보관한다.

마케팅은 전략과 타이밍이 중요하다. 타이밍이 잘 맞아야 바이어의 요구가 오더로 이어진다. 처음에는 바이어의 구미를 당길만한 제품이 없어 거래가 되지 않은 경우라도 포기하지 마라. 바이어의 공급처에 갑작스런 문제가 생겼다거나 바이어의 구미를 당길만한 제품을 개발했다면 상황이 달라진다. 지속적으로 접촉하다 보면 바이어를 유혹할 날이 오게 된다.

우리 회사와 연락을 주고 받은 적이 있는 바이어들의 리스트를 잘 보관하라. 그리고 가끔씩이라도 안부 인사를 하라. 우연하게 큰 비즈니스로 연결되는 사례가 생각보다 많다.

2. 인맥을 활용한다.

　맛집이 성공하려면 입소문이 중요하다. 먹어보고 맛있으면 친구들에게 "그 집 족발 맛있더라."라며 홍보를 해준다. 이게 파급효과가 상당하다. 친구의 추천으로 가본 맛집이라면 단골이 될 가능성도 매우 높다.

　데니스 팀장의 경험에 의하면 빅바이어를 발굴하는 가장 빠르고 쉬운 방법이 인맥을 활용하는 것이다. 해외 거래처, 바이어, 그냥 아는 사람 등 상관없다. 수출하려는 제품을 취급하는 바이어를 소개해 달라는 것이다. 직접적인 관련이 없더라도 인맥 네트워크를 따라가다 보면 정말 괜찮은 바이어를 소개 받는 경우가 의외로 많다. 이런 경우면 거래를 시작하기 유리하다. 바이어의 회사가 어떤 회사인지 인맥을 통해 쉽게 파악할 수 있다. 다양한 정보를 얻게 되니 거래에 도움이 된다.

　거래하고 있는 바이어에게 소개 받는다면 더 좋다. 베트남 바이어에게 캄보디아나 태국에 동종업계에서 일하는 친구가 있는지 물어본다.

　"태국에 내 친구가 있어요. ○○이란 회사 들어봤어요? 태국에서 두 번째로 큰 회사에요. 그 회사 부사장이 내 친구거든요. 마침 다음 달에 베트남으로 놀러 온다니 그때 데니스 팀장 이야기를 해 놓을게요."

　○○이란 회사는 한국뿐 아니라 일본, 중국업체들이 거래하고 싶어 안달이 난 회사다. 그런 회사의 부사장이 친구라니 이런 횡재가 있나

속으로 기뻐했다.

  체코 바이어에게 러시아나 벨라루스에서 같은 사업을 하는 친구를 소개 받는다. 원료를 판매하는 거래처에 그 나라 완제품 회사를 소개 받는다. 자기네들끼리는 인맥이 있기 때문에 소개 받을 만한 바이어가 분명히 있다. 직접적인 바이어가 아니더라도 한두 명 거치면 얼마든지 바이어를 확대할 수 있다. 그런 사람들을 소개 받는 것이다. 당신에 대한 신뢰가 높다면 적극적으로 소개해줄 것이다.

3. 빅바이어를 잡는다.

  소규모 회사가 큰 기업으로 발전하기에는 시간이 많이 걸린다. 소규모 바이어와 거래를 하면 처음 거래를 트기는 쉽지만 큰 매출을 기대하기는 어렵다.

  가능하면 거래 규모가 큰 바이어를 잡는 것이 수출 매출 확대의 가장 확실한 방법이다. 그게 말처럼 쉬워? 물론 쉽지는 않다. 큰 바이어라면 지레 짐작으로 포기하고 아예 접촉을 시도하지 않는 글로벌 마케터가 많다. 큰 회사의 바이어는 전화 통화 한 번 하기 어렵고, 만나는 건 더 어렵다. 그러나 포기하지 않고 수시로 연락하고 만날 수 있는 방법을 모색하라. 조그만 바이어 여러 개와 10년 거래하는 것보다 빅 바이어 하나 잘 뚫는 게 훨씬 낫다.

  너무 큰 회사라 엄두도 내지 못했던 빅바이어에게 끈질기게 접촉해 대박을 터트린 사례도 있다. 담당 글로벌 마케터는 인맥이란 인맥을 총동원해 빅바이어 회사에 근무하는 사람을 알게 되었다. 그 사람을 통해 본사 결정권자를 접촉할 수 있었다. 그리고 결국 오더를 따 냈다. 그 글로벌 마케터는 빅바이어에게 접근하느라 2년 이상 시간을 소비했지만 수출을 5배 늘리는데 불과 2년 밖에 걸리지 않았다.

4. 발전 속도가 빠른 바이어를 선택한다

빅바이어와 거래하는 게 도저히 힘들다고 판단이 되면 차선책으로 발전 속도가 빠른 바이어를 선택해야 한다. 설립된 지 오래 되지 않았지만 매년 빠른 속도로 매출이 늘고 있고 사장의 마인드가 깨어 있으며 직원들의 의욕이 넘치는 그런 회사를 선택하라.

직접 출장을 가서 바이어 회사를 방문하면 느낄 수 있다. 사장뿐 아니라 직원들의 눈빛을 유심히 보라. 의욕이 넘쳐서 눈빛이 반짝거리는지 아니면 먹고 살기 힘들다는 표정인지. 사장이 나서서 직원들을 일일이 소개해주는 회사도 괜찮다. 직원들과 사장이 파트너라는 인식이 강해 서로 배려하며 열심히 하는 회사다.

바이어를 파트너로 최종 선정하기 전에 꼭 회사를 방문해보기를 권한다. 한국에서 이메일이나 전화로 판단하는 바이어와 직접 가서 보고 판단하는 바이어는 전혀 다른 경우가 허다하다.

5. 해외로 파견 나가라

취급하는 제품에 따라 다르겠지만 대박을 터트릴 수 있는 큰 글로벌 시장이 있다. 그 나라에 파견 나가는 방법도 고려해보라. 회사는 비용을 감안하면 파견 보내기 부담스럽다. 회사를 잘 설득해 파견을 나가게 되면 성과는 나타난다. 한국에서 바이어와 연락을 주고 받고 출장을 가더라도 현지에서 직접 영업하는 글로벌 마케터보다 더 유리할 수는 없다.

현지에 출장이 아니라 생활을 하며 다양한 인맥을 늘리게 된다. 그러면서 좋은 바이어를 소개 받는 행운도 누린다. 바이어가 있다면 수시로 얼굴을 비추며 관계를 잘 만들어 놓는다. 아무래도 1년에 한 번 얼굴 보는 경쟁자보다 며칠에 한 번씩 만나서 친해진 당신에게 더 좋은 비즈니스를 제안할 가능성이 훨씬 높다. 또한 그 나라가 허브가 되어 주변 국가로 바이어를 확대해 나갈 수도 있다.

한국에서만 마케팅하는 회사보다 해외에 지사나 연락사무소를 갖춘 회사가 훌륭한 성과를 이루어 내는 사례가 실제로 많다.

회사에서 해외 지사를 설립할 계획이 들리면 스스로 지원하라. 본인이 해외로 파견 가서 잘해보겠다고 바득바득 우겨서라도 나가보라. 한국에서 보는 것보다 훨씬 더 많은 기회와 가능성을 만나게 될 것이다.

사기꾼 구별하기

1. 구닥다리 사기꾼

나는 아프리카 ○○○이라는 나라의 왕의 셋째 아들이다. 나의 아버지가 갑자기 돌아가셨다. 비자금이 5,114만 달러가 있다. 이걸 제3국으로 송금을 하려고 한다. 당신 계좌로 보내 주겠다. 나를 도와 달라. 그러면 30%의 수수료를 당신에게 주겠다. 큰 돈을 송금하려니 송금 수수료가 필요하다. 20만 달러를 보내 달라. 그러면 5,114만 달러를 즉시 당신에게 송금하겠다.

군부가 정권을 새로 잡게 되면 이 비자금을 송금하기 어려워진다. 시간이 없다.

당사는 미국에 있는 ×××라는 회사다. 다양한 제품을 수입하고 있다. 귀 사 제품에 관심이 많다. 첫 오더는 100만 달러 가량 된다. 제품의 품질이 좋으면 연간 1,000만 달러 규모로 구매하겠다.

샘플을 보내 달라. 물론 샘플비와 발송비는 귀 사에서 부담하라. 만약 이 조건을 수용하기 힘들면 거래는 없던 걸로 하겠다.

이전의 사기 수법은 주로 거액의 비자금과 오더를 들먹이는 것이었다. 나는 누구의 아들인데 비자금이 있다, 그런데 송금하려니 수수료가 필요하다는 식으로 유인한다. 그래서 송금 수수료만 받아 먹고 도망가는 수법이었다.

또 다른 방법은 거액의 비즈니스를 제안하면서 샘플을 많이 요구한다. 샘플을 받고 나면 연락이 두절된다. 아마 그 샘플을 팔아 먹는 게 아닐까 생각된다.

데니스 팀장도 몇 번 속은 적이 있다. 캐나다 교포가 한국에 와서 거래를 제안했다. 샘플을 요구해서 여러 차례 보내 주었다. 자꾸 샘플에 트집을 잡으며 다른 샘플을 요구하는 것이었다. 결국 품질이 마음에 들지 않는다며 연락을 끊었다. 그동안 보내준 샘플만 해도 금액이 제법 컸다. 결국 데니스 팀장은 속았다는 걸 알았다. 그 교포가 데니스 팀장 회사만 접촉하지는 않았을 것이다. 여러 회사에 접촉해 샘플만 받아 먹고 연락을 끊었을 거라고 추측한다.

2. 지능적인 사기꾼

사기 수법 또한 고도로 지능화 되어 가고 있다.

신종 사기꾼들은 주로 비즈니스 이메일을 해킹한다. 회사의 내용을 파악한 후에 서플라이어(공급처)의 이메일과 매우 유사한 이메일 계정을 만든다. 그리고 서플라이어인 척 이메일을 보낸다. 그리고 결제 대금 계좌가 바뀌었으니 새로운 계좌로 보내 달라고 한다. 그런데 한국 계좌가 아닌 홍콩과 같은 다른 나라에서 개설한 계좌를 알려 준다. 서플라이어의 이메일 계정을 자세히 보지 않는 한 바이어들은 속기 십상이다.

3. 생계형 사기꾼

에티오피아의 B씨. 그는 아프리카에서 보기 힘든 신사적인 바이어였다. 모든 거래를 신용장으로 결제를 했다. 또한 약속은 최대한 지켰으며 만약 약속을 지키지 못할 상황이 생기면 사전에 양해를 구했다. 수출업체 입장에서는 정말 좋은 바이어가 아닐 수 없었다.

큰 물량을 소화하지는 못했으나 매년 조금씩 성장을 했다. 하지만 자금 상황이 그다지 좋은 것 같지는 않았다. 주문한 제품을 팔고 나서 자금을 모은 후 그 다음 오더를 진행했다.

B씨가 한국을 방문했을 때 일이다.

"외환 보유액이 부족해서 신용장 개설이 힘이 듭니다. 이번에 개설하는 금액에서 2만 달러가 부족하니 빌려 주세요. 바로 신용장을 개설해 드리겠습니다. 그리고 3개월 후에 갚도록 하겠습니다."

에티오피아 정부가 외환 보유액을 관리하면서 달러가 부족하면 수입신용장을 개설해주지 않았다. B씨는 부족한 2만 달러만 송금해주면 문제는 간단히 해결될 수 있다고 했다.

5년 이상 거래한 바이어, 그것도 가장 신뢰할 수 있는 바이어의 말을 믿었다. 아니, 믿고 싶었다. 바이어는 계약서에 사인을 하며 연신 믿어 줘서 고맙다는 말을 했다.

약속대로 B씨는 신용장을 개설했다. 제품은 이미 생산이 끝났기 때문에 1주일 후에 선적을 할 수 있었다. 모든 일이 순조롭게 진행되는 듯 했다. 3개월이 지나 B씨가 2만 달러를 갚기로 한 날이 다가왔다. B씨에게 2만 달러의 상환 기한이 다가 오고 있음을 알려 주었다. B씨는 한 달만 연기해 달라고 했다. 그렇게 또 한 달을 기다렸다.

어느 날 에티오피아의 C라는 사람이 전화를 했다. 지난번 국제 전시회에서 만났던 사람이었다. 에티오피아에는 이미 독점 에이전트가 있다는 걸 알고 있을 텐데 왜 전화를 했을까? 궁금했다.

"귀 사와 거래하는 B씨에 대해 알려줄 것이 있습니다. 그 사람 더 이상 거래가 힘들 겁니다."

이게 무슨 소리인가 싶었다.

"B씨가 세금을 내지 않고 국경을 넘어 도주를 했어요. 그 회사에 다니던 영업 사원이 한 달 전에 우리 회사에 입사했어요. 영업 사원

말이 직원들 월급이 밀린 지 여러 달 됐다는 군요."

머리가 혼란스러웠다. 이 말이 사실일까? 무슨 꿍꿍이가 있는 건 아닐까? B씨는 그럴 사람이 아닌데……

전화를 끊고 잠시 멍한 기분을 진정시켰다. B씨에게 전화를 걸었다. 사무실 전화는 아무도 받지 않았다. B씨의 핸드폰으로 전화를 했다. 이럴 수가! 결번이라는 안내 멘트가 흘러 나왔다.

다음 날도, 그 다음 날도 계속 전화를 했다. 아무도 통화를 할 수 없었다. 이메일을 보냈다. 2만 달러를 날리게 될 안타까움보다 좋은 바이어를 놓치는 게 아닐까 란 그것이 더 컸다. 결국 아무런 대답을 듣지 못했다.

C씨는 이메일을 통해 더 자세한 내용을 알려 주었다. 도주한 B씨는 다시 에티오피아로 돌아오지 못할 거라고 했다.

B씨의 웃는 얼굴이 떠올랐다. 그는 참 선한 사람이었다. 무엇이 그를 야반도주하게 만든 것일까? 정말 세금을 내지 못해 그런 것인가? 다시 돌아와 거래를 재개할 수 있는 방법은 없을까?

사실을 알 수는 없었다. 그와 더 이상 연락이 되질 않아 사실이 무엇인지 알 수는 없었다. 회사도 이 바이어를 놓친 것에 대해 아쉬워했다. 2만 달러는 천천히 갚더라도 거래가 다시 되기를 바랐다.

4. 이 외의 사기 유형

시장 규모와 동떨어진 대량 주문을 하는 바이어가 있다. 수출하려는 제품은 시장이 좁아 전체 시장 규모가 연간 500만 달러에 불과하다. 그런데 바이어가 연간 500만 달러어치를 수입하겠다는 둥 터무니 없는 주문으로 현혹시킨다면 조심해야 한다. 물론 현지 시장 규모를 가늠한 파악하고 있어야 이런 대량 주문이 왔을 때 사기인지 아닌지 판단이 가능하다.

바이어라면 당연히 자신들이 유리한 방향으로 계약을 하거나 조건을 요구하기 마련이다. 그런데 수출자에게 유리한 조건을 제시하며 거래를 유도하는 경우가 있다. 이 또한 조심해야 한다.

거래조건을 자꾸 변경하는 바이어도 의심스럽다. 거래조건을 자주 바꾸는 바이어가 모두 사기꾼은 아니다. 사람들마다 특성이 있다. 하지만 유독 거래조건을 자주 변경해서 정신 없게 만드는 바이어가 있다. 주문을 할 때에도 품목과 수량을 늘렸다 줄였다 한다. 포장 디자인이나 문구를 여러 번 수정한다. 나중에는 정신이 하나도 없게 혼을 쏙 빼놓는다. 맞겠지 싶어 생산을 했는데 나중에 잘못 되었다며 트집을 잡는다. 그러면서 가격 인하를 요구한다.

신뢰를 준 후 사기를 치는 바이어도 있다. 거래 초반에는 선적 전에 100% 송금을 해주면서 신뢰를 준다. 소량 주문을 몇 번 하고 나서 결제방식을 변경해 달라고 요구하는 경우가 있다. 정상적인 바이어도 그런 요구를 한다. 선금 결제를 하던 방식을 선적 후 60일 또는 120일 등 외상 거래로 바꾸어 달라고 한다. 거래를 잘해오던 바이어니까 딱 잘라 거절하기 힘들다. 그런데 만에 하나 사기꾼에게 이런 조건을 수용했다가는 한 방에 카운터 펀치를 맞을지 모른다. 외상 거래로 바꾼 후 대량 주문을 해서 물건만 받고 잠적해 버리기 때문이다.

연락처가 정확하지 않거나 수시로 바뀌어 통화 연결이 잘 안 되는 경우도 의심해볼 필요가 있다.

바이어를 꼬시기 위한 TIP

기본적인 자료는 만들어 놓자

글로벌 마케터들 중에 자기가 팔아야 하는 제품에 대해 잘 모르는 사람들이 의외로 많다. 또한 수출 국가의 시장 규모가 어느 정도 되는지 경쟁자가 누구인지 경쟁 제품의 가격대가 어느 정도인지 파악을 못하고 있다.

신입 직원이야 당연히 모를 수 있다고 생각되지만 수년 간 근무를 했는데도 제품에 대한 지식이나 시장 파악이 되지 않은 글로벌 마케터들을 보면 안타까운 마음이 든다.

조금 느릴 수는 있지만 노력조차 하지 않는 모습을 보면 혹시 마음이 딴 데 가있는 건 아닐까 의구심이 든다.

글로벌 마케팅을 하려면 본인이 수출하려는 제품에 대해 잘 알아야 한다. 그리고 회사 소개 자료, 제품 소개를 위한 카탈로그를 갖추고 있어야 한다. 당연히 영어나 현지 언어로 제작해야 한다.

담당자는 시간 날 때마다 수시로 제품 공부를 하고 영어로 설명할 수 있도록 준비해야 한다. 바이어와 상담을 할 때에는 제품 카탈로그에 상세 설명이 나와 있으니 바이어가 직접 확인하게 하면서 담당자는 마케팅 포인트를 알려 주어야 한다. 제품의 특장점, 경쟁 제품과의 차이점, 품질 또는 가격적인 면에서 바이어의 관심을 끌만한 그런 것들을 알려 주면서 바이어를 유혹해야 한다.

출장 가서 바이어를 만날 때나 전화로 상담을 할 때 바이어가 가격을 물어보는 경우가 있다. 담당자가 가격을 제시할만한 직책이 아니거나 상사의 결제를 받아야 한다면 바로 가격을 주지 못한다. 그러면 담당자는 나중에 가격을 주겠다는 답을 하고 돌아 와야 한다. 바이어가 가격을 물어볼 때 가능하면 바로 그 자리에서 가격을 제시할 자료는 갖고 있어야 한다. 출장 가서 제품 상담을 하는데 가격은 나중에 알려 주겠다고 하면 시간만 흘러간다. 바이어의 구매 의욕을 떨어뜨릴 수 있다. 또한 가격을 제시하지도 못할 위치의 사람이 출장을 온 걸로 바이어가 받아 들이면 불쾌해 하거나 시간만 낭비했다고 생각하게 된다.

출장을 간 담당자라면 그 자리에서 가격을 제시하고 최종 가격을 결정할 수 있는 권한을 갖고 있어야 한다. 그러니 원가와 제시 가능한 가격, 현지 시장 가격 정보를 사전에 파악하는 것이 중요하다.

예전에는 해외에 출장을 가면 주로 종이 카탈로그를 가지고 바이어에게 회사와 제품을 소개했다. 최근에는 빔프로젝터를 갖추고 회사 소개를 하는 업체가 많이 늘었다.

인도에 출장을 갔을 때다. 솔직히 인도에 빔프로젝터를 갖춘 회사가 많지 않을 거라 생각했다. 그래서 회사 소개 자료를 출력해서 가져갔다. 그런데 깜짝 놀랐다. 방문했던 모든 회사가 빔프로젝터를 갖추고 있었을 뿐 아니라 멋진 회사 소개 프레젠테이션을 선보이는 것이었다. USB 메모리에 회사 소개 파워포인트 파일을 미리 준비해 놓지 않았다면 당황스러운 일이 벌어질 뻔했다. 또한 글로벌 마케터로서 상대 국가에 대해 선입견을 가졌다는 것이 부끄러웠다.

글로벌 마케터라면 회사와 제품에 대한 소개 자료 정도는 항상 휴대를 해서 필요한 경우 즉시 꺼내 쓸 수 있게 준비를 해야 한다. 또한 부지런히 업데이트해주어 항상 최신 자료를 바이어에게 보여주어야 한다. 회사와 제품에 대해 가능한 많은 자료를 준비해 두면 상담 시 즉각적으로 화면에 띄워 활용할 수 있다. 그러면 바이어들에게 프로다운 이미지를 주게 된다.

글로벌 인재의 필수품, 노트북과 스마트폰

"아직도 2G폰 쓰세요?"

데니스 팀장이 통화하는 모습을 본 주변 사람들이 저마다 한마디씩 한다. 011 번호를 유지하려고 스마트폰이 아닌 구형 2G폰을 쓰고 있었다. 지하철에서 거의 모든 사람이 스마트폰을 뚫어져라 보거나 게임을 하는 모습이 싫었다. 그 시간에 독서를 즐기는 게 훨씬 도움이 된다고 주장하는 사람이었다. 버티다 안 되어 결국 스마트폰으로 바꾸게 되었다. 쓰던 휴대폰이 낡아 새 2G폰으로 바꾸려니 비용이 꽤 비쌌기 때문이다. 차라리 스마트폰으로 바꾸는 게 낫겠다 싶어 마음을 고쳐먹었다. 그런데 스마트폰으로 바꾸고 나서 그의 업무가 굉장히 스마트해졌다. 인터넷만 연결되면 어디서나 이메일을 확인하고 회신을 보낼 수 있다. 네이버 N드라이버에 파일을 백업을 해 두고 필요할 때 즉시 꺼내 확인해볼 수 있다. 왜 진작에 스마트폰으로 바꾸지 않았나 개탄할 정도가 되었다.

스마트폰 외에 필수품이 노트북이다. 해외뿐 아니라 국내 출장을 갈 때에도 노트북을 들고 다닌다. 필요한 자료는 모두 노트북 안에 꽉 채워 두었다. 그러니 상담 중에도 노트북을 켜놓는다. 필요한 자료는 즉시 찾아서 활용한다. "나중에 확인하고 연락드릴게요."라는 대사는 거의 쓰지 않는다. 사진이나 동영상도 상대방에게 바로 보여주며 이해를 돕는다. 스마트폰과 노트북은 비즈니스에 있어 필수품으로 자리 잡았다.

말로만 하지 말고 근거 자료를 남겨 두라

"공사 대금은 얼마죠?"
"음~ ○○○원입니다."

"생각보다 비싼데요. 내역을 뽑아 보시고 견적서를 보내 주세요."
"……방금 ○○○원이라고 말씀드렸는데 뭘 또 견적서를 달라고 하세요?"

이사를 하면서 욕실 공사를 하게 되었다. 시공업자를 불러 바닥 방수를 하고 타일과 수전, 수납장과 거울을 교체해 달라고 했다. 그런데 시공 내역에 대해 근거를 남기려고 견적서를 달라고 요구했다. 그런데 시공업자는 말로 했으니 견적서는 필요 없다며 우겼다.
이런 말을 하는 사람들은 대부분 나중에 엉뚱한 소리들을 해댄다. 공사 시작한 다음에 "아무래도 ○○○원 가지고는 이 공사를 못하겠는데요. ○○원만 더 올려 주세요. 성심껏 잘해 드릴게요."라고 말하는 것이었다.

사람 사는 데 신뢰가 바탕이 되면 참 좋으련만 그렇지 않은 경우가 더 많은 것 같다. 그래서 서로를 못 믿고 근거 자료와 증거를 남겨야 한다.
거래처와 상담하면서도 가끔 스타일이 맞지 않는 회사가 있다. 모든 걸 말로만 끝내려는 회사가 그렇다.

"이번에 요청 드린 제품 가격을 서류로 보내 주세요."
"방금 말씀 다 드렸고 결정했잖아요. 그런데 왜 서류로 달라고 하세요?"

"네, 결정은 했지만 근거를 남겨야 합니다. 그래서 제품명과 그에 대한 가격, 그리고 조건들을 기재하셔서 팩스나 이메일로 보내 주세요."

"우리를 못 믿으세요? 우리는 한 번 결정한 거 약속 꼭 지킵니다. 나중에 딴 소리 할까 봐서요?"

"……."

딴소리 안 한다던 그 사람은 실제로 일주일 만에 만난 자리에서 딴소리를 했다.

"에이, 그건 아니죠. 내가 말한 건 1,000개를 주문해야 그 가격에 맞춰 준다는 말이죠. 내가 언제 500개 주문해도 그 가격에 맞춰 준다고 했어요?"라며 오리발을 내미는 것이다. 그런 회사와는 일하지 마라. 뒤통수 맞기 십상이다.

비즈니스에서 근거 자료를 남기는 건 정말 중요하다. 회의나 미팅에서 했던 주요 결정 사항들은 반드시 근거를 남겨 두어라. 그리고 가능하면 상대의 사인을 받아 두는 것도 좋다. 대부분의 비즈니스맨들은 신의를 지킨다. 만에 하나 있을지 모르는 엉뚱한 소리 해대는 사람들 때문에 근거를 남겨야 하는 것이다.

이메일 마케팅

예전에 한 회사에서 근무할 때 일 년 넘게 해외 출장을 가지 못한 적이 있었다. 해외 출장은 돈만 낭비하는 거라는 생각을 가진 희한한 기업 문화 때문이었다. 그렇다고 가만히 있을 수는 없었다. 인터넷을 통해 신규 바이어를 발굴하고 전화와 이메일로 비즈니스를 진행했다.

동료들은 데니스 팀장을 '텔레마케터'라고 놀려 먹었다. 글로벌 마케팅 하는 사람이 출장은 못 가고 전화통만 잡고 있으니 그런 거다.

데니스 팀장은 스스로를 '이메일 마케터'라고 불렀다. 이메일로 연락을 하고, 주문을 받고, 생산 지시를 하고, 대금 독촉을 했다. 굳이 전화도 필요 없었다. 이메일 하나면 충분했다. 일 년 넘게 해외 출장은 못 갔지만 실적은 괜찮았다.

비즈니스의 또 하나의 필수품, 이메일을 활용해 더 효율적으로 마케팅하는 방법을 알아보자.

1. 회신은 선착순이다.

바이어건 상사건 동료건 누가 이메일을 보내더라도 회신을 신속하게 한다. 만약 원하는 답을 주기 힘들 경우 시간을 언제까지 달라는 회신이라도 보낸다. 단, 'CHAPTER 2 바이어, 그리고 협상' 편에서 사례를 든 것처럼 협상을 유리하게 끌고 갈 목적이라면 이메일 회신 속도는 적절히 조절해도 된다.

2. 이메일은 당신을 보여 주는 거울이다.

글에는 쓰는 사람의 인격, 지식수준, 통찰, 감정까지 드러난다. 이메일 또한 글이다. 그러니, 이메일을 쓸 때에는 평정심을 유지해야 한다. 화가 난 상태에서 이메일을 썼다간 상대의 감정을 자극할지 모른다. 자칫 감정싸움으로 치달아 결국 비즈니스를 망치게 된다. 글에는 많은 것들이 묻어난다는 걸 잊지 마라.

3. 명확하게 의사를 전달하라.

팀원들이나 거래처에서 쓴 영문 이메일을 보면 한심하다고 느낄 때가 있다. 도대체 이 사람이 원하는 게 뭔지, 말하고자 하는 핵심이 뭔지 도무지 감을 잡을 수가 없다. 말을 그냥 쭉 붙여 쓰다 보니 어디서 끊어 읽어야 할지 모른다. 문법은 차치하더라도 최소한 주어, 동사가 어느 건지는 알 수 있어야 하지 않나?

또한, 어려운 영어 단어를 나열하는 사람도 문제가 있다. 이메일의 목적은 얼굴과 목소리를 배제하고 의사를 전달하는 것이다. 그런데 어려운 영어 단어만 남발하면 상대는 이메일 하나 읽기 위해 사전을 뒤져야 하는 일이 벌어진다.

한글 이메일을 쓸 때에도 마찬가지다.
팀장님~~, 보고서 검토해주세여. 별로 쓸 내용이 없네여. ㅋㅋ
팀장에게 보고하는 이메일인지 친구에게 쓴 이메일인지 구분이 가질 않는다.

이메일은 쉽고 읽기 편하게 쓰는 것이 가장 좋다. 안 그래도 바쁜 세상에 한 번 읽어 이해가 되지 않는 이메일은 좋은 이메일이 아니다.

4. 원하는 바는 1,2,3 정확히 알려 주라.

비즈니스 이메일을 연애편지 쓰듯이 써버리면 상대가 한 눈에 이해하기 힘들다. 이메일은 글로만 표현해야 하는 한계가 있다. 커뮤니케이션에서 실수를 최소화하려면 상대에게 원하는 바를 정확히 알려줄 필요가 있다.

인사말을 적고 나면 왜 이 이메일을 보내는지 목적을 쓴다. 그리고 원하는 바를 하나씩 분류를 나누어 기술한다.

1.
2.
3.

이렇게 상대가 한눈에 보고 금방 파악할 수 있도록 정확하게 알려주어야 한다. 그리고 일의 마감 시한이 언제인지도 알려주는 게 좋다.

5. 한 줄마다 엔터 치지 마라.

한 줄 쓰고 엔터 쳐서 다음 줄로 넘어가고 또 한 줄 쓰고 엔터 쳐서 넘어가고, 이런 식으로 쓰지는 마라. 이메일이 가벼워 보이거나 유치해 보일 수 있다. 하나의 단락에 공통된 주제를 담아서 쓰고, 주제가 바뀌면 엔터를 쳐서 다음 줄로 넘어가도록 하라.

이메일을 효율적으로 쓴다는 것에는 상대를 배려하는 마음이 기본으로 깔려 있어야 한다. 당신의 이메일을 받는 상대가 매우 바쁜 사람일 수 있다. 무슨 말인지 몰라 여러 번 읽게 만들거나 어려운 영어 단어, 축약, 슬랭을 섞어 써 사전을 찾아가며 읽어야 한다면 짜증날 것이다.

상대가 한 번에 읽고 이해가 되도록 쓴 이메일이 가장 훌륭한 이메일이다.

깐깐한 담당자, 어리숙한 담당자

당신이 바이어라면 어떤 글로벌 마케터와 일을 하고 싶을까?
바이어도 사람이니까 당연히 정이 가는 담당자가 있고 주는 거 없이 미운 담당자가 있을 것이다. 서로 코드가 잘 맞아 기분 좋게 일한다면 그보다 더 좋은 것은 없다. 그런데 비호감인 담당자들이 있다. 당신은 여기에 해당하지 않는지 비교해보라.

1. 절대 손해보지 않으려고 너무 따지는 담당자

회사의 녹을 먹는 직원이 회사에 손해를 끼치는 일을 해선 안 된다. 하지만 바이어 당신만 손해 봐라, 양보해라 요구하는 담당자라면 얘기가 달라진다.

얻는 게 있으면 잃는 것도 있게 마련이다. 조금씩 양보하면 서로 웃을 수 있는데도 속으로 계산기만 두드리고 있다. 내 것만 챙겨 가려고 움켜쥐고 도무지 양보하지 않는 담당자라면 바이어가 같이 일하고 싶지 않을 것이다.

2. 실수하지 않으려고 강박감을 가진 담당자

비즈니스 하면서 실수를 안 하는 게 제일 좋다. 실수를 하지 않으려는 마음가짐은 좋다. 최선을 다해 정확한 정보를 바이어에게 전달하는 게 담당자의 임무다. 하지만 인간이 어찌 실수 없이 살까? 그런데 실수하지 않으려고 강박증을 보이는 담당자가 있다.

간혹 공장이나 타 부서에서 실수로 잘못된 정보를 줄 때가 있다. 수출 담당자는 그 정보를 바이어에게 제공한다. 얼마 후 그게 실수라는 게 밝혀지면 이 수출 담당자는 이성을 상실한다. 공장이나 타 부서 사람에게 화를 쏟아 붓는다. 왜 이런 잘못된 정보를 주냐고, 바이어가 나를 뭐라고 생각하겠냐며 난리를 친다. 그러면 듣는 사람은 당황스럽다. 물론 실수를 한 건 잘못이지만 이렇게 까지 난리 칠 필요 있나 싶다.

문제는 이런 강박증이 타 부서와의 분란을 야기시킨다는 것이다.

그러면 타 부서와 원만한 협조를 기대하기 어렵고 결국 바이어와 비즈니스에도 영향을 미치게 된다.

설령 실수를 했다 치자. 공장 실수로, 타 부서의 실수로, 하청업체의 실수로, 또는 본인의 실수로 일이 잘못되었다면 바이어에게 잘못을 쿨하게 인정하라. 그리고 상대의 선처를 구하고 최선의 해결책을 논의하면 된다.

3. 허점이 많아 신뢰가 안 가는 담당자

실수를 안 하려는 강박증을 가진 담당자와 반대로 허점이 많은 담당자가 있다. 이건 맨날 실수다. 자주 하는 말이 "아차, 깜빡 했어요."다. 까마귀 고기를 사 드셨는지 하루도 조용히 넘어가는 날이 없다.

팀원으로 일하던 남자 직원 하나가 크게 실수를 해서 회사에서 해고당한 적이 있다. 평소에도 어리숙한 모습이 그다지 마음에 들지 않은 직원이었다. 물건을 잘 잃어버리고 책상에 커피를 쏟는 일도 잦았다. 해외 출장을 가는데 여권을 갖고 오지 않아 결국 다음날 출발한 적도 있었다.

결국 문제가 터져 버렸다. 바이어가 주문을 했는데 공장에 생산 지시를 깜빡 하고 하지 않은 것이다. 정확히 말하면 생산 지시를 한 걸로 착각한 것이다. 그대로 시간이 흘렀다. 아무리 기다려도 선적 일자를 통보해주지 않자 바이어가 답답해서 연락을 했다. 그때서야 생각이 난 것이다.

부리나케 생산 지시를 했지만 이미 늦었다. 바이어는 화가 많이 났고 거래를 끊어 버렸다.

담당자가 어느 한 쪽으로 너무 치우쳐도 곤란하다. 바이어와 관계를 잘 유지하는 선에 서있으며 된다. 허점이 많은 것보다 실수하지 않으려는 강박감을 가진 담당자가 더 나을 수 있다. 하지만 너무 깐깐하게 하지는 마라. 인간미 없어 보인다.

깐깐한 게 아니라 꼼꼼하게 하라. 데니스 팀장은 꼼꼼하다는 말을 자주 듣는다. 그렇다고 데니스 팀장이 정말 치밀하게 일을 처리하는 사람은 아니다. 완벽주의자는 더더욱 아니다. 단지, 실수를 하지 않으려고 최선을 다하는 것뿐이다. 꼼꼼하다는 평가는 결코 흉을 보는 것이 아니다. 실수를 하지 않으려고 발버둥치는 노력의 산물로서 최고의 장점 중 하나다.

전시회 120% 활용하기

전시회를 잘 활용하는 법

바이어를 발굴하기 위한 방법 중 하나가 전시회다. 우리나라뿐 아니라 세계 곳곳에서 각종 전시회가 열린다. 정말 별의별 전시회나 박람회가 다 있다. 전시산업이 이렇게 발전하게 된 것은 그만큼 수요가 많기 때문이다. 수요가 많다는 것은 전시회를 통해 얻는 게 많다는 말이다.

수출 기업에 대한 정부 기관과 각종 지자체의 지원이 상당히 활발해졌다. 수출하고자 하는 의지만 있다면 도움을 받을 수 있는 길이 다양하게 열려 있다.

전시회에 참가하여 바이어를 발굴하거나 시장 조사를 하는 기업들이 많다. 해외 전시회에 가보면 참가하는 한국 기업의 수가 해마다 늘고 있다. 이제는 기업들도 관련 전시회에 참가하는 것을 당연하게 받아들이게 되었다.

하지만 전시회에 무분별하게 참가를 하거나 성과 없이 비용만 낭비해서는 안 된다. 최대한 효과적인 결과를 이끌어 낼 필요가 있다.

간혹 전시회와 전혀 성격이 맞지 않는 업체들이 부스를 낸 걸 본다. 어떤 이유로 참가했는지 모르지만 전시회의 성격과 전혀 다르다 보니 부스에 방문하는 사람도 극히 드물다. 방문하는 사람들도 왜 전시회에 나왔는지 궁금해서 들리는 경우가 대부분이다. 결국 성과는 얻지 못하고 돈만 쓰고 돌아가게 된다.

전시회에 참가하기로 결정하기 전에 과연 그 전시회에 참가하려는 목적이 무엇인지 얻고자 하는 게 무엇인지 생각해보자. 그리고 전시회의 성격을 파악하고 소기의 목적을 달성할 수 있는지 여부를 가늠해 봐야 한다.

이 책에서는 전시회에 참가하기 위해 준비해야 하는 체크리스트나 신청하는 방법 등 구체적인 사항을 다루지는 않겠다. 업체마다 전시회에 참가하는 목적이 다르고 준비물도 다르기 때문이다. 전시회를 효율적으로 활용하는 법에 대해 기술하도록 하겠다.

빅바이어를 만날 수 있는 좋은 기회

일본 도쿄에서 개최하는 전시회에 참가한 적이 있다. 당시 일본에는 우리 제품을 수입해 가는 바이어가 있었다. 바이어에게 공동으로 부스를 참가하고 비용을 반반씩 부담할 것을 제안했다. 그러나 바이어는 관심을 보이지 않았다. 주문 물량이 많지 않은 바이어였으며 우리가 새로운 바이어와 거래하더라도 크게 신경 쓰지 않는 분위기였다.

기본 부스로 신청했다. 회사는 전시회를 투자가 아니라 비용으로 생각했다. 그래서 단출하게 부스를 꾸며야 했다. 전시회에서 괜찮은 바이어를 발굴하기를 기대하지는 않았다. 지금 거래하는 바이어보다 나은 바이어 한두 업체만 만나면 만족할 것 같았다.

3일 동안 열리는 전시회에 생각보다 방문객이 많았고 우리 제품에 관심을 보이는 사람도 많았다. 현지 유학생인 통역원은 자기 일처럼 열심히 해주었다.

한참 방문객들에게 제품 설명을 하고 있는데, 한 일본인이 우리 부스를 방문했다. 그리고 데니스가 누구냐고 물었다. 흰 머리가 희끗희끗한 뭔가 한 가닥 할 것 같은 멋진 외모를 가진 사람이었다. '중요한 사람이구나'라는 느낌이 왔다. 통역에게 다른 방문객 상담을 맡기고 상담 테이블에 앉았다. 그 사람은 명함을 꺼내며 인사를 했다.

"저는 ○○테크 사장입니다."

○○테크는 데니스 팀장이 일 년 가량 주구장창 이메일과 전화, 팩스를 날렸던 업체다. ○○테크는 규모도 매우 큰 회사였고 제품 라인업이 우리와 유사해 꼭 거래를 하고 싶었던 회사 중 하나였다. 하지만, 아무리 연락해도 답이 없었고, 전화를 하면 담당자를 바꿔주지 않았고, 거래를 틀 수 있는 기회를 주지 않은 그런 업체였다. 그래서 거의 포기하고 있던 시점에 예고 없이 우리 부스를 찾아 왔던 것이다. 그것도 사장이 직접.

○○테크 사장은 데니스 팀장이 꾸준히 거래 제의를 했다는 걸 알고 있었다. 그전에도 회사 이름을 들어본 적은 있었으나 관심은 없었다고 했다. 그런데 전시회에 왔다가 상담이나 해보자고 들어온 것이다. 데니스 팀장은 열심히 제품에 대해 설명했다.

가격이 맞지 않아 거래로는 이어지지 못했다. 그래도 사장과 상담을 할 수 있는 기회라도 얻었다는 게 무엇보다 기뻤다.

전시회는 새로운 거래처를 소개 받는 자리

전시회는 우리 제품을 알리고 상담을 해서 새로운 고객, 새로운 거래처를 찾기 위해 참가한다. 해외에서 열리는 전시회는 비용이 많이 들고, 출장비가 만만치 않아 회사도 부담스러운 건 사실이다. 그러나 평소에는 접촉하기 힘든 회사의 사장이나 결정권자를 만날 수 있는 좋은 기회가 되기도 한다. 또한 다수의 좋은 바이어를 한 자리에서 소개 받을 수 있는 자리이기도 하다.

"동남아 웬만한 나라에 수출하고 있는데 인도네시아만 바이어를 못 찾았어요."

태국 바이어와 전시회에서 만나 이런 저런 이야기를 하던 차에 인도네시아에는 아직 바이어를 발굴하지 못해 아쉽다는 말을 하게 되었다. 그러자 태국 바이어는 잠깐 생각을 하는 듯 오른쪽으로 고개를 살짝 돌렸다.

"아, 마침 내 친구가 인도네시아에서 나와 같은 사업을 하고 있어요. 아버지 사업을 물려 받은 지 2~3년 됐는데 나름대로 사업을 잘 키우고 있더군요. 오늘 전시장에 방문할 계획이라니까 오후에 내가 소개해줄게요."

데니스 팀장은 듣던 중 반가운 소리에 눈이 커졌다. 그리고 오후에 태국 바이어는 인도네시아 친구를 데리고 부스로 찾아 왔다. 인도네시아 바이어는 생각보다 큰 회사였다. 매출도 컸고 거래처도 많았다. 무엇보다 젊은 친구가 꽤 열정적이었다.

거래하던 중국 업체의 품질이 일정하지 않아 거래처의 불만이 쏟아지고 있었던 모양이다. 한국 업체라면 믿을 수 있겠다며 인도네시아 바이어가 더 적극적으로 거래를 제의했다. 생각지도 않았던 좋은 인도네시아 바이어를 태국 전시장에서 소개 받게 되었다.

기존 바이어와 미팅의 장으로 활용하라

 기존에 거래하는 바이어를 만나려면 각 나라마다 찾아 다녀야 한다. 비용과 시간의 손실이 크다. 반면에 큰 규모의 전시회라면 기존 바이어들도 관심을 가지고 전시회에 방문을 하게 된다. 한 자리에서 여러 바이어들을 차례로 만날 수 있고 상담을 할 수 있다. 짧은 시간에 기존에 거래하는 바이어들을 만나니까 바이어 관리도 하고 시간과 비용도 절약하게 된다.

 다만 조심해야 할 게 있다. 경쟁업체에 바이어가 노출될 위험도 있다. 한국관을 형성해서 나가면 우리 부스에 방문하는 바이어를 다른 부스에 있는 경쟁업체가 지켜보고 있다. 그리고 우리 바이어에게 몰래 상담을 신청하기도 한다.

 이런 점만 주의하면 전시회가 기존 바이어들을 한 자리에서 만나 미팅을 할 수 있는 장으로 활용될 수 있다.

통역을 잘 구하라

 영어가 통용이 되는 국가에서 열리는 전시회나 해외 바이어만 상담할 목적이라면 굳이 현지통역이 필요 없다. 영어로 하면 된다. 그렇지 않은 경우라면 통역을 할 사람이 필요하다. 방문객이 와서 영어로 대화가 안 되면 난감하기 때문이다. 어느 정도 답변은 해 줘야 한다.

그냥 모른 척 할 수는 없다.

저녁 식사를 하더라도 말이 통하지 않으면 식당에서 메뉴 하나 고르기도 쉽지 않다. 매일 맥도날드만 먹어야 할지도 모른다. 여러모로 통역이 있으면 편하다.

그러면 어떻게 통역을 구할까? 간단한 방법은 KOTRA에 연락해서 통역을 소개 받으면 된다. 통역원 리스트를 갖고서 검증된 통역원을 소개해 준다. 단지 비용이 비싸다. 그리고 전시회 시간만 일을 하고 추가 시간에 대해서는 비용을 별도로 지급해야 한다. 저녁 식사나 술자리에 참석을 하지 않는 경우가 많다.

데니스 팀장은 통역으로 현지 유학생을 선호한다. 한국 교민회나 유학생회 같은 단체에 연락해서 소개를 받는다. KOTRA 통역원보다는 일당이 저렴하다. 일당을 정하면 추가 시간에 대해 매정하게 따지지도 않는다(사람마다 다르겠지만). 저녁 식사를 같이 하거나 관광 안내를 부탁해도 흔쾌히 수락한다. 어차피 유학생들도 저녁을 먹어야 하니까 식사를 대접하겠다고 하면 마다하지 않는다. 특별한 약속이 없으면 주변 지역을 관광하는 것도 안내해 준다.

아직 학생들이니 우리도 배려할 필요가 있다. 늦은 시간 귀가할 때 택시를 태워 보내거나 시험 기간이 겹치면 시험치고 오도록 편의를 봐주기도 한다.

고맙기도 하고 외국 나가 공부하는 것도 안쓰러워 정해진 일당보다 더 지불하기도 한다. 그러면 정말 고마워한다. 그러니 서로 기분 좋은 추억으로 남는다.

필터링

부스에 안내 데스크가 있다. 카탈로그나 팜플렛을 올려놓으면 지나가는 방문객들이 하나씩 집어 간다. 안내 데스크에 서 있는 1차 상담원의 역할이 중요하다. 가능하면 여직원이나 여자 통역에게 1차 상담원 역할을 맡긴다. 방문객들이 지나가다 부담 없이 1차 상담원에게 질문을 한다. 그러면서 방문객을 분류한다. 그냥 지나가는 별 볼 일 없는 사람들인지 아니면 상담을 할 만큼 중요도가 있는 사람인지 체크한다.

1차 상담원이 적절하게 분류를 한 다음 필요에 따라 팀장급 이상 직원과 2차 상담을 하도록 유도하는 게 좋다.

태국에서 개최되는 축산 전시회의 경우 파키스탄, 방글라데시 방문객들이 끊임없이 몰려온다. 돌아가며 상담을 요구한다. 그 사람들을 모두 상대해주면 말 그대로 마비가 된다. 또한 정말 중요한 바이어가 방문을 해도 영양가 없는 방문객과 상담하느라 소중한 기회를 놓치는 우를 범하게 될지 모른다.

부스에서 음식을 먹지 말라

전시회 기간에는 손님들이 많아 점심 먹을 시간이 별로 없다. 손님이 뜸한 시간을 틈타 도시락이나 간단한 음식으로 점심을 해결 하는 경우가 있다. 파견된 직원이 2명 이상이라면 부스에서 음식을 먹지 않도록 주의해야 한다. 일단 부스 내에 음식 냄새가 나면 방문객에게 좋은 인상을 주지 못한다. 음식을 먹다가 상담을 하면 입에서 냄새가 나서 불쾌감을 주기도 한다. 식사를 하고 있으면 상담을 하려고 들어오던 방문객도 나중에 다시 오겠다며 가 버린다.

번갈아 식사를 하더라도 부스 내에서 음식을 먹는 것은 피하도록 한다. 그리고 식사 후에는 반드시 양치질을 하자. 대만에서 개최된 전시회에 방문을 한 적이 있다. 한 회사의 제품이 마음에 들어 상담을 신청했었다. 그런데 상담을 담당했던 직원의 입 냄새가 정말 지독했다. 5분쯤 지나니까 머리가 아파왔다. 도저히 상담을 진행하기 힘들었다. 결국 이메일로 연락하겠다는 말을 남기고 급히 자리를 떠났던 기억이 있다.

피드백이 중요

전시회를 방문한 바이어들의 불만 중 하나가 전시회가 끝나면 서플라이어(제품 공급자)가 함흥차사란 점이다.

부스를 방문해 상담할 때에는 적극적인데 더 진행을 하고자 이메일을 보내면 아무런 답이 없다는 것이다. 이럴 땐 잠재 바이어들도 혼란스럽다. 거래할 마음이 있는 건지 아니면 더 좋은 바이어가 있어서 연락을 안 하는 건지 헷갈린다. 몇 번 연락해도 답장이 없으니 포기하고 만다.

거래할 마음이 없는 바이어에게 이메일을 보내어 거래를 제안하는 건 참 힘든 일이다. 그런데 관심을 갖고 거래할 마음이 있는 바이어가 있는데도 연락을 하지 않는 이유가 뭔지 이해할 수 없다.

전시회에서 돌아온 후에는 반드시 회신을 하도록 하라. 간단한 인사와 소개를 적은 이메일을 보내면 된다. 그리고 연락을 주고받으며 바이어 회사의 규모와 잠재력을 파악한다. 향후 비즈니스가 진행될 여지가 보이면 직접 출장을 가서 최종 결정을 내리도록 한다.

만약 더 좋은 바이어를 만났다 하더라도 연락을 취해오는 다른 바이어들에게 양해를 구하는 답장을 해주는 게 좋다. 잠재 바이어는 이메일을 몇 번 보냈는데도 아무런 답을 하지 않거나 답을 하더라도 기분 상하게 만들 필요는 전혀 없다. 나중에 어떻게 될지 아무도 모른다. 더 좋은 바이어라고 생각했던 회사와 거래가 안 될 수도 있다. 그러면 차선책이 필요하다. 오히려 우리 제품에 관심을 가진 적극적인 바이어가 향후 빅바이어가 될지도 모르니까 말이다.

공장 사람을 내 편으로 만들어 보자

서비스를 제공하는 업체가 아니라면 물건을 만들어야 팔 수 있다. 공장 직원들이 얼마나 잘 도와주느냐에 따라 업무가 편해질 수도, 힘들어질 수도 있다. 영업만 잘한다고 해서 수출 잘하는 건 아니다. 공장 사람들의 협조가 동반 되어야 한다.

공장 사람을 내편으로 만들려면 어떻게 해야 할까?

어떤 글로벌 마케터는 공장 사람들과 술자리를 자주 하면서 내편으로 만들려고 애를 쓴다. 주로 술을 사는 입장이다. 아무래도 자주 만나서 술 한 잔 하다 보면 친해진다. 친한 사람을 곤란하게 만들 사람은 많지 않다. 그러니 업무가 편해진다. 어려운 부탁도 잘 들어준다.

이런 해결책은 부작용이 따른다. 일단 술값이 많이 든다. 자주 술을 마시니 몸이 축난다. 가정에 소홀하게 된다. 간혹 더 좋은 데 가자고 조르면 곤란해진다.

데니스 팀장은 술을 잘 못한다. 술을 꾸역꾸역 밀어 넣은 다음날은 너무 고통스럽다. 이런 해결책은 그에게 맞지 않다.

그렇다고 공장 사람들과의 관계를 모른 척할 수는 없는 노릇이다.

'주유소 습격사건'이라는 영화가 있다. 영화 '친구'에서 카리스마 있는 눈빛을 작렬한 유오성이 나온다. 그 당시 유오성은 유명하지 않았다. 영화 속에서 무식하지만 싸움 잘하는 역할이다. 거기서 유오성은 유명한 대사를 남긴다.

"나는 한 놈만 팬다."

일대일 싸움이 아니라면 혼자서 여럿을 당해 내기 어렵다. 한 놈만 골라 족쳐야 한다. 그러면 다른 사람들이 겁을 먹고 쉽게 덤비지 않는다.

공장 직원들 중에서도 키맨이 있다. 글로벌 마케터에게는 주로 공장장, 품질관리책임자 또는 생산계획책임자들이 이에 해당된다. 이 키맨들 중에서 최소 한 명은 잡아야 한다. 베스트는 공장장을 잡는 것이다.

데니스 팀장은 전시회를 갈 때 가능하면 이 키맨들 중 한 명씩 데려간다. 공장 직원들은 해외 출장 한 번 가기 쉽지 않다. 전시회 지원을 핑계로 데려가 보라.

한번은 품질관리책임자를 데리고 전시회 출장을 갔다. 그는 잔뜩 기대에 부풀어 있었다. 전시회에 필요한 샘플이나 자료를 요청하면 적극적으로 협조했다. 그는 영어 회화가 잘 안 되었다. 비행기 타는 순간부터 데니스 팀장에게 의지할 수밖에 없었다.

하루 종일 같이 붙어 있고, 밥을 같이 먹고, 호텔방도 같이 썼다. 그러면서 많은 대화를 나누게 되었다. 술에 의지하는 게 아니라 맨정신으로 서로의 이야기를 나누고 공감대를 형성했다. 전시장 부스에 많은 바이어들이 방문했고 점심을 거른 체 상담하는 모습을 보며 '우리만 고생하는 줄 알았는데 글로벌 마케팅팀도 참 고생 많구나'라고 느꼈을 것이다. 출장에서 돌아오는 길에 공항 면세점에서 초콜릿을 샀다. 애들 갖다 주라며 품질관리책임자의 손에 쥐어 주었다. 그에게 이런 기억들은 평생 갈 거다. 사람들과 술 한 잔 하는 자리에서 추억 삼아 안주 삼아 이 이야기를 할지도 모른다.

다른 공장 직원들도 그런 기회가 있지 않을까 글로벌 마케팅팀에 잘 보이려고 노력한다. 자연스럽게 협조 모드로 돌아 선다.

품질관리책임자와 전화 통화하면서 전시회 출장에서 있었던 일들을 한 번씩 회상시켜 주었다.

"맞습니다. 그때 힘은 들었지만 참 재미있었어요. 데니스 팀장님 덕분에 좋은 경험했습니다."

품질관리책임자는 이제부터 내 편이다.

CHAPTER 3

경영진, 그리고 마인드

🔔 수출 마인드로 전환하기

수출 최대 방해꾼은 사장님

수출 상담을 위해 한 제조업체를 방문했을 때 일이다. 수출 담당자가 다음과 같은 이야기를 들려 줬다.

수출 못하는 회사

수출을 해본 적이 없는 회사였다. 내수 시장만으로도 이익이 많이 났기 때문에 수출 필요성을 느끼지 못했다. 내수 시장 경기가 좋지 못하자 현상 유지도 힘들게 되었다.

한 모임에 갔던 회사 대표가 '우리도 수출을 해야겠구나' 하고 결심하게 된 일이 있었다. 수출을 해서 매출이 두 배 늘었다는 어떤 회사 대표의 이야기를 듣고 나서였다.

1년 전부터 전시회에도 나가 봤지만 성과가 나오지 않았다. 국내 마케팅을 하던 직원에게 수출을 해보라고 시켰다. 직원은 갑갑했다. 수출이라고는 해본 적도 없고 단지 전 직장에서 수출업무를 곁눈질로 본 것이 전부였다. 죄라면 영어 회화를 조금 한다는 거였다.

전시회에서 만났던 바이어들에게 이메일을 보냈다. 아무런 답변이 없었다. 그래도 계속 보냈다. 그중 몇 명으로부터 연락이 왔다. 몇 가지 제품에 대해 가격을 달라고 했다. 사장에게 보고하니 "그 사람들

거래는 할 거 같아?"라고 물었다. 담당자는 "아직 모르겠습니다. 가격을 보내야 그 쪽에서도 결정하지 않겠습니까?"라고 대답했다.

"그렇다고 가격을 함부로 주면 안 되잖아? 우리 가격 정보가 노출될 수도 있고 말이야. 거래할 건지부터 물어 봐."

담당자는 '가격도 받지 않고 거래를 할지 말지 바이어가 어떻게 결정하겠어?'라는 생각을 했다. 그래도 사장이 시키니 어쩔 수 없었다. 바이어에게 거래를 할지 물었다. 그래야 가격을 주겠다는 말과 함께 말이다.

바이어는 답이 없었다. 그나마 연락이라도 온 바이어인데, 아쉬웠다.

담당자가 자꾸 연락을 하니까 바이어가 "그럼 가격이나 줘 보세요."라고 마지못해 답을 했다. 사장이 직접 가격을 결정하겠다고 나섰다. 국내 거래처에 공급하는 가격을 단순히 달러로 변환하여 가격을 산출했다. 담당자는 사장에게 너무 비싼 것 같다는 말을 했다. 사장은 "비싼 지 싼지 네가 어떻게 알아?"라며 면박을 주었다.

가격 리스트를 만들어 바이어에게 보냈다. 바이어로부터 회신이 왔다. 이 가격이 몇 개 기준이냐고 물었다. 당연히 개당 가격이라고 알려 주었다. 그날로부터 바이어는 감감무소식이었다. 답답한 나머지 담당자가 전화를 걸었다. 왜 연락이 없었는지 물었다. 바이어는 거래할 생각 없으니 앞으로 연락하지 말라는 말만 남기고 전화를 툭 끊어 버렸다.

다 안다는 착각

또 다른 제조업체의 이야기다.

그룹 자회사로서 1인당 매출액이 10억 원이 넘는다. 생산 제품 전량을 그룹에 공급한다. 고정 거래선과 매출이 이미 확보되어 있는 그런 회사다.

수출을 하고 싶어 했다. 생산한 제품을 모두 그룹 내에만 판매를 하니 제 식구 감싸기란 소리를 듣는 게 싫었던 것이다. 외부에서 보는 눈도 신경 쓰이고 새로운 거래선을 발굴하여 영업 능력이 있다는 것도 보여 주고 싶었다. 그래서 찾은 게 수출이었다.

수출은 하고 싶지만 방법을 몰랐다. 해외영업 부장이 도와 달라며 부탁을 했다. 사장을 만나 전략적 파트너 관계를 맺고 잘해보자는 말을 하기로 했다.

전날, 해외영업 부장이 전화를 해서 사장의 말을 전했다. 회사 소개 자료를 가지고 프레젠테이션을 하라는 것이었다.

그 회사에 대해 자세히 아는 바가 없는데 어떤 내용으로 프레젠테이션을 해야 할 지 난감했다. 그래서 회사 소개와 함께 시장 현황과 왜 수출을 해야 하는지에 대해 급히 자료를 만들었다.

다음날 그 회사를 방문하여 직원들 앞에서 프레젠테이션을 했다. 직원들이 필기까지 해가며 열심히 듣는 모습이 보기 좋았다. 프레젠테이션을 마쳤다. 데니스 팀장은 내심 그 회사 사장으로부터 "프레젠테이션 잘 들었어요. 역시 수출을 해야 하는군요. 우리도 열심히 할 테니 많이 도와주세요"라는 말이 나올 거라고 기대했다.

그런데 사장은 의자 뒤로 반쯤 누우면서 말했다.

"내용이 별 거 없네. 뭐, 다 아는 얘기구먼."

데니스 팀장은 기대와 다른 말이 나오자 약간 당황했다.

"다른 어떤 걸 듣고 싶으십니까?"

"나는 오더 같은 구체적인 내용을 듣고 싶었는데 말이지. 바이어에게 오더 받은 거 있나?"

처음 보는 사장이 반말로 이야기할 때부터 기분이 썩 좋지 않았다. 그런데 프레젠테이션에 대해 다 아는 얘기라는 말을 듣는 순간 완전히 빈정이 상해 버렸다. 그걸 아는지 모르는지 사장은 30분 넘게 훈계조의 말을 늘어놓았다. 심지어 자신의 옛날이야기까지 했다.

해외영업 부장과 눈이 마주쳤다. 그는 어찌할 바를 몰라 했다. 그의 눈빛에는 죄송하다는 말이 들어 있었다.

데니스 팀장은 오랫동안 글로벌 비즈니스에 몸담았다. 게다가 회사 생활은 모두 제조업체에서만 했다. 자신이 제조업체에서 근무할 때에는 제3자의 시각을 잘 몰랐다. 하지만 수출 상담을 위해 제조업체들을 만나면서 새로운 사실을 알게 되었다. 수출 못하는 회사는 그만한 이유가 있더라는 것이다. 특히, 사장님들의 마인드가 수출에 부적합한 경우가 너무도 많았다.

해외 출장은 놀러 가는 게 아닙니다

글로벌 마케터가 누리는 최대 혜택은 해외 출장이 아닌가 싶다. 회사 경비로 더 큰 세계로 나가 새로운 사람과 새로운 문화를 접하고 올 수 있기 때문이다.

해외 출장을 갔다 오면 최소 한 가지 이상은 얻어 오는 게 있어 기쁘다. 몰랐던 걸 알게 되고, 고정 관념을 깨고 온다. '아!' 하는 감탄사와 함께 돌 깨지는 소리가 난다.

외국에 간다고 설레거나 하는 마음은 없다. 밥 먹듯이 해외 출장을 다녔기 때문에 떨리거나 설레거나 전날 잠을 못 자거나 하는 일은 없다. 다만, 이번에는 어떤 걸 느끼고 올까라는 기대감이 있다.

해외 출장을 갔다 온 후 가족들과 친구들, 거래처 사람들에게 출장에서 보고 듣고 느낀 점들을 꼭 이야기해 준다. 그들은 외국에 대한 간접 체험을 하는 기회를 갖게 된다. 분명 그들에게도 새로운 배움의 기회가 될 것이라 믿기 때문이다.

해외 출장을 가면 담당자는 사실 피곤하다. 가기 전에는 출장 준비를 한다. 항공권, 호텔뿐 아니라 바이어와 약속 시간, 공항 픽업 여부, 바이어와 상담할 자료 등을 준비한다. 하나라도 미흡하면 출장이 피곤해진다. 출장 기간에는 바이어와 거의 대부분의 시간을 보내다 보니 다른 업무에 대한 공백이 불가피하다. 필요에 따라 밤늦게까지 일을 해야 하니 몸은 지칠 대로 지친다. 출장을 다녀온 후에는 출장보고서, 밀린 업무, 바이어와 협의했던 사안을 정리해야 한다.

그런데 회사의 일부 임직원들은 '저 놈들이 회사 돈으로 호강하네'라는 시샘의 눈으로 쳐다본다. 어떤 사장은 글로벌 마케터가 출장 가는 게 못마땅한지 자꾸 못살게 군다. 출장 기안을 하면 '왜 가느냐, 가서 뭐할 거냐' 부터 '가서 하이, 헬로우만 하고 올 거면 가지 마라' 등 초 치는 말만 해댄다. 가기 전에 장문의 계획서를 요구하고, 가서는 당일 보고를 하라고 하며 갔다 와서는 또 장문의 보고서 제출을 요구한다.

담당자 입장에서는 출장만 갔다 오면 너무 피곤하고 힘들어지니 이럴 바엔 차라리 안 가는 게 낫겠다 싶다.

우리나라 국민들이 많이 글로벌화 되었다. 이제 해외여행 가는 건 예사다. 외국 사람에 대한 거리감도 많이 없어졌다. 아이들도 외국 사람에게 아무렇지도 않게 영어로 인사를 한다.

하지만, 여전히 글로벌화 되지 못한 일부 사람들이 출장과 여행을 구별하지 못한다.

해외 출장을 가는 글로벌 마케터들도 일과 여행을 구별하기 바란다. 출장 가는 직원이 짧은 반바지에 슬리퍼 끌고 간다면 문제가 있다. 마음가짐을 바로 잡고 약간의 긴장감을 유지해야 한다. 짧은 출장 기간에 최대의 성과를 이끌어 내도록 집중을 해야 한다.

글로벌 마케터가 해외 출장 가는 건 당연하다. 적극적으로 가야 한다. 어떤 사장 말처럼 '하이, 헬로우'만 하고 올지언정 가는 게 낫다. 바이어와 얼굴 한 번 보는 것과 그렇지 않은 것은 천지차이다. 하지만 의미 없는 무분별한 출장은 자제할 필요가 있다.

너무 자주 출장을 가면 바이어가 힘들어한다. 특별한 안건이 있는 것도 아닌데 자주 가면 더 이상 대화의 소재도 없을 뿐 아니라 바이어의 소중한 시간을 뺏게 된다. 적극적이되 계획적인 해외 출장만이 최고의 효과를 거둘 수 있다는 걸 명심하라.

수익에만 눈이 먼 사장

고교 선배 중 한 분이 양초 만드는 회사에 해외마케팅 팀장으로 취직을 하게 되었다. 데코레이션 기능을 겸한 컬러 양초는 미국과 유럽에서 인기를 끌었다. 출장을 다니며 바이어를 많이 확보한 선배는 매주 선적하는 컨테이너를 보는 게 낙이라고 말하곤 했다.

메이드 인 코리아 제품이라는 프리미엄에 자부심을 더한 마케팅 전략이 빛을 발하고 있을 때쯤 문제가 터졌다.

수출이 잘되자 슬슬 욕심이 사장의 뱃속을 기어 나왔다. 선배에게 중국산 양초를 수입하라고 지시했다. 그리고 한국산 양초 대신 중국산 양초를 실어 보내라는 것이었다. 당시만 해도 한국산 양초가 중국산의 10배에 가까운 높은 가격을 받았다. 바이어들이 10배의 가격을 주고도 한국산 제품을 구매했던 건 품질과 납기, 디자인 때문이었다. 그런데 원산지를 속여 중국산 제품을 수출하라는 것이다. 사장은 10배의 수익에 욕심이 났다.

선배는 안 된다며 강력히 저항했다. 수출은 신뢰를 바탕으로 하는 비즈니스인데 어떻게 원산지를 속여 거래를 하냐며 버텼다. 하지만 사장은 고집을 피웠다. 하기 싫으면 나가라고 했다. 결국 선배는 회사를 그만 둘 수밖에 없었다.

그 회사 사장이 결국 그런 짓을 저질렀는지는 확실하지 않다. 10배의 수익에 욕심을 냈을지도 모른다. 하지만 그건 오래 가지 못한다. 잘못된 판단은 결국 회사와 사장 자신뿐만 아니라 대한민국에 대한 신뢰까지 잃게 만든다.

수출 못하는 회사의 공통점

수출을 시작한 지 오래 되지 않았거나 정체되어 앞으로 나아가지 않는 회사에는 공통점이 있다.

1. 사장의 아집이 세다.

자수성가해서 오늘날의 회사를 일구었으니 자부심도 크다. 독단적이고 독선적이다. 직원들의 충언을 들으려고 하지 않는다. 정신교육이란 미명 하에 자신의 생각만 늘어 놓는다. 사소한 일까지 간섭하며 잔소리를 한다. 자기 생각이 99% 옳다는 말을 서슴지 않게 하며 직원들은 모두 바보라고 생각한다. 그러니 직원들이 바른 말을 해도 귀담아 듣지 않는다.

2. 다 알고 있다는 착각을 한다.

사장뿐 아니라 수출 책임자조차 자신은 다 알고 있다고 착각한다. 과거에 수출 시장을 개척하려 뛰어 다녔던 짧은 경험을 오랫동안 우려 먹는다. 해외 시장이 시시각각 변하고 있고 옛날과 상황이 많이 달라졌음을 인정하지 않는다.

능력 있는 젊은 인재를 수혈해 더 좋은 기회를 만들 수 있는데도 불구하고 구시대 경험만 믿고 고집대로 밀고 나간다. "내가 너보다 더 많이 알고 있으니 내 말 들어"라며 젊은 인재의 의견을 무시한다.

젊은 피조차 탁한 피로 둔갑시키는 놀라운 재주를 선보인다.

3. 수출 가격이 뭔지 모른다.

'수출 가격'에 대한 개념이 부족하다. 수출 가격은 수출하려는 나라에서 팔릴 수 있는 가격이 되어야 한다. 그런데 회사가 받고 싶은 가격을 수출 가격으로 정해 버린다. 제조원가를 산출해본 적도 없다. 그러니 '대충 이 정도 가격쯤 되겠지'란 생각을 가지고 있다. 제조원가를 산출한 자료가 있다 하더라도 직원들에게 전혀 공개하지 않는다.

제조원가는 마른 수건 짜듯이 최대한 절감 노력을 해야 한다. 그 다음에 이익을 많이 붙일지 적게 붙일지 시장 상황에 맞게 적절히 결정하면 된다. 그런데 현지에서 비슷한 제품이 얼마에 팔리는지 아랑곳 않고 수익만 많이 보려고 욕심을 부린다.

4. 수출할만한 제품 라인업이 없다.

한국 시장에서 팔던 제품을 그대로 수출하면 된다는 잘못된 생각을 갖고 있다. 물론 한국 시장에서 잘 팔리는 제품이 수출이 잘 될 가능성이 높은 건 사실이다. 하지만 수입국 현지 실정에 맞지 않다면 아무 소용없다. 수출하려는 나라에 적합한 사양을 갖춘 제품을 개발해야 한다.

예를 들면, 아프리카에서는 정말 잘 팔리는데 한국에는 전혀 팔리지 않는 제품도 있다. 만약, 이런 제품을 찾아내 개발하면 수출이 잘 될 수밖에 없다. 물론 위의 사례처럼 말도 안 되는 수출 가격을 고집하지 않는다는 전제 하에 말이다.

5. 수출 전담 직원이 없다.

웃기는 이야기지만 수출하겠다고 선언해 놓고 수출 전담 직원조차 없는 회사가 많다. 회사 내에 영어를 조금이라도 하는 직원에게 수출을 해보라고 시킨다. 물론 다른 일도 하면서. 전문성이 현저히 떨어지니 글로벌 마케팅이 제대로 될 리 없다. 그런데도 왜 수출이 안 되냐며 야단을 친다.

중소기업에서 수출 금액이 많지도 않는데 글로벌 마케터를 채용하기 힘들 수 있다. 이해한다. 하지만 수출을 늘려 회사에서 기대하는 성과를 이끌어 내려면 글로벌 마케터가 반드시 있어야 한다. 글로벌 마케팅에 전념할 수 있게 배려해야 그만한 성과가 나온다.

수출 전담 직원 하나 없이 수출하려는 사장님은 욕심쟁이, 우후훗!

6. 납기가 늦어져도 별로 개의치 않는다.

수출의 큰 장점 중에 하나가 이윤은 적어도 물량이 크고 수출 대금 회수에 안전성이 높다는 것이다. 대신 바이어의 요구 조건을 충족시켜야 한다. 바이어와 약속한 선적 일정을 최대한 지켜야 한다. 만약 그 일정을 맞추지 못할 걸 바이어가 미리 알았다면 아마 오더를 주지 않았을지도 모른다. 그만큼 바이어가 주문 여부를 결정하는 데 선적 일정, 즉 납기가 매우 중요하다.

중동의 한 바이어로부터 대량의 오더를 받은 적이 있었다. 3개월 이내에 선적을 완료한다는 조건이었다. 공장에서는 생산 일정 상 큰 문제가 없다는 말을 했다. 하지만, 생산이 자꾸 밀렸다. 결국 약속된 날짜보다 2개월 늦게 선적하게 되었다. 공장에서는 최선을 다 했는데도 늦어진 걸 어쩌란 말이냐며 대수롭지 않게 대답했다. 바이어는 2개월 차이로 주문의 반이 재고로 남게 되어 자금난을 겪게 되었다. 결국 바이어는 다음 해에 주문을 전혀 하지 못했고 거의 도산 지경에 이르렀다.

7. 수출 담당자의 의지가 부족하다.

'저 직원 얼마 안 가 회사 그만둘 것 같은데?'

어떤 직원을 보고 이런 생각이 들면 열에 아홉은 머지않아 회사를 그만두었다. 신기가 있어서 그런 건 아니다. 느낌이 온다. 바로 그 직원에게서 열정이라는 게 보이지 않았기 때문이다.

주로 만나는 수출 담당자들 중에서 그런 생각이 드는 사람이 몇 있었다. 실제로 그만 두는 사람도 있었지만 꾸역꾸역 다니는 사람도 없지 않았다.

그럼 왜 그 직원들은 열정을 잃어 버렸을까? 처음부터 열정이 없지는 않았다. 깨지고 부딪히며 한계에 직면하면서 점점 열정을 잃어 간 것이다. 의지는 크지만 회사가 뒷받침해주지 않아서, 본인의 역량이 부족해서, 시장 상황이 좋지 못해서 등 여러 가지 이유가 있어 수출이 잘 안 되며 열정을 잃는다.

어떤 회사는 수출을 전혀 하지 못하는데도 수출 담당 직원이 5명이나 되었다. 그 직원들 면면을 보면 능력은 있어 보였다. 하지만, 거의 손을 놓고 있었다. 수출할 만한 제품도 없거니와 가격이 너무 비쌌다. 수출 담당 직원들이 다양하게 시도를 했지만 가능성이 없다는 것만 다시금 확인할 뿐이다.

또 다른 회사의 수출 팀장이 이런 말을 했던 게 기억난다.

"제가 수출을 못 하는 게 아니라 안 하는 겁니다."

그 회사는 수출 팀장이 새로 부임하고 나서 수출이 많이 늘었다. 특히 동남아 지역에서는 탄탄하게 입지를 굳혀가고 있었다. 그런데 정작 수출 팀장은 수출을 더 늘리고 싶은 생각이 없다는 말을 하는 것이다. 의아해 하며 그 이유를 물었다.

"제가 입사할 때만 해도 인보이스invoice 양식도 하나 없었던 회사입니다. 지난 10년 동안 수출을 얼마나 늘린 줄 아세요? 그런데 수출 잘한다고 열심히 한다고 보너스 한 번 안 주더군요."

논공행상. 공로를 조사하여 크고 작음에 따라 상을 주는 걸 의미한다. 글로벌 마케터에게 실적을 늘리라는 요구를 하는 만큼 잘한 경우에는 보상도 걸맞게 해주어야 한다. 채찍만 휘두르고 당근을 주지 않는다면 최선을 다할 직원은 없을 것이다. 글로벌 마케팅도 사람이 하는 것이다. 격려를 통해 열정을 불어 넣어 준다면 열심히 안 할 직원은 없다. 논공행상을 제대로 시행하지 않아 그들의 의지를 꺾는 일은 없어야 한다.

위기 속에서 기회의 빛을 발견하다

IMF 때 주변에 있던 수많은 회사들이 도산하고 문 닫는 걸 지켜봤다. 거리에 내몰린 실직자들은 평생 직장이란 없다는 것을 뼈저리게 느꼈다. 금융의 낙후성으로 인해 IMF 사태가 일어났고 전 국민이 고통에 신음했다.

그 와중에는 위기를 기회로 잡은 사람도 무수히 많았다.

당시 데니스 팀장이 근무했던 공단 내에는 가동을 멈춘 회사로 넘쳐났다. 저녁에는 어두컴컴해서 무서울 정도였다. 그런데 데니스 팀장 회사만 2교대까지 해가며 공장을 풀가동하고 있었다. 바로 수출 물량을 맞추기 위해서였다.

데니스 팀장이 입사할 당시만 해도 그 회사는 수출이 많지 않았다. 조그만 내수 시장에서 여러 경쟁업체들과 싸우기도 힘에 부쳤다. 회사 대표는 수출을 해서 물량을 키우면 가격 경쟁력이 생길 거라 기대했다.

입사하자마자 데니스 팀장은 제품 교육을 받을 시간도 없이 바이어를 찾아 나섰다. 회사가 예전에 연락을 주고받던 바이어가 있는지 파일을 뒤져보았다. 다행히 정리는 잘 되어 있었다. 바이어 리스트를 정리한 뒤 바이어들에게 거래 제의서를 팩스로 보냈다. 고맙게도 바이어들은 흔쾌히 답장을 해주었다. 그동안 거래가 이루어지지 않은 이유가 있었다. 바이어들에 의하면 품질은 적합한데 가격 경쟁력이 없다는 것이었다. 중국산보다 비싼 건 말할 것도 없고 한국에서 가장 큰 회사보다도 가격이 높다는 걸 알게 되었다. 어쩌면 바이어들이 고개를 저었던 건 당연한지도 몰랐다.

대표와 부서장들이 모였다. 머리를 맞대고 제조원가를 절감하는 방안을 고심하고 또 고심했다. 대표는 방법을 찾지 못하면 회사 그만둘 각오하라며 부서장들을 종용했다. 마침내 방법을 찾아 냈다. 한국에서 가장 큰 회사보다 10% 이상 저렴한 가격을 제시할 수 있게 되었고 신제품도 여러 가지 개발했다.

품질은 중국산보다 좋고 가격은 크게 비싸지 않으니 바이어들의 주문량은 계속 늘어났다. 생산 능력이 주문을 따라 가기 힘든 상황까지 갔다. 생산 2교대까지 검토해야 했다. 12시간씩 2개조가 번갈아 생산을 하는 시스템으로 전환을 준비하고 있었다.

그때 외환위기가 대한민국을 덮쳤고 정부가 IMF로부터 구제금융을 지원받는 사태가 벌어졌다. 국가부도라는 최악의 시나리오가 국민들을 극도로 불안하게 만들었고 환율은 급등하게 되었다. 하지만, 데니스 팀장 회사는 밀려오는 바이어들의 주문에 2교대를 시행했고 급등한 환율은 엄청난 수익을 가져다주었다. 환율이 두 배 이상 뛰면서 같은 물량을 수출해도 수익은 두 배로 커졌다. 말 그대로 노나는 장사를 했다.

밤까지 공장을 가동하는 모습을 보며 지나가던 사람들이 "도대체 저 회사는 뭐 만드는 회사냐?"며 궁금해 했고 심지어 어떤 일이든 할 테니 취직만 시켜달라고 조르는 사람들도 있었다.

데니스 팀장은 창밖을 통해 문을 굳게 걸어 잠근 다른 공장들을 바라보고 있었다. 그때 대표가 데니스 팀장의 어깨를 툭 치며 나란히 섰다.

"우리가 수출을 하고 있지 않았다면 어쩔 뻔했을까. 아마 저 회사들처럼 문을 닫았겠지."

씁쓸한 말에 안도의 한숨이 느껴졌다.

직원들도 신이 났다. 주변 사람들은 일자리를 잃어 고통을 받고 있지만 회사가 쌩쌩 돌아가니 힘든 줄도 모르고 일했다. 12시간씩 2교대로 일하면서도 웃음을 잃지 않았다.

한때 엄청난 고통을 안겨준 외환위기를 아직 많은 사람들이 기억하고 있다. 당시만 해도 견디기 무척 힘들었던 고통들도 시간이 지나며 뇌리에서 점점 잊혀져 가는 듯하다.

위기를 위기로 끝낸 이도 있지만 위기를 기회로 만든 이도 있었다. 지금 100억 대 땅부자, 수십 억대 주식 부자라는 사람들이 그때 돈을 벌었다. 남들은 대출이자를 감당하지 못해 헐값에 집을 내놓을 때 대출 받아서라도 집을 산 사람들이 있었다. 몇 백 원까지 떨어진 주식을 사돈의 팔촌 돈까지 끌어다 휴지 값에 사들인 사람들도 있었다. 그들은 그렇게 위기를 기회로 만들었다. 그들이 무슨 용빼는 재주가 있어 그렇게 했겠는가? 대한민국은 부도가 나지 않으며 부동산과 주식이 다시 제자리를 찾게 될 것이라는 알고 있었던 것이다.

데니스 팀장 회사가 외환위기를 예측할만한 재주는 전혀 없었다. 하지만, 내수 시장의 한계와 수출 시장의 무한한 가능성을 미리 봤다는 게 중요하다. 단순히 매출만 늘리기 위해서 수출 시장을 찾아 나선 게 아니었다. 작은 내수 시장에서는 먹을 게 없다는 판단을 했기에 지속적인 노력을 통해 해외 시장에 발을 담그게 된 것이다. 또한 수출 담당자의 보고를 진지하게 받아들여 전사적인 노력을 이끌어낸 대표의 마인드가 뒷받침되었기 때문이다. 운 좋게 엄청난 고통을 피할 수 있었을 뿐 아니라 회사가 도약하는 계기를 만드는 결과로 이어졌다.

지금은 오천 만 대한민국 시장만으로 풍요로운 기업을 기대하기란 쉽지 않은 시대다. 기업이 크게 발전하고 번영을 누리기에는 내수 시장이 너무 작다. 업계 전체 시장 규모가 외국의 한 회사 매출보다 작은 경우가 부지기수다. 그 작은 시장에서 수십 개, 수백 개의 업체가 난립해 있으며 박 터지게 싸우고 있다.

기업들이 수출을 하려는 이유는 다양하다. 이유야 어찌 됐건 수출을 해야 할 명분이 있다면 뒤돌아 보지 말고 뛰어 들어야 한다.

그전에 한가지는 알아야 한다. 앞에서 예로 든 제조업체들처럼 수출에 대해 정말 무지한 회사들이 의외로 많다. 그리고 아직까지 정신 못 차린 경영자와 수출 담당자가 많다는 것이다.

풍부한 자원을 가진 중국과 인도가 거대한 내수 시장을 등에 엎고 글로벌 시장에 뛰어 들고 있다. 제2의 중국이 될 나라가 무수히 뒤

따르고 있다. 그게 현실이다. 그런데도 이제서야 수출 한번 해볼까 라는 생각을 하고 있으니 걱정이다.

또 한 가지. 데니스 팀장이 제조업체를 만나 상담하면서 참으로 많이 들었던 말이 있다. 뭔지 짐작하겠는가?

"아님 말고."

가격이 안 맞으면, 제품 개발하는 데 시간이 많이 걸리면, 주문 물량이 많지 않으면 수출 안 하고 말겠다는 뜻이다. 안 하면 그만이지, 수출 안 해도 지금까지 잘 먹고 잘 살았는데 하는 심산이다. 안타깝다. 거대한 세계 시장이 있는데 왜 지레 포기하는가? 아니면 배짱인가?

글로벌 인재의 필수 자질

어질러티(Agility). 그 말을 누군가의 입에서 처음 들은 건 베트남의 한 그룹 회장으로부터이다. 어질러티의 사전적인 의미는 민첩, 명민함이다.

성공 비결은 어질러티

그와 베트남 공장 설립에 관해서 이야기를 나누던 중이었다.

"베트남 공장을 설립하는 데 필요한 자금은 50% 이상 투자하겠소. 하지만 공장 설립의 주체는 한국에서 맡아 주시오."

"부이 회장님, 아무래도 베트남에 공장을 설립하는 거니까 부이 회장님 사람이 주체가 되어야 하지 않겠습니까? 관공서 업무가 많고, 저희는 베트남어가 되질 않으니 어려움이 많을 것입니다."

"아는 베트남 사람 중에서 '어질러티'한 사람은 이미 다 자리를 맡고 있죠. 변호사나 필요한 사람은 내가 붙여 주겠소. 한국 사람이 파견 와서 일을 해주면 좋겠어요."

베트남의 부이 회장은 베트남에서 전설적인 기업가로 통한다. 조그만 수입상에서 시작해 지금은 큰 그룹의 회장이 되었다. 초창기에는 한국 제품을 조금씩 수입하여 베트남에 판매하는 일을 했다. 마케팅이 뭔지도 몰랐다. 그냥 팔았다. 하지만 그는 일반적인 베트남 사람들에 비해 남다른 점이 있었다. 성실했다. 그리고 명민했다.

부이 회장은 수입 오퍼상을 할 때 적은 자본금으로 회사를 운영하려니 혼자서 여러 사람의 역할을 할 수밖에 없었다고 한다. 그래서 빠르고 효율적으로 일을 하려고 노력했다.

한국 제품을 수입하는 물량이 늘어나면서 더 큰 비즈니스를 생각했다. 그냥 수입을 해서 판매하는데 만족하지 않고 직접 제조를 하고 싶었다. 조그만 공장을 세워서 수입과 제조를 병행하며 사업을 키워나갔다.

그는 "베트남 사람은 그다지 성실하지도 명민하지 않다."고 했다. 그러니, 그와 같은 성실하고 명민한 사람이 베트남에서 성공할 가능성이 높았다.

사업은 점점 커나갔다. 부이 회장의 공장이 잘 되자 비슷한 공장들이 하나 둘씩 생겨나기 시작했다. 경쟁자가 생긴 것이다. 하지만 그는 오히려 기뻐했다. 원료를 수입해서 그들에게 공급한 것이다. 그는 해외에 다양한 원료 소싱 라인을 갖고 있었다. 경쟁자들은 싸고 다양한 원료를 소싱할 능력이 되지 못했다. 부이 회장에게서 원료를 공급 받을 수밖에 없었다. 경쟁자들이 커 나갈수록 부이 회장의 사업도 같이 커 나갔다.

베트남이 제2의 중국으로 부상하면서 외국 자본이 밀려들어 왔다. 호치민과 근교에 공단이 생겨났다. 거대한 공단도 분양이 잘 되었다. 외국인의 체류가 늘어나면서 그들에 맞는 주거 환경이 필요했다.

부이 회장은 하고 있던 사업에만 만족하지 않았다. 베트남이 발전하는 걸 보면서 그의 꿈도 키워 나갔다. 그는 부동산 개발 사업에 뛰어 들었다. 허허벌판을 개발하여 주택을 지었다. 베트남 사람이 아닌 외국인을 타겟으로 했다. 고급스러우면서 외국인들의 생활에 편리하게 만들었다. 생각대로 분양은 잘 되었고 부동산 개발 사업은 승승장구했다. 지금은 한국과 비슷한 분양가의 최고급 복합 상가를 건설하고 있다.

어질러티한 인재를 적재적소에

그는 자신의 성공 비결을 한마디로 '어질러티'라고 표현했다. 선진국으로 도약하는 한국을 보면서 한국과 한국인을 배웠다. 베트남이 한국처럼 될 것이라 굳게 믿고 발 빠르게 벤치마킹 했다.

"내가 잘나서 오늘날의 성공을 이루었다고 생각하지는 않아요. 내가 잘 했다고 생각하는 것은 '어질러티'한 사람을 찾아내어 내 사람으로 만들었다는 것이죠. 다만 사람을 적합한 곳에 잘 써야 합니다. 능력에 따라 너무 모자라지도 너무 넘치지도 않게 일을 맡겨야 해요."

그는 좋은 사람을 많이 얻었다는 것으로 겸손하지만 확실한 성공 포인트를 알려 주었다.

글로벌 인재에게 왜 이런 자질이 필요할까? 오늘날 기업은 한 명이 서너 명의 역할을 해 내길 기대한다. 영민하고 민첩한 멀티플레이어가 되라는 말이다. 기업에는 전문가적인 자질을 요구하는 분야도 있겠지만 글로벌 인재는 멀티플레이어가 되어야 한다. 그러니 항상 바쁘다. 서너 명 하던 일을 혼자서 처리해야 하니 당연히 바쁠 수밖에 없다.

무조건 서너 명의 역할을 하라는 말이 아니다. 그런 마음 자세로 어질러티하게 일을 하라는 것이다. 그러면 많은 일을 해내고 개인의 역량을 극대화시킬 수 있게 된다.

경영진은 글로벌 인재를 채용할 때 이 부분을 필수적으로 확인해야 한다. 그리고 적합한 자리에 배치해야 한다.

어질러티라는 필수 자질이 부족하면 아무리 뛰어난 스펙을 가진 인재라도 멋들어진 성과를 이루지 못할 것이다.

리더의 신뢰가 수출 베테랑을 만든다

입으로 만리장성을 쌓은 사람

데니스 팀장이 아는 한 분은 환갑을 훌쩍 넘긴 연세에도 여전히 직장생활을 하고 있다. 사무실에서 특별히 하는 일은 없다. 그래도 거의 매일 사무실에 출근한다.

그분의 불만은 같은 사무실에 있는 젊은 직원들이 당신을 피한다는 것이다. 그 이유가 짐작은 가지만 직접 말씀은 드리지 못한다. 그분은 젊은 직원들과 말을 할 기회가 생기면 본인의 과거 이야기가 거의 90%다. "내가 왕년에~"로 시작해 과거에 자신은 대단한 사람이었고 당신들과 비교가 안 될 그런 일을 한 사람이라는 말을 서슴없이 내뱉는다. 그런 말을 듣는 젊은 직원들의 속은 분명히 쓰릴 것이다. 한번 발동 걸리면 상대가 듣든지 말든지 신경 쓰지 않는다. 사무실이 떠나가라 본인의 자랑만 늘어놓는다. 업무에 집중해야 하는 직원들은 정말 괴롭고 신경이 쓰인다.

데니스 팀장은 업무상 포워딩(국제 물류) 회사 직원을 만날 기회가 많다. 한번은 연세 지긋하신 분이 영업을 하러 왔다. 그런데 회사에 대한 소개보다 자신에 대한 이야기로 거의 한 시간을 보냈다.

그분 또한 "내가 왕년에, 이름만 대면 다 아는 ○○이라는 회사에서 임원을 했다"며 '내가 왕년에~' 클럽에 스스로 가입했다.

연세 드신 분 중에 '내가 왕년에~'란 표현을 쓰는 분들을 종종 만난다. '내가 왕년에~'란 말을 하는 사람들은 지금은 별 볼 일 없는 사람이란 걸 스스로 인정하는 셈이다. 지금의 나보다 과거의 내가 훨씬 나았다는 말이다. 여러 이유로 현재 자신의 위치가 예전보다 못하다는 자격지심으로 인해 자꾸 과거를 이야기한다. 조금이라도 만회하고 싶은 심리인 것이다.

그분들 모두 베테랑들이다. 야전에서 실전을 통해 업무를 배우고 정열적으로 일하셨던 베테랑임에는 틀림없다. 다만, 능력을 보여 주지 않고 말로만 만리장성을 쌓는다면 아무도 실력을 인정하지 않을 것이다. 나이의 많고 적음을 떠나 실전 감각을 얼마나 유지하고 있느냐가 중요하다. 항상 현역이어야 한다.

이 책을 쓰는 저자 또한 과거의 이야기를 끄집어내어 글을 쓰고 있다. 다만 차이점이 하나 있다. 저자는 현재 진행형이라는 것이다. 과거의 나보다 현재의 나, 그리고 미래의 나가 훨씬 나을 거란 점이다. 지금도 하루하루 나아지고 있으며 발전하고 있다. 그래서 과거 이야기를 하지만 '내가 왕년에'란 표현은 쓸 필요가 없다.

보고만 받지 말고 실무를 하라

직원 50명 규모의 작은 중소기업에 근무하는 국제 마케팅팀장 L씨. 그는 나이가 많지 않은데도 벌써 실무에서 손을 뗐다. 팀원들에게 지시만 할 뿐 본인이 맡은 실무는 없다. 회의석상에서 경영진 지시 사항이 있으면 팀원들에게 전달만 한다. 팀원들은 과중한 업무로 폭발

직전인데 정작 팀장은 주식 투자에 관심이 더 많다. 주식 개장 시간에는 모니터에 HTS 화면만 띄워 놓는다. 팀원들은 그걸 알면서도 뒤에서 팀장 욕만 할 뿐이다.

 팀장도 실무를 맡아야 한다고 생각한다. 큰 그림을 그릴 시간도 필요하지만 실무를 해야 긴장을 유지하고 팀원들의 고충을 이해할 수 있다. 팀원이 도움을 요청할 때 실무에 손 뗀지 오래된 팀장은 감각이 떨어져 제대로 된 해결책을 제시하지 못한다.
 IT 계열의 한 외국계 기업의 얘기를 들었던 적이 있다.
 그 회사는 매출은 수백억 원인데도 직원은 4명에 불과하다. 직원마다 고유의 업무 영역이 있어 본인이 목표와 실적을 관리하고 필요에 따라 미국 본사와 자금 계획을 짠다. 직원들이 모두 매니저급이며 2년에 한 번씩 돌아가며 지사장 역할을 맡는다. 실무 담당자가 지사장을 겸직하니 타 부서와 의견 조율이 빠르고 정확한 해결책을 이끌어 낸다.
 직원들 모두가 베테랑이며 리더다. 미국 본사의 무한한 신뢰가 그들을 베테랑으로 만든 것이다.

해당 업무를 가장 잘 아는 사람은 담당자
 직장인이라면 이런 경험을 한번쯤 하게 된다.
 일이 잘 풀리지 않아 무수히 고민을 해봐도 해결 방법이 보이지 않는다. 책도 찾아보고 인터넷도 뒤져본다. 적절한 해결책이 없어 동료나 상사에게 물어 본다. 이때 정확한 해결책을 제시해주는 사람은 거의 없다. 왜냐면 그 일에 대한 해결 방법을 당신보다 더 고민한 사람이 없기 때문이다. 그래서 해당 업무에 대해 가장 잘 알고 해결책을 찾을 수 있는 사람은 바로 당신 자신이다. 만약 그렇게 고민한 문제에 대해 단박에 해결책을 제시해주는 사람이 있다면 그 사람과 정말 친해져라. 당신 인생에 엄청난 도움을 줄 귀인이다.

한 사람이 여러 사람의 몫을 해야 하는 시대다. 기업에서도 직원 한 명이 차지하는 역할이 상당히 커졌다. 한 명이 휴가나 출장을 가면 다른 사람이 그 업무를 대신하기 어려워졌다.

직원이 갑자기 그만두기라도 하면 큰일이다. 급히 사람을 구해 인수인계를 시키기도 하지만 그게 여의치 않으면 팀장이나 동료가 업무 인계를 받아야 한다. 막상 업무 교육을 받으면 팀장조차 헤매기 마련이다.

특히 글로벌 마케팅을 담당하는 글로벌 마케터의 업무는 다른 사람이 대체하기 어렵다. 수출 담당의 경우 바이어와 진행했던 업무 히스토리, 글로서 표현하기 힘든 바이어와의 크고 작은 사건들, 바이어의 성향, 바이어의 요청 사항 등 인수인계서 상에 다 적을 수 없는 많은 숨은 이야기들이 있다. 수입 담당의 경우도 마찬가지이다. 공급업자와 다져온 끈끈한 신뢰, 공급업자에게 밀리지 않았던 협상 전략, 컴퓨터 시스템에 입력해야 하는 수많은 정보를 빨리 처리하는 암묵지 등 보이지 않는 나름대로의 노하우들이 있다.

회사 내에 해당 업무에 대해서 가장 잘 아는 사람은 담당자다. 그 업무에서 만큼은 그 담당자가 베테랑이다.

　글로벌 마케터는 모름지기 자신의 업무에 대해 자부심을 가져도 된다. 왜냐면 회사 내에 자신보다 자신의 업무를 잘 아는 사람이 없기 때문이다. 가끔 자신의 업무를 다른 사람이 잘 모른다는 이유로 엉뚱한 짓을 하거나 부정에 개입하는 경우가 있다. 이런 잘못된 판단만 하지 않는다면 자부심과 긍지로 업무를 진행해도 된다.
　경영진은 글로벌 마케팅을 담당하는 글로벌 인재를 믿고 일을 맡겨야 한다. 간섭이 지나치면 그들이 베테랑으로 성장하는 데 한계를 느낀다. 본인이 직접 결정하고 부딪혀 성과를 이끌어 내도록 유도해야 한다. 잘할 때에는 격려를, 부족할 때에는 용기를 불어 넣어야 한다.
　글로벌 비즈니스에 있어 상사나 경영진이 결정을 내리기 전에 가장 많이 참고를 해야 하는 게 담당자의 의견이다. 그들이 가장 잘 알고 있다. 어쩌면 이미 답을 갖고 있는지도 모른다.
　상사나 경영진이 잘못된 판단을 하지 않도록 해당 업무를 담당하는 글로벌 마케터는 전문적인 지식과 현명한 판단력으로 무장해야 한다. 또한 상사나 경영진은 글로벌 마케터가 본인의 업무에서 최고가 될 수 있도록 든든한 버팀목이 되어야 한다.

지금이 전성기라고 말하라

　사람들에게 가끔씩 이런 질문을 던진다.
　"혹시 과거로 돌아갈 수 있다면 몇 살로 돌아가고 싶어요?"

그러면 사람들은 대학교 1학년, 고등학생, 초등학생 등 본인의 과거 중 한때로 돌아가고 싶다고 말한다. 그 시절로 돌아가면 자신이 해보지 못한 뭔가를 해보고 싶기 때문일 것이다.

"저는 고등학생 시절로 돌아가면 정말 열심히 공부해서 더 좋은 대학에 가고 싶어요."

"대학교 1학년으로 돌아가 연애나 실컷 해볼래요."

"군대 가기 이틀 전으로 돌아가고 싶습니다. 친구들과 술 마시러 돌아다니느라 입대 전에 아버지께 인사도 못 드렸거든요. 그런데 입대 후 얼마 지나지 않아 아버지가 사고로 돌아가셨어요. 아버지께 마지막 인사도 못 드린 게 평생 후회가 돼요."

돌아가고 싶은 과거에는 하지 않았거나 못했던 그런 후회하는 일들이 있기 때문이다. 그래서 과거로 돌아가고 싶다는 생각을 한다. 실제로 그 시절로 돌아간다면 과연 지금 생각하는 것보다 더 잘할 자신이 있는가? 다시 그 시절로 돌아간다 해도 그 시절 자신이 했던 것보다 더 잘하리란 보장은 없다.

'과거로 돌아가면 더 잘할 수 있을 텐데'라는 미련은 버리자. 어차피 과거의 어느 한 시절을 후회하기보다 현재의 생활에 충실 하는 게 훨씬 도움이 된다. 현재에 최선을 다하여 더 나은 삶을 산다면 굳이 과거로 돌아갈 마음은 들지 않을 것이다.

베테랑은 하루아침에 만들어지지 않는다. 숱하게 눈물과 회한으로 지샌 밤들이 강한 내공을 가진 베테랑을 탄생 시킨다. 젊은 글로벌 마케터가 베테랑이 될 때까지 리더는 인내를 가지고 기다려 주어야 한다. 당장 눈앞에 보이는 실적만 가지고 평가를 해서는 안 된다.

이제 글로벌 마케터로서 첫 발을 떼게 될 후배들에게 부탁한다. 십 년, 이십 년이 지나 여러분도 베테랑 글로벌 마케터가 되어 있을 것이다. 그런데 '내가 왕년에~'하며 잘 나갔던 시절의 무용담을 자랑할 정도로 진정한 베테랑이 되어 있기를 바란다. 입으로만 만리장성 쌓은 사람이 아니라 후배들의 귀감이 되도록 경험에서 우러나온 조언을 해줄 수 있는 진정한 베테랑 말이다.

과거의 어느 한 순간으로 돌아가고 싶다는 후회보다 현재가 가장 멋있는 사람이 되기를 바란다. '내가 왕년에~'에 얽매이기보다 '지금이 전성기'라고 말하는 삶을 살기를 부탁 드린다.

해외에 공장, 지사 설립하기

해외 공장 설립

"우리 회사의 한국 공장은 폐쇄합니다. 여러분께는 한 달이란 시간을 드리겠습니다. 그 사이에 다른 직장을 구하시기 바랍니다. 10여 년간 저와 함께 우리 회사를 위해 최선을 다해주신 여러분께 감사의 말씀을 드립니다."

공장을 폐쇄하다

사장은 생산직을 포함하여 전 직원을 회의실에 모이라고 했다. 그리고 중대 발표를 했다. 한국 공장은 폐쇄하고 사무실과 창고로만 활용하겠다고 했다. 생산직 전 직원과 생산 관리 임직원은 퇴직 대상이다. 제조원가 상승으로 인해 부득이 중국으로 공장을 이전할 수밖에 없다는 말도 덧붙였다.

작업반장 아주머니가 손을 들었다. 할 말이 있다고 했다.

"저는 사장님께서 처음 공장을 설립하셨을 때부터 근무를 했습니다. 아직 저는 애들 대학도 보내야 하고, 직장을 계속 다녀야 합니다. 소문을 들어 알고는 있었지만 어떻게 한마디 말씀도 없이 이렇게 공장 문을 닫는다고 하십니까? 정말 섭섭합니다."

작업반장 아주머니는 눈물을 훔치며 섭섭함을 감추지 않았다. 10여 년 근무한 직장을 그만 두고 정든 직원들과 헤어진다는 아쉬움도 있었다. 여기저기서 아주머니들이 눈물을 닦는 모습이 보였다. 지켜보는 데니스 팀장의 마음도 편하지 못했다.

위로금 10만 원

사장은 어쩔 수 없는 선택이라고 항변했다. 회사가 살아남기 위해서 내린 결정이니 이해해 달라고 했다.

생산관리직 남자 직원들은 아무 말도 하지 않았다. 하지만 작업장 아주머니들은 한마디씩 했다. 억울하다, 섭섭하다는 말들이었다.

뭔가 결심한 듯 사장은 입을 열었다.

"그럼, 위로금을 지급하겠습니다. 1인당 10만 원씩 드리겠습니다."

데니스 팀장은 깜짝 놀랐다. 이게 무슨 말인가? 위로금으로 겨우 10만 원이라니.

그런데 아주머니들로 구성된 작업자들은 예상외의 반응을 보였다. 서로 박수를 치며 좋아했다. 사장에게 감사하다는 말까지 했다.

'아, 이 직원들에게는 10만 원도 큰돈이었구나. 그동안 많지 않은 월급 받으며 자식 키우고 남편 뒷바라지 하느라 고생이 많았을 텐데. 적은 월급이라도 감사하게 받았겠구나.'

이런 생각을 하니 마음이 더 쓰렸다. 한 달 후 공장은 문을 닫았고 생산직 사원들은 회사를 떠났다.

회사를 살리기 위한 힘든 선택

한국에서 인건비가 부담되어 외국으로 공장을 이전하는 사례가 늘어날 때였다. 데니스 팀장 회사에서도 공장을 이전하자는 의견이 조금씩 고개를 내밀고 있었다. 하지만 섣불리 공장을 옮긴다는 게 위험 부담이 크다는 것 또한 공감하는 부분이었다.

"지금 대형마트 바이어들은 우리 가격이 비싸다고 난립니다. 초창기부터 물건을 납품한 공급처라는 의리 때문에 그나마 받아 주고 있는 거고요. 더 싼 가격에 제품 공급을 할 수 있는 방법을 찾아야 합니다."

"생산직원들은 어떡합니까? 우리와 10년 이상 일한 직원이 태반인데, 그들을 그냥 내치자는 겁니까?"

영업부에서는 거래처를 방문할 때마다 가격이 비싸다는 말을 들었다. 더 저렴한 인건비로 제품을 만들 수 있다면 해외로 이전을 해서라도 가격 경쟁력을 갖춰야 한다고 주장했다. 생산부는 공장 이전에 따라 일자리를 잃지 않을까 우려했다. 외국으로 이전했다가 어려움을 겪어서 결국 공장 문을 닫았다는 주변의 이야기를 열을 내며 토해냈다.

사장은 데니스 팀장에게 해외 진출을 염두에 두고 조사를 시켰다. 고려해야 할 사항은 많았다.

데니스 팀장은 해외에 진출한 한국 기업의 사장들을 만났다. 그들의 이야기를 듣고 해외 진출의 장단점을 파악하고 싶었다. 많은 사람들을 만나 이야기를 들었다. 해외 진출 업체마다 의견은 분분했고 사장과 직원의 시각은 달랐다. 사장들은 힘든 게 많지만 그래도 가능성은 있다라는 긍정적인 입장인 데 반해 직원들은 인건비가 싸다는 것 말고는 크게 장점이 없다는 입장이었다.

데니스 팀장은 직접 봐야겠다는 생각을 갖고 중국으로 향했다.

한국인이 투자를 많이 한 지역들을 방문하여 둘러보았다. 역시 노동 집약적 회사들이 주를 이루었다. 현지 직원이 수천 명인 회사도 많았다. 넓은 장소가 필요하다 보니 외곽 변두리에 공장을 세웠고 작업자들은 거의 그 동네 주민들이었다.

 한 신발 공장은 얼마 전 공장을 일주일 간 가동을 하지 못했다고 했다. 일부 직원들이 월급 올려 달라고 근로자들을 선동하는 바람에 공장을 멈추게 되었다. 결국 한국인 사장은 두 손 들고 월급을 올려 줄 수밖에 없었다.

 플라스틱 사출업체를 방문했다. 대부분 소규모 공장이었다. 사장이 직원 10명 정도 데리고 병두껑이나 패스트푸드점에 공급할 허접한 장난감을 만들고 있었다. 사업이 어떠냐고 물었다. 전 재산을 중국에 투자했는데 죽지 못해 하는 거라는 말이 돌아왔다. 그의 눈은 이미 지칠 대로 지쳐 있었다.

 아는 사람이 상하이 근처에서 가죽 제조공장을 하고 있었다. 가죽 공장이 자리한 공단은 비교적 깨끗했다. 한국 업체도 여러 개 있었다.

 "형님, 오랜만입니다. 한국에서 하시던 가죽 공장을 하시네요."
 "그래. 아는 게 가죽 밥이라 이거밖에 할 게 없더군."
 그 형님은 한국에서 가죽 공장 영업이사를 하다 독립을 했다. 나름대로 준비를 많이 해서 중국 공장을 설립했다. 그래서인지 공장은 활기가 있었다. 노는 인력 없이 모두 바쁘게 움직였다.

 "바이어를 많이 확보해둔 게 지금 도움이 많이 된다. 하지만 여기서 생산하는데도 가격에 여유가 없어. 원가 계산 조금만 잘못해도 손해 보고 팔아야 해. 그러니 내 월급도 많이 가져가지 못해."

　공장 내에 방을 만들어 숙식을 모두 해결하고 있었다. 심지어 한국도 일 년에 한 번 가기 힘들다고 했다. 가족들이 무척 보고 싶다며 눈시울이 붉어졌다.
　떠나는 데니스 팀장을 향해 손을 흔드는 그의 모습을 보며 라면이라도 한 박스 싸오지 않은 걸 후회했다.
　과연 해외에 공장을 옮겨 나가는 게 정답일까 하는 의구심이 들었다. 중소기업이 중국에 나와 이렇게 고생하는 모습을 보니 혼란스러웠다. 그러면 한국 기업이 아닌 중국 현지 공장은 어떤지 조사해 봐야겠다는 생각이 들었다.
　플라스틱 사출 관련 제품을 많이 생산하는 지역을 수소문하여 약속을 정하고 방문했다. 그런데 이건 한국 기업이 설립한 공장들과는 외형부터 차이가 컸다. 한국 기업은 건물 1~2동 정도 운영하는 경우가 많았지만 중국 기업은 그런 건물이 20여 동씩 있었다.
　심지어 데니스 팀장의 회사 제품과 거의 유사한 제품을 카피하여 생산하는 회사도 있었다. 우리 같으면 공개하지 않을 것 같은 공장 내부와 컴퓨터 작업실, 금형 설계실까지 모두 흔쾌히 보여 주었다. 자신의 회사가 작다고 생각한 적이 없었는데 중국 공장들을 보니 기가 죽었다.
　데니스 팀장은 샘플을 꺼내 보이며 생산 가능한 가격을 물었다. 대부분 한국 생산 원가보다 50~70% 가량 저렴했다.

원료 가격은 큰 차이가 없는데 가격은 왜 반값 이하일까? 단지 인건비 차이라고 하기에는 그 격차가 너무 컸다.

상하이로 결정했다. 사장은 중국 업체에 OEM(주문자상표부착방식)으로 생산을 하는 것보다 직접 공장을 하고 싶어했다. 그렇다면 상하이가 적합하다는 결론을 내렸다.

제품 특성 상 중국 내수 마케팅이 중요하고, 항구가 가까우며 좋은 인력을 구하기 쉬울 거란 생각에 상하이가 최적이라는 판단을 했다.

상하이 중심가에서 차로 30분 거리에 신설된 공단이 있었다. 입주한 업체가 몇 되지 않아서 공장 위치는 입맛에 맞게 고를 수 있었다. 공단 내에는 공장 건물을 미리 지어 놓은 곳들도 있었다. 내부 인테리어와 설비만 갖추면 바로 생산이 가능하다는 장점이 있었다.

현지 책임자를 잘 선택해야

중국 현지 책임자가 필요했다. 여러 사람을 소개 받아 면접을 진행해서 리사를 적임자로 판단했다. 리사는 중국 3대 명문대를 졸업한 인재로서 성격이 차분한 여성이었다.

데니스 팀장이 한국과 중국을 왔다 갔다 해야 하므로 부재 시 결정권을 갖고 공장 설립을 맡아줄 사람이 필요했다. 리사는 그런 점에서 나름대로 실망시키지 않고 잘했다.

그녀는 관공서를 다니며 공장 및 회사 설립 절차를 밟았다. 데니스 팀장은 한국에서 보고를 받으며 현재 진행 상황을 판단할 수 있었다.

짧은 시간에 많은 일들을 해내는 모습에 중국인이라고 모두 느린 건 아니라는 생각이 들었다.

리사는 30대 후반의 나이지만 결혼을 하지 않았다. 결혼보다 일이 좋다고 했다. 항상 늦게까지 일하는 게 익숙한 것 같았다. 급하게 결정되어야 하는 게 있으면 저녁 늦게라도 연락을 했다. 데니스 팀장은 열심히 일해주는 그녀가 항상 고마웠다.

이미 지어져 있는 공장을 선택했다. 사무실 인테리어를 하고 설비를 서둘러 사들였다. 비싼 유럽산 기계보다 중국 현지 사출업체가 가장 많이 사용하고 있는 브랜드로 구입했다. 기계 설치 회사는 1주일가량 직원을 상주시켜 작업자 교육을 해주었다.

사무실 인테리어는 한국식으로 하지 않고 중국식으로 했다. 사장실은 별도로 만들지 않고 사무직 직원들과 한 공간에서 일을 할 수 있도록 했다. 대신 화장실은 편안한 느낌이 들게 꾸몄다.

소방법에 저촉되지 않게 공장 구획을 나누었다. 공장 작업 라인을 작업자 동선에 따라 최대한 논리적으로 설치했다. 생산을 위한 거의 모든 준비를 마쳤다.

해외 진출해서 말아먹는 이유

경쟁적으로 해외에 공장을 이전 또는 설립하던 때가 있었다. 지금도 계획 중이거나 검토하는 기업들이 여전히 많다. 저렴한 인건비를 찾아 해외로 떠나던 시절과 다르게 현지 마케팅을 용이하게 하기 위해 해외에 공장이나 지사를 설립하는 추세다.

해외로 진출하려는 기업들의 이유는 다양하다. 한국에서 인건비 부담이 커서, 더 큰 시장에 직접 진출하기 위해서, 수입국 현지의 수입 규제가 심해져서 등 여러 가지다. 하지만 공통된 목적은 하나다. 모두 돈을 벌기 위해서다.

안타깝게도 해외에 공장이나 지사를 설립한 후에 고전을 면치 못하는 경우가 허다하다. 돈 벌기 위해 큰 돈 들여 투자했는데 말아 먹어서야 되겠는가?

데니스 팀장은 해외에 진출했다가 망하거나 힘들어 하는 한국 기업들을 보면서 '아! 저렇게 하면 말아 먹겠구나'하는 몇 가지 공통점을 발견했다.

벙어리 3년

중국에 출장가면 가장 아쉬운 부분이 언어다. 중국어를 하지 못하는 데니스 팀장은 뭔가를 알아보려면 항상 리사나 조선족 통역을 거쳐야 했다. 리사는 명문대 출신이지만 영어가 능숙하지 못했고 조선족은 한국어도 중국어도 능숙하지 않은 것 같았다.

가끔씩 리사와 조선족 통역이 서로 말을 못 알아듣고 있다는 느낌이 들었다.

거래처에 가면 자기네들끼리 무슨 이야기를 하는데 과연 제대로 전달하는 건지, 아니면 어떤 부정이 개입되어 있는 건 아닌지 알 수가 없었다. 답답했다.

데니스 팀장은 중국어를 배우기로 했다. 능숙하지는 않아도 어느 정도는 중국어를 할 수 있어야겠다는 생각에 중국어 공부를 시작했다. 영어를 배울 때처럼 학원에서 공부를 시작했다.

기초를 배우고 있지만 강사의 자격이 의심스러웠다. 데니스 팀장이 중국에서 들었던 그 발음과 학원 강사의 발음이 달랐다. 발음이 이상한 것 같다고 하니 강사는 약간 비웃듯이 말했다.

"제 발음은 꽤 정확해요. 저는 중국에서 공부한 사람이에요. 아직 중국어에 대한 귀가 열리지 않아서 발음이 잘 구별이 안 되시는 거니까 좀 더 열심히 해보세요."

물론 그럴 수도 있다. 그 발음이 데니스 팀장 귀에는 익숙하지 않으니 다르게 들릴 수도 있겠지 싶었다. 그러나 이왕이면 중국 사람에게서 직접 배우는 게 나을 것 같았다.

우연히 우리나라 대학에 중국 유학생들이 있다는 말을 들었다. 이거다 싶었다. 가까운 대학에 전화를 걸어 아르바이트로 중국어 강습을 할 유학생을 소개해 달라고 했다. 며칠 지나지 않아 연락이 왔다.

중국인 유학생은 한국어도 잘하는 편이었다. 특히 데니스 팀장이 어려워했던 4성과 zhi, chi, shi, ri에 대해 확실히 마스터 할 수 있게 해주었다. 지나고 보니 중국어 학원의 강사 발음은 잘못 된 게 많았다는 걸 알았다.

중국을 계속 드나들어야 하니 최대한 빨리 중국어를 배울 수밖에 없었다. 틈나는 대로 단어와 문장을 외워가며 중국어 공부에 매진했다. 다른 건 생각하지 않고 오로지 중국어에만 몰두했다. 심지어 영어와 중국어가 섞여서 나오기도 했다.

중국어를 가르치던 유학생이 아르바이트를 계속 할 수 없게 되자 다른 학생을 소개했다. 한번 중국인 아르바이트를 구했더니 그 다음에 사람 구하는 건 어렵지 않았다.

"사장님께서도 중국어를 공부하셔야 합니다. 최소한 중국 가서 간단한 말 정도는 하셔야 하지 않겠습니까? 통역이 하루 종일 따라 다닐 수도 없습니다. 이제라도 공부를 시작하시는 게 좋을 것 같습니다."

"굳이 이 나이에 내가 공부하리?"라고 대답하던 사장이 중국어 공부를 시작했다. 다른 아르바이트생을 구해 열심히 했다. 머리가 좋은 사장은 중국어를 배우는 속도가 매우 빨랐다.

데니스 팀장은 6개월을 그렇게 공부했다. 중국인들의 대화도 조금씩 이해가 됐다. 그리고 할 수 있는 말들이 많아지니 입이 근질거렸다.

중국어를 할 수 있지만 중국 공장 직원들 앞에서는 통역을 통해 말을 전달했다. 데니스 팀장이 중국어를 할 수 있다는 사실을 알리지 않고 리사, 통역, 기사, 그리고 직원들의 말을 들어 보았다. 일단 문제는 통역이었다.

조선족인 통역은 데니스 팀장의 말을 중국인에게 정확하게 전달하지 못했다. 이유는 통역의 교육 수준이 너무 낮았기 때문이다. 중국 현지 직원들은 대부분 대학을 나온 사람들이었다. 그런데 교육 수준이 낮은 통역이 말을 전달하기에 부족한 점이 많았다. 데니스 팀장의 말을 잘 이해하지 못했고 그걸 직원들이 잘 알아듣도록 설명하지도 못했다. 그동안 일이 이만큼이라도 진행된 게 그나마 다행이라는 생각이 들 정도였다.

또한 운전기사의 봉급이 이상했다. 그는 자기 차로 회사에서 기사 노릇을 했다. 그러니 차 할부금, 보험료, 식대 등을 회사에서 받는 돈으로 해결해야 했다. 그런데 회사에서 나가는 돈과 기사가 실제 받는 돈이 달랐다. 기사가 틈만 나면 밥값을 달라고 조르는 게 이상해 직접 물어 보니 이런 말을 했다.

"팀장님, 회사에서 주는 돈으로 할부금 내고, 보험료 내고 나면 집에 갖다 줄 돈이 얼마 안 됩니다. 이러니 저는 매일 도시락을 싸다닙니다. 한 번 보세요."

기사는 도시락을 보여주며 하소연을 했다.

아무래도 중간에 누군가 장난을 치는 것 같았다. 그런데 눈치를 챘는지 경리가 출근을 하지 않았다. 리사는 몰랐다고 한다. 경리 집을 찾아가 물어 보려고 했다. 그런데 아무도 경리 여직원의 집을 알지 못했다. 또한 그녀에 관계된 서류가 없었다. 모두 폐기한 것 같았다.

데니스 팀장이 현지 언어를 배우지 않았다면 심각한 상황에 이를 때까지 이런 일들을 알지 못했을 것이다.

해외에 공장이든 지사든 진출을 결정했다면 현지 언어는 반드시 배워야 한다. 자격이 부족한 통역을 썼다가 낭패를 본 경우를 수없이 봤다. 통역에게 지나치게 의지하거나 권한을 부여하게 되면 자칫 뒤통수를 맞을 가능성이 매우 높다. 또한 지금은 해외에 파견된 한국인 직원이 직접 통제하고 관리해야 실수를 최대한 막을 수 있다. 그래서 현지에 파견된 한국인 직원은 영어는 물론 현지 언어를 할 수 있어야 한다.

뭐, 팔 데가 없다고?

데니스 팀장이 제약회사에서 베트남 공장 설립을 추진할 때 일이다. 그 제약회사는 수출에 큰 관심이 없었다. 국내 판매에 비해 상대적으로 이윤이 적었고, 제품 등록 과정이 까다로워 어려움이 많았기 때문이다. 하지만 신임 사장은 달랐다. 전임 사장에 비해 나이가 젊고 패기가 있었다. 국내 시장이 포화 상태가 될 것이라 예상하며 해외 시장에 눈을 돌렸다. 특히, 수출하는 국가 중에서 가장 가까운 베트남에 관심이 많았다. 사장은 데니스 팀장을 불렀다. 베트남에 공장을 설립할 수 있도록 사전 조사를 하라고 지시했다.

먼저 우리나라 제약회사 중에서 베트남에 공장을 설립해서 진출한 회사에 대해 알아보았다. 예상과는 달리 베트남에 진출한 한국 제약회사는 3개 밖에 없었다.

바이어들을 만나 베트남 공장 진출에 대한 의견을 물어 보았다.

"당신 회사의 제품은 품질에 비해 가격이 비싼 편이에요. 해외에 공장을 설립해서 더 싼 가격에 공급이 가능하다면 우리야 좋죠."

바이어들은 반기는 분위기였다.

베트남에 진출한 한국 제약회사 최고 관리자들을 만났다. 그들은 베트남에 공장을 설립한 주인공들이었다. 설립을 주도하면서 동시에 책임자가 되어 베트남에 눌러 앉은 경우였다.

그들은 데니스 팀장의 회사와 입장이 달랐다. P사의 경우를 보자. 그들은 오퍼상이었다. 한국의 약품을 베트남에 가져다 팔았다. 베트남에서 오랫동안 직접 영업을 했다. 크고 작은 바이어들을 많이 갖고 있었다. 10여 년 거래를 하면서 유대 관계도 돈독히 쌓았다. 그런데 일부 수출 제품이 베트남 정책에 의해 수입 금지 조치가 내려지게 되었다. 베트남 현지 생산업체를 보호하기 위한 조치였다. 바이어가 있고, 오더도 있는데 수출을 할 수 없게 되자 P사는 특단의 결정이 필요했다.

주요 제품을 만들 수 있는 공장을 베트남 현지에 설립하기로 했다. 자금부담을 줄이고자 조그만 규모의 공장으로 시작했다.

타당성 조사를 한 후 데니스 팀장은 현재의 오더 규모로는 베트남에 공장을 설립해서는 안 된다는 결론을 내렸다. 공장을 설립해서 제품을 생산하더라도 팔 데가 없었다. 다시 말하면 투자 규모에 비해 판매 규모가 너무 작다는 게 문제였다.

P사와 같이 연간 수출액이 투자금액을 상회하는 경우라면 이야기가 다르다. 만들어도 팔 데가 있다. 그러나 데니스 팀장 회사가 섣불리 베트남에 투자 진출을 결정했다가 자칫 회사 경영에 치명타를 미칠 수도 있었다.

데니스 팀장은 사장에게 투자 결정을 잠정 보류하는 것이 좋겠다는 보고서를 올렸다. 판로가 확보되지 않은 상황에서 공장만 짓는다면 아무런 의미가 없기 때문이다.

얼마면 되겠니?

당신에게 10억(예를 들면)이 있다. 그 돈으로 해외에 공장을 설립하는 데 투자한다고 가정하자. 말이 통하지도 않는 나라에 가서 가족들과 떨어져 지내며 힘들게 공장을 설립했다. 크지는 않아도 공장 부지 계약을 맺고 건물을 짓고 기계를 사들였다. 원료를 구매하고 직원을 채용해서 기계를 가동하기 시작했다.

당신은 이런 일련의 과정을 거치며 당신에게 큰돈인 10억 원을 투자했다. 그러면 과연 한 달에 얼마의 돈이 당신 호주머니에 들어오면 그나마 만족할까?

우리나라 기업인들이 같은 돈을 투자해도 한국에서 했을 때와 해외에서 했을 때 기대하는 수익이 다르다. 내 나라 한국에서는 적정 마진을 추구하는 투자자도 해외에 투자하게 되면 더 많은 수익을 기대한다. 말과 음식과 잠자리가 낯선 외국 땅에서 이렇게 고생하는데 더 많은 돈을 벌어야 한다는 보상 심리가 작용하기 때문이다.

한국 사장은 한 달에 천만 원은 가져 가야지라고 생각하는 반면 중국 사장은 100만 원이면 만족한다. 데니스 팀장이 같은 제품을 가지고 중국에서 한국인이 경영하는 공장과 중국인이 경영하는 공장에

견적을 의뢰해보았다. 결과는 많이 달랐다.

중국인 사장은 한국 생산 원가보다 70% 가량 저렴한 가격을 제시한 데 반해 한국인 사장은 20% 정도만 저렴한 가격을 제시했다. 여러 회사를 접촉해보았지만 결과는 거의 비슷했다.

데니스 팀장은 이유가 궁금했다. 사람들을 만나 이야기를 들어보니 중국인 사장은 이렇게 말했다.

"땅값이 많이 올랐어요. 내 월급이면 집에서 생활하는데 문제없고요. 회사 운영만 할 수 있으면 되니까 굳이 마진을 많이 붙일 필요도 없죠."

그러나 한국인 사장의 말은 달랐다.

"이 가격 받아도 먹고 살기 힘들어요. 한국에 보낼 돈이 항상 부족하죠. 마누라는 생활비가 부족하다며 아우성이니. 내가 여기 투자한 돈이 얼만데 이 고생하면서 이 정도도 못 벌면 여기서 사업 안 해야죠."

데니스 팀장은 비슷한 제품이라면 한국인이 운영하는 공장이 여러 면에서 불리할 수 있겠구나 하는 생각이 들었다. 품질이나 기술에서 월등히 앞서지 못하면 가격 경쟁력에서 밀려 고전을 면하기 힘들다.

중국 사장은 월 100만 원만 벌어도 만족한다. 중국에 투자한 한국 사장은 월 100만 원 가지고는 만족하지 못한다.

한국 사장과 중국 사장은 애초부터 기대 수익이 다른 것이다. 기대 수익의 차이가 가격 경쟁력의 차이를 만든다.

세컨드

중국 4대 미인에 양귀비가 꼽힌다. 늘그막에 혼자가 된 당 현종은 요사스런 양귀비를 보고 첫 눈에 반하게 된다. 며느리였던 양귀비를 강제로 이혼 시키고는 자신이 차지해 버린다. 양귀비의 품에서 헤어 나지 못한 당 현종은 결국 안사의 난으로 쫓겨난다. 당나라 멸망의 원인이 반드시 양귀비 때문이라 말할 순 없지만 당 현종의 판단력을 흐리게 만들어 나랏일을 등한시하게 만든 건 부정할 수 없다.

베트남에서 신발을 수입해 한국에 판매하는 K사장. 같이 식사하는 자리에 젊은 베트남 아가씨를 데리고 나왔다. 그는 월남전 때 베트남 전우의 딸이라며 아가씨를 소개했다. 월남전 때 인연으로 그 가족들을 돌봐 준다고 했다. 그런데 K사장의 나이로 볼 때 월남전 참전을 했다고 보기 어려웠다. 일단 그러려니 하고 넘어 갔다. 데니스 팀장이 K사장과 의논할 일이 있어 그가 묵는 호텔로 갔다. 그런데 그 베트남 아가씨가 방에 있는 것이었다.

일주일 후 K사장은 한국으로 돌아갔다. 데니스 팀장이 K사장을 처음 소개해 준 사람과 식사하다 그에 대한 이야기를 듣게 되었다. 같이 있던 아가씨는 월남전 전우의 딸이 아니라 식당에서 우연히 알게 된 사이로 K사장은 그녀에게 거액의 돈을 매달 지원할 테니 베트남에 올 때마다 자기를 만나 달라고 했다. 하지만 일주일간 같이 지내다가 그녀에게 잠깐 심부름을 시켰고 그 사이 짐을 싸 들고 한국으로 도망갔던 것이다.

여자 문제는 참으로 끄집어내기 민감한 사안이다. 해외에 사무소나 공장을 설립해서 현지에 상주하는 주재원들, 투자자나 사장들이 저지르는 실패를 부르는 일 중에 하나가 여자 문제다. 투자자나 사장이 대부분 남자여서 그런지는 모르겠다. 현지에 파견되었거나 출장 온 사람 중에 투자나 일보다 여자에 관심이 많은 사람들을 가끔 본다. 어떡하든 현지 애인을 두려고 여기저기 기웃거린다. 술집 여자뿐 아니라 식당이나 길에서 여자를 꾀기도 한다.

사업이란 목숨 걸고 최선을 다해야 하는 것이다. 그만큼 성공이 힘든 것이다. 그런데 사업보다 다른 데 더 관심을 갖고서 과연 사업이 잘 될까?

내 입에 도청 장치

데니스 팀장은 회사에 대해 불평과 불만을 쏟아 내는 직원들을 많이 봐왔다. 그들은 회사가 본인을 알아주지 않는다는 것, 연봉이 적다는 것, 다른 동료 직원에 대한 뒷담화 등 종류도 다양하다. 하지만 데니스 팀장은 섣불리 그들의 불평, 불만 또는 뒷담화에 동조하지 않는다. 분명 어딘가에 도청장치(?)가 있지 않을까 생각을 한다.

그 도청장치라는 게 실제 도청장치가 설치되어 있다는 말은 아니다. 경험에 의하면 세상에 비밀은 없고, 내가 했던 말은 언젠가 돌고 돌아 당사자 귀에 들어가게 마련이다. 이러니 데니스 팀장은 내 입에 도청장치가 있다는 생각으로 항상 말조심에 유념한다.

해외에 사무실이나 공장을 투자한 사람이 간과하는 문제 중 하나가 언행이다. 말과 행동에 조심을 하지 않는 경향이 있다. 털어서 먼지 안 나는 회사 없다. 심지어 해외에 투자하면서 했던 몇 가지 편법이 결국 현지 직원들의 밀고로 문제가 되는 경우가 의외로 많다는 점을 기억해야 한다.

안에서 새는 바가지

성격이 급한 경상도 사람인 P씨. 그는 아프리카의 매력에 빠져 아프리카에서 사업을 시작했다. 사업은 대체적으로 순조로웠다. 우선 돈벌이가 괜찮았다. 자세히 들여다보니 돈이 널려 있는 듯 할 게 많았다. 그러나 그는 한국에서 버리고 와야 할 한 가지를 버리지 못했다.

그의 회사에 오른팔 역할을 하는 현지인 O씨가 이사로 있었다. 그는 기독교인으로서 성격이 온화하며 차분했다. 일에서도 성실해 P씨가 그에 의존을 많이 했다. 그러나 의견 차이가 있을 때마다 P씨는 O씨에게 윽박지르듯이 큰 소리를 쳤다. 항상 조용히 순리대로 살아온 O씨는 P씨의 행동을 이해하지 못했다. 의견이 다르면 대화로 풀어 가면 되는데 왜 소리를 지르고 욕을 하는지 경악을 금치 못했다. P씨가 자주 하는 말이 있다.

"사장은 나야. 그러니 내가 시키면 시키는 대로 해. 왜 그리 말이 많아?"

그런 상황이 자주 일어나면서 O씨는 P씨에 대한 감정이 나빠졌고 결국 두 사람은 각자의 길로 가게 되었다. 해외에 공장을 짓거나 회사를 차릴 때 가장 아쉽고 필요한 게 '믿을 수 있는 현지인'이다. P씨는 정말 운이 좋아 O씨와 같은 사람을 만났고 회사는 급성장을 했다. 하지만 한국에서 하던 버릇을 고치지 못해 결국 굴러온 호박을 차버렸다.

 항상 문제는 사람에게서 터진다. 해외에 진출한 기업들이 가장 애를 먹는 게 사람 관리다. 믿을 수 있는 현지인을 찾는 것도 쉽지 않은 일이지만 그 사람을 잘 관리하는 것도 쉽지 않다. 앞에서 사례를 든 것처럼 현지 직원을 함부로 대하면 안 된다. 후진국 사람이라고 무시하는 태도를 보이면 상대는 발끈할 수밖에 없다. 한국에서 한국 사람끼리는 이해가 되는 일이라고 하더라도 외국에서는 오해나 큰 분쟁으로 이어질 수 있다. 서로의 문화와 관습이 다른 걸 감안해야 한다. 문제가 생기면 결국 피해 보는 쪽은 한국 사람이다.

 다른 이야기를 하나 더 하겠다.
 중국에 총경리로 파견된 사람이 현지 관리자를 대상으로 급여 협상을 하게 되었다. 관리자들을 한 명씩 불렀다. 직원 W는 작년의 두 배에 가까운 연봉 인상을 요구했다. 깜짝 놀란 총경리는 그렇게 큰 인상은 받아들일 수 없다고 말했다. 그러자 그 직원은 "조금 전에 연봉 협상했던 X는 왜 저보다 많은 연봉을 주시는 거죠? 저는 원부자재 입고 뿐 아니라 창고 관리도 하잖아요? 그런데 회계만 하는 X는 저보다 훨씬 많은 연봉을 받잖아요. 만약 제가 원하는 연봉을 맞춰 주지 않으면 바로 회사 그만둘 거에요."라고 두 눈을 크게 뜨며 말했다.

사장은 직원들끼리 연봉을 공개하지 말라고 당부했으나 소용이 없었던 것이다. 한국인 사장은 그 직원의 요구대로 두 배 가까운 연봉을 올려줘도 큰 금액은 아니라고 생각했다. 그래서 요구 금액보다 조금 낮은 선에서 W와의 협상을 끝냈다.

그런데 문제는 그때부터였다. W의 연봉과 인상률이 기준이 되어버렸다. 다른 직원들이 W에게 연봉을 물어 보았고 그걸 직원들에게 자랑하듯 떠벌렸던 것이다. 아직 협상을 하지 않은 직원들은 물론이고 이미 협상을 끝낸 직원들까지 항의를 하며 불만을 표시했다. 연봉 협상 문제로 직원들은 일을 하지 않았고 결국 총경리는 기존 월급보다 약 70% 가량을 더 지급해야 했다.

해외로 진출해 사업을 하면서 가장 힘든 것 중에 하나가 임금 협상이다. 어떻게 된 게 현지 근로자들은 서로의 급여에 대해 잘 알고 있다. 비밀이 보장될 거란 기대는 버리고 다른 방법을 찾아야 한다. 바로 기준을 정하는 일이다.

급여뿐 아니라 회사의 대부분의 사항을 문서로 기재하고 보관해야 한다. 특히 급여와 승진처럼 예민한 사항은 규정을 만들어 놓아야 한다. 그리고 직원들에게 규정을 따르도록 요구해야 한다. 기준이나 규정을 잘 갖춰야 현지 근로자의 반발로 인한 예기치 못한 일들을 최대한 방지할 수 있다.

우리끼리 경쟁은 하지 말자

2000년대 초 베트남에서 가장 인기 있는 직업 중 하나가 통역이었다. 특히 영어를 잘하는 인재는 높은 급여와 안정된 생활을 누렸다. 데니스 팀장이 고용했던 영어 통역원은 일반 공장 노동자보다 3배가 넘는 월급을 받았다.

영어 잘하는 중국인

당시 중국에서는 영어 잘하는 인재를 찾는 건 매우 어려웠다. 거래처를 방문해도 영어할 줄 아는 직원은 거의 없었다. 앞에서 말했듯이 중국에서 공장을 설립할 때 가장 애를 먹었던 게 통역 문제였다. 공장을 설립하는 것보다 더 힘든 부분이 의사소통이었을 정도다. 오죽 답답하면 중국어를 배울 생각까지 했으니.

지금은 영어 잘하는 중국 인재 정말 많다. 중국 기업마다 영어에 능통한 인재들이 글로벌 비즈니스 전선에 뛰어 들었다. 게다가, 그들은 비즈니스 마인드까지 갖추었다. 회신이나 일처리도 굉장히 빠르다. 이메일을 보내면 5분 안에 수신 확인이 된다. 그리고 1시간 이내에 회신을 준다. 가끔 깜짝깜짝 놀란다. 이 사람들이 정말 중국 사람이 맞나 싶다. 만만디는 옛날이야기다. 무엇이 10년도 걸리기 전에 그들을 글로벌 인재로 만들었을까? 중국이 G2로 부상할 수 있었던 게 그냥 세계의 공장이기 때문만은 아니다.

지저분하고 느러터진 중국인은 잊어라. 글로벌 마인드로 무장한 중국 인재들. 이제는 그들이 우리의 경쟁자가 되었다. 머지않아 경쟁자라 부르기 어려울지 모른다는 생각에 가슴 한 켠이 무거워진다.

꼬시래기 제 살 뜯어 먹기

부산에 가면 '꼬시래기 제 살 뜯어 먹는다'는 말이 있다. 망둥어를 꼬시래기라고 부른다. 주로 '눈앞의 이득에 연연하다가 더 큰 손해를 본다' 또는 '얼마 되지 않은 걸 서로 먹겠다며 싸운다' 등의 의미로 쓰인다.

데니스 팀장이 몸 담았던 동물약품 업계를 보면 이런 표현이 잘 들어 맞는 것 같다.

2000년 대 중반까지 동물약품 업계는 수출에 별 관심이 없었다. 내수 시장에서도 충분히 먹고 살 수 있다는 생각이 팽배했기 때문에 수출 시장은 거들떠 보지도 않았다. 일부 몇 개 업체만이 수출을 하고 있었다. 그마저도 체계나 전략은 없었다. 바이어가 던져주는 유럽산 제품을 카피하는 게 제품 개발의 전부였다.

국내 전체 시장 규모는 박카스 한 개 제품의 매출 보다 작았다. 여기서도 수십 개의 업체가 조금 더 팔려고 물어 뜯고 싸웠다. 아니면 대충 눈치보고 비슷비슷한 가격에 제품을 팔기도 했다.

시장 규모가 커야 정부의 관심을 이끌어 낼 수 있다. 그래야 정부 지원도 기대할 수 있는 것이다. 한정된 내수 시장에서 싸우는 건 의미가 없다. 수출을 해야 한다. 포화된 내수 시장이 아닌 수출에서 승부를 걸지 않으면 미래를 기대하기 어렵다.

세계 동물약품 시장은 2012년 기준(IFAH 참조)으로 한국의 40배다. 조그만 한국 시장이 아닌 세계 시장으로 나가야 희망이 생긴다.

데니스 팀장은 업계 종사자들이 모인 자리에서 수출에 관심을 가져야 하며 더 넓은 세계로 함께 나가자고 주장했다. 이후로 업계 사람들은 수출에 관심을 갖게 되었다. '그렇다, 수출을 해보자. 한국 시장에서 시장 점유율 1~2% 더 늘리는 게 뭐가 그리 중요하나? 세계로 나가자.'라고 생각을 바꾸게 되었다.

만만한 게 한국과 가까운 동남아 시장이었다. 베트남, 필리핀, 인도네시아, 미얀마 등 지리적으로 가까운 나라들을 선택했다. 한류가 거세지면서 한국 제품을 좋아하는 사람들이 늘었다. 거부감보다 호감이 많으니 수출이 쉬웠다. 금세 200만 달러, 300만 달러 수출하는 회사들이 생겨 났다.

동물약품을 수출하는 회사가 늘어나니 정부에서도 관심을 갖게 되었다. 해외 전시회에 참가하는 비용을 일부 지원해주었다. 수출에 관심 있는 업체들이 모여 한국관을 형성해 전시회에 나갔다.

그런데 문제가 생겼다. 전시된 제품들은 차별화가 없었다. 조금 잘 팔린다는 말을 들으면 금방 카피를 했다. 그러니 바이어들이 한국관에 오면 놀란다. 어떻게 한국 업체들은 모두 거의 비슷한 제품만 가지고 있을까 의아해했다. 바이어들은 부스를 돌아다니며 상담을 했다. 방금 이 부스에서 상담했던 바이어가 옆 부스에 앉아 있는 것이다. 어떻게든 저 바이어를 잡아야 하는데, 걱정이 앞선다.

바이어들은 이런 점을 적절히 이용했다. A업체는 2달러인데 왜 당신들은 2달러 10센트냐고 따진다. 그러면 B업체는 "1달러 90센트에 줄 테니 우리와 거래합시다."라고 제안한다. 바이어는 또다시 A업체에 "다른 업체는 1달러 90센트에 해줄 수 있다는데 당신들은 얼마에 줄 수 있어요?"라고 묻는다. 이런 식으로 A, B, C, D, E업체에 접촉해서 가격 경쟁을 시킨다. 심지어는 1달러에 팔던 제품을 수출 시작한지 2년 만에 30센트에 팔아야 하는 지경까지 이르렀다.

제조업체들은 수출은 하고 싶은데 이윤이 거의 없거나 손해를 보고 팔아야 한다. 동물약품 산업 전반이 부실화 될 우려가 있다.

꼬시래기 제 살 뜯어 먹기는 그만해야 한다. 우리나라 업체끼리 경쟁은 하지 말자. 우리의 경쟁자는 중국, 동남아와 같은 저임금 국가와 미국, 유럽과 같은 고기술, 고품질 국가들이다.

중국산 보다는 가격이 비싸고 유럽산 보다는 품질이 떨어지는 게 대부분의 우리나라 제품들이 아닌가? 중국산 제품의 품질이 좋아지고, 품질 좋은 유럽산 제품의 가격이 내려가면 우리가 설 자리는 없어질지도 모른다.

글로벌 경쟁에 적합한 자격

꼬시래기 제 살 뜯어 먹는 식의 수출은 지양하고 더 멀리 보기를 바란다. 다들 동남아 시장에 눈독을 들일 때 왜 중동이나 아프리카 시장을 보지 않을까? 업체들의 말을 들어 보면 일단 중동이나 아프리카는 지리적으로나 심리적으로 너무 멀다. 그러니 부담스럽다는 것이다.

유럽과 선진국 시장은 왜 고려하지 않는가?

앞서 말한 것처럼 제약회사에는 GMP라는 것이 있다. 의약품을 만드는 데 필수적인 시설과 운용에 관한 기준이라고 생각하면 된다. 의약품은 잘못 만들면 자칫 생명을 앗아갈 수 있는 치명적인 제품이다. 따라서 제조할 때 정해진 규칙에 따라 정확히 만들어야 한다. 그래야 약으로 인한 사고를 미연에 방지할 수 있다.

우리나라의 GMP 기준이 유럽과 선진국의 그것에 훨씬 미치지 못한다는 게 문제다. 그러니 유럽과 선진국은 한국에서 만든 약을 신뢰하지 않는다. 2013년 세계 7위(한국무역협회 국제무역연구원 자료 참고)의 수출 강국인데도 말이다.

제약회사들이 기준을 강화해 가며 선진국을 따라 가려고 노력하고 있지만 아직 격차를 많이 줄이지 못했다. 그러니 유럽과 선진국 시장에 수출은 더더욱 힘들어진다. 그러면 방법이 없는가? 방법은 있다. 선진국 수준의 GMP 시설과 운용 능력을 갖추면 된다.

인체의약품을 제조하는 U제약의 경우 공장을 새로 짓기 위해 순이익에서 40억을 떼어내어 10년을 유보시켰다. 400억이 모인 후에 업그레이드된 공장을 지었다.

글로벌 경쟁을 하려면 글로벌 스탠다드에 적합한 자격을 갖춰야 한다. '내수 시장은 이미 포화되었으니 수출만이 살 길이다'라고 생각만 해서도 안 된다. 시설이든 제품이든 품질이든 글로벌 경쟁을 할 수 있도록 멀리 내다보고 준비를 해야 한다.

냉혹한 글로벌 경쟁에서 살아남으려면 치열하게 준비해야 한다. 현재의 우리 위치를 정확히 분석하고 글로벌 스탠다드를 충족시켜 나가야 한다. 글로벌 마인드를 갖춘 글로벌 인재를 키우고 경쟁력 있는 제품을 만들어 내야 한다. 대한민국이란 껍질을 벗고 세계 시민이 되어 지구 구석구석을 헤집고 다녀야 한다. 단순히 바이어를 잘 꾀어서 수출 조금 더 하는 것으로 만족해서는 안 된다. 협상 한 번 잘해서 달러 조금 더 벌어오는 것으로 만족해서도 안 된다.

글로벌 인재는 어느 산업 현장에 있더라도 자신의 업무에 자부심을 가져야 한다. 수출 금액이 많고 적음으로 우열을 가리지 말라. 1달러짜리 볼펜 하나 수출 하는데 들어가는 노력과 열정이 1억 달러짜리 배 한 척 수출하는 데 들어가는 그것보다 결코 작거나 부족하지 않다는 걸 잊지 말자.

열정을 다한 최선과 가치를 더한 최고만이 대한민국을 넘어 세계 일류로 도약할 수 있는 위대한 전쟁의 무기가 될 것이다.

CHAPTER 4

글로벌 인재, 그리고 마케팅

글로벌 인재로 거듭나기

영어를 잘해야 글로벌 마케터가 되나요?

대학 시절 데니스는 전공보다 영어가 더 재미있었다. 가방에는 항상 영어에 관련된 책만 들어 있었다. 책을 사도 전공 서적이 아닌 영어 책만 샀다. 데니스가 대학을 다니던 시절에는 학생들이 영어에 대한 관심은 많았지만 지금처럼 죽어라 영어 공부를 하지는 않았다. 대부분 전공 공부에 더 열중했다. 오히려 데니스는 영어를 죽어라 공부했다. 1학년 초부터 영어만 공부하니 전공 성적이 제대로 나올 리 없었다. 수업을 마치면 시내에 있는 영어 학원으로 달려갔고, 집에서도 도서관에서도 영어 공부만 했다. 왜 그랬는지 모르지만 전공에 대한 회의를 느꼈고, 그냥 영어 공부하는 게 훨씬 더 재미있었다.

4학년이 되었다. 더 이상 학교에 가고 싶지 않았다. 교수들조차 강의 시간에 영어 공부하고 있는 데니스를 못마땅하게 여겼다. 한 교수가 강의시간에 갑자기 데니스 이름을 불렀다.

"어이, 자네. 영어가 재미있나?"

"네."

"실력은 많이 늘었고?"

"열심히 하고 있습니다."

"그럼, 내가 문제 하나 내지. 수학에서 분자와 분모를 영어로 뭐라고 할까?"

알 턱이 없었다. 영어로 분자와 분모가 뭔지 생각조차 해본 적이 없었다. 그러나 모른다고 말하기 싫었다. 그래서 문득 떠오른 단어 두 가지를 말했다.

"분자는 head, 분모는 tail입니다."

교수는 데니스가 모른다는 답을 할 거라고 기대했을 것이다. 너무 자신 있게 대답하자 교수가 당황했다. 강의실은 순간 조용했다. 짧은 정적이 흐르고 교수는 조용히 입을 뗐다.

"아니지."

그러자 학생들은 막 웃었다.

데니스 팀장 친구 중에 물리학 박사가 있다. 그 친구에게 이런 이야기를 하면서 분자와 분모가 영어로 뭐냐고 물었다. 그러자 그 친구도 난감해 했던 기억이 있다.

진심이 담긴 한마디

호주에서 만났던 선배의 이야기다.

선배의 큰 형은 어학연수를 주선하는 회사를 운영하고 있었다. 선배는 취업하기 전까지 형 밑에서 아르바이트를 했다. 선배는 영어를 그다지 잘하는 편은 아니었다. 그냥 허드레 일이나 도왔다. 한 고객이 어학연수를 신청했다가 취소하는 바람에 한 명을 채워 넣어야 하는 상황이 생겼다. 어쩔 수 없이 바람이나 쐴 겸 선배가 호주로 가게 되었다.

선배는 호주의 한 가정에서 홈스테이를 하며 어학원을 다녔다. 하숙집 아주머니는 친절했다. 특별한 일 없으면 저녁 식사는 하숙집 아주머니 부부와 어린 자녀들과 함께 했다. 아이들은 발랄하게 그 날 일들을 부모님께 이야기 했다. 선배는 무슨 말인지 잘 알아듣지는 못해도 분위기를 보고 웃을 때와 안타까워할 때를 눈치껏 구별했다. 그러나 아무 말도 하지 못하고 듣고만 있었다.

하루는 선배가 데니스에게 물었다. 자기도 가족들 대화에 끼고 싶은데 어떡해야 할지 잘 모르겠다고 했다. 그래서 데니스는 대화 중에 뭔가 추임새를 넣어야 하는 분위기면 "Really?"란 말을 하라고 조언해 주었다.

며칠 후 선배를 다시 만났다. 고개를 푹 숙이고 있었다. 왜 그러냐고 물었다.

"그저께 저녁 먹을 때 네 말대로 'really?'라고 해보려고 잔뜩 벼르고 있었지. 마침 하숙집 아주머니가 나에게 뭐라고 말을 하더군. 그래서 '리얼리?'라고 말하려고 했지. 그런데 나도 모르게 '릴리리?'라고 말해 버렸어."

데니스는 그 이야기를 듣고 배꼽이 빠지는 줄 알았다. 무슨 코미디 대사 같았다.

그 선배가 한국으로 돌아가야 하는 날이 왔다. 하숙집에서 짐을 정리하고 데니스가 머무는 기숙사로 왔다. 마지막으로 술 한 잔 하기 위해서였다. 선배는 하숙집 아주머니에게 그동안 잘 대해주셔서 고맙다는 인사를 했다고 말했다.

"아주머니, 정말 고마웠습니다. 항상 저를 가족과 똑같이 대해주시고 따뜻하게 돌봐 주셔서 정말 감사합니다. 밥도 맛있었고 잠자리도 편했습니다. 제가 한국에 돌아가도 가족들을 잊지 못할 겁니다. 아이들에게 제 마음을 전해주세요. 다시 한 번 감사드립니다."

이렇게 말했다는 것이다. 데니스는 깜짝 놀라며 "정말 영어로 그렇게 인사를 했어요?"라고 물었다. 선배는 그렇다고 대답했다. '선배 영어가 그사이 많이 늘었구나'라고 생각했다. 너무 궁금하여 영어로 어떻게 말을 했는지 알려 달라고 졸랐다. 그러자 그 선배가 이렇게 말을 했다.

"Thank you! Thank you! Thank you!"

선배는 많은 말들을 이 한마디에 함축하여 하숙집 아주머니에게 마음을 전했던 것이다. 그의 진심이 전해졌는지 하숙집 아주머니는 그의 손을 잡으며 눈물을 훔쳤다고 한다. 백마디 유창한 말보다 진심이 담긴 그의 한마디가 하숙집 아주머니에게는 더 큰 감동을 안겨줬을 것이다.

Start vs. Stop!

글로벌 마케팅을 하는 후배 해럴드 팀장의 경험담이다. 그는 사람좋다는 말을 자주 듣는다. 순진한데다 남에게 싫은 소리를 잘 못한다. 그리고 한번 결심을 하면 반드시 실천에 옮긴다.

『아침형 인간』이라는 책을 읽고 하루아침에 아침형 인간으로 변신했다. 저녁 먹고 9시에 잠자리에 들어 새벽 4시에 일어났다. 그리고 영어 공부를 했다. 아침형 인간으로 생활한지 6개월쯤 지난 시점에 그는 토익에서 고득점을 얻는 성과를 이뤄냈다. 영어에 자신감을 가지게 되었고 업무에서도 마찬가지였다.

그런데 자신감이 너무 과했던 것일까, 그는 큰 실수를 저지르고 말았다.

2년 가량 거래하던 인도 바이어가 신제품에 대해 컨테이너 한 대 분의 주문을 했다. 바이어는 품질은 괜찮으나 색상이 마음에 들지 않는다고 샘플을 다시 만들어 보내 달라고 했다. 계절 상품이니 시간이 급하다, 생산 준비는 하되 샘플을 받아보고 주문을 할지 말지 결정하겠다고 했다.

해럴드 팀장은 공장에 생산 준비를 지시했다. 오늘 중으로 생산에 투입하지 못하면 바이어가 요구하는 납기를 맞추기 어려웠기 때문이다. 그가 보기에는 바이어가 요구한 색상이 샘플과 거의 유사했다. 바이어가 샘플을 받아들일 것으로 생각하고 일단 생산 투입을 지시했다. 그리고 바이어에게 전화를 걸어 일단 생산을 시작했으니 빨리 결정을 해 달라고 다그쳤다. 바이어는 알아듣기 힘든 강한 인도 악센트로 한마디 했다.

"Start the production!"

해럴드 팀장은 오케이라고 대답하고 생산팀에 최대한 빨리 생산을 완료해 달라고 요청했다.

출고일자는 다가오는데 수출대금이 결제되지 않았다. 해럴드 팀장은 인도 바이어에게 전화를 했다. 생산이 곧 끝날 텐데 왜 대금을 결제해주지 않는지 물었다. 바이어는 무슨 소리냐고 되물었다. 그는 샘플 색상에 문제가 있어 주문을 포기했다는 말을 던졌다.

해럴드 팀장은 깜짝 놀랐다. 바이어가 했던 말은 "Start the production!"이 아니라 "Stop the production!"이었던 것이다.

글로벌 비즈니스에서 영어 시험 점수가 실적을 보장하지 않는다. 중요한 것은 점수가 아니라 실수를 하지 않으려는 마음가짐이다. 다 알아듣는 척, 영어 잘하는 척하지 말라. 못 알아들었으면 다시 물어보고 확인해서 실수를 최소화 시키는 겸손함이 더 중요하다. 영어 시험 점수에 현혹되지 마라. 섣부른 오만은 돌이키기 힘든 결과를 낳을 수 있다.

영어 때문에 꿈을 포기하지 마라

영어학원을 참 오래 다닌 것 같다. 6년 정도 다녔다. 학원만 다닌다고 영어 잘하는 건 아니다. 한 시간 가량 영어로 대화한다고 영어 실력이 늘 리가 없다. 본인 스스로 추가 시간을 투입해 공부를 해 나가야 한다.

학원을 오래 다니다 보니 다양한 사람들을 만났다. 솔직히 이상한 사람들도 있었다. 그중 기억에 남는 사람은 중국 여자와 사귄다는 한 남자다. 대기업에서 영업을 하는 사람이었다. 여자 친구는 중국 사람이며 결혼까지 생각하고 있다는 말을 했다. 사람들이 궁금해서 이것저것 물었다. 여자 친구는 중국에 살고 있으며 서로 정말 사랑한다고 했다. 곧 결혼 날짜를 잡을 거라며 미소를 지었다.

어떻게 만났으며 데이트는 어떤 식으로 하는지 물어 보니 그 남자는 이상한 답을 했다. 여자 친구와 채팅으로 만났고 지금까지 한 번 만났다고 했다. 사람들은 순간 어리둥절했다. 어떻게 한 번밖에 만나지 못한 중국 여자와 결혼까지 결심할 수 있을까?

물론 그럴 수도 있다. 지금도 궁금하다. 정말 그 남자가 중국인 여자 친구와 결혼했는지.

예전에 팀원으로 있던 한 여직원을 회사 비용으로 영어학원에 다니게 했다. 업무상 영어가 필요했기 때문이었다. 두세 달 정도 지났을까 외국에서 온 전화를 받는 여직원의 발음이 몰라 보게 좋아진 것이다. 거의 원어민 수준이었다. 깜짝 놀라서 유심히 들어 보았다. 그런데 문제는 대화의 내용이었다. 상대가 하는 말을 잘 알아듣지 못했고, 본인 또한 하고 싶은 말을 제대로 전달하지 못했다. 즉, 발음만 좋았던 것이다.

영어회화를 할 때 발음이 좋으면 당연히 좋다. 그런데 혀를 너무 꼬아 상대가 알아듣기 힘들게 하면 오히려 마이너스다. 글로벌 비즈니스에서 영어를 모국어로 사용하는 사람보다 그렇지 않은 사람과 일할 기회가 훨씬 더 많기 때문이다. 발음이 이상해서 서로 무슨 말인지 알아듣지 못한다면 분명 문제가 있다.

미국에 유학을 갔다 온 한 후배의 말이 기억난다. 강의 시간에 미국인 교수가 발음이 이상한 인도 사람 말은 잘 알아들으면서 발음이 훨씬 좋은 자기 말은 잘 알아듣지 못해 곤란을 겪었다고 한다. 후배는 스스로의 발음이 좋다고 생각하지만 정작 다른 이가 들을 때에는 그렇지 않았나 보다.

《한국경제》에서 재미있는 기사를 봤다. 미국 메릴랜드대 의대 마이클 보어 박사 연구팀에 의하면 언어능력을 좌우하는 언어유전자의 단백질 양이 남자보다 여자가 30% 더 많다고 한다. 과학적으로도 여성의 언어능력이 남성보다 뛰어난 게 증명된 셈이다.

글로벌 마케터가 영어와 같은 어학 능력을 필요로 한다는 점에서 여성이 유리한 면이 많다. 여성의 사회 진출이 활발한 이 시점에 많은 여성들이 글로벌 마케터로 거듭나서 세계 시장에서 그 역량을 펼쳐보길 바란다.

전공보다 영어가 재미있어 영어공부를 열심히 했다. 영어가 전공보다 더 밝은 미래를 보장해줄 거란 기대로 영어공부를 시작한 건 아니다. 글로벌 비즈니스를 해야겠다는 거창한 미래계획에 따라 영어공부를 한 것은 더더욱 아니다.

데니스 팀장처럼 영어공부에 재미를 느끼고 외국 사람과 대화하는 게 멋있어 보여 글로벌 마케터라는 직업을 택한 후배들이 많은 것 같다. 글로벌 시대에 해외 여행이 자유롭다고 하지만 글로벌 비즈니스를 하는 사람만큼 해외에 자주 다니지는 못한다. 그러니 젊은 사람들에게 글로벌 마케터는 분명 매력적인 직업이다.

글로벌 비즈니스를 하는 글로벌 인재에게 영어는 중요하다. 유창하게 잘할수록 당연히 유리하다. 하지만 글로벌 비즈니스를 하고 싶은데 영어 실력이 부족하다고 포기하지는 말라. 영어 또는 현지 언어로 어느 정도만이라도 의사소통이 가능하면 글로벌 비즈니스가 가능하다. 영어는 목적이 아니라 도구다. 글로벌 비즈니스를 하기 위한 하나의 도구일 뿐이다. 글로벌 마케터를 꿈꾸지만 영어 때문에 포기하는 일은 없기를 바란다.

영어만 공부할 거야?

영어를 유창하게 잘한다고 비즈니스 잘하는 건 아니다. 오히려 책을 많이 읽어 다양하고 깊이 있는 사고를 하는 것, 그걸 편견 없이 바이어와 즐겁게 대화를 나눌 수 있는 것, 그게 더 중요하다고 생각한다.

글로벌 비즈니스에서 영어는 하나의 도구일 뿐이라고 말했다. 도구의 성능이 좋으면 금상첨화다. 도구의 성능이 부족해도 주눅 들지 마라. 진정성을 가지고 자신감 있게 하는 영어가 바이어의 마음을 움직인다.

영어가 부족하다고 글로벌 마케터가 될 수 없다는 생각은 버려라. 그럴수록 더 열심히 영어 실력을 늘려라.

또한 내면의 중요성을 간과하지 말고 다양한 문화를 접하고 폭넓은 지식을 쌓아라. 바이어에게 영어 실력이 아닌 매력을 보여 주도록 하라.

올챙이가 뛸 수는 없다

누구나 올챙이 시절이 있다. 나이 먹어도 여전히 올챙이에 머무르는 사람도 있지만 대개 개구리로 탈바꿈한다.

개구리가 되면 올챙이 시절이 있었는지 기억조차 가물가물 한다. 서툴고 어색하고 부족한 올챙이 시절이 있었기에 지금의 개구리 모습을 하고 있는데도 말이다.

데니스는 대학 시절 전공보다 영어가 훨씬 더 재미있었다. 학교는 더 이상 다니고 싶지 않았다. 빨리 취직하고 싶었다. 4학년이 되자 수업 과목이 적었고 시간적 여유가 많았다. 1학기에는 학원에서 아이들 영어를 가르쳤다. 선생님 소리 듣는 것이 좋았고 스승의 날에는 "엄마가 갖다 드리라는데요."라며 아이들이 주는 선물을 받는 것도 좋았다. 그러나 학원 강사보다는 회사에서 일을 배워보고 싶었다. 특히 그동안 공부한 영어를 써먹으면서 외국에도 많이 나갈 수 있는 그런 일을 하고 싶었다. 그래서 글로벌 마케팅 신입 사원을 모집하는 회사에 들어가기로 결심했다.

여름 방학 때 부지런히 이력서를 보냈다. 지금처럼 이메일로 보내는 게 아니라 직접 방문하거나 우편으로 제출했던 시절이었다. 대부분 연락이 없거나 이력서가 되돌아 왔다. 지금도 그 이력서를 보관하고 있다. 티셔츠에 큰 안경을 눌러쓴 어리바리한 사진이 붙어 있다. 데니스 팀장이 서류 심사하는 사람이었어도 탈락시켰을 것 같다.

부모님께 말씀드려 양복 한 벌을 샀다. 다시 사진을 찍어 이력서를 만들어 보냈다. 하루라도 빨리 취직하고 싶었다. 마침 유명 브랜드 운동화를 OEM(주문자상표부착방식)으로 제조하는 회사에서 연락이 왔다. 시험을 치고 면접을 봤다.

합격 통지를 받았다. 영어 시험에서 1등을 했다는 이유로 수출부로 발령을 받았다. 드디어 데니스는 원하는 글로벌 비즈니스를 시작하게 되었다. 그것이 데니스 팀장의 글로벌 마케터로서 또한 평생 직업을 향한 첫발이었다.

한때 우리나라 수출에 일조를 했던 신발 산업이 90년대 중반이 되자 사양 산업이라는 말이 돌았다. 그래서 인재들이 입사를 꺼렸다. 그러다 보니 운동화 제조업체에는 나이 많은 사람들이 수두룩했고 대학 나온 사람이 귀했다. 다른 신입 직원들이 입사 후 3년 정도 지나야 주임으로 승진을 한 데 반해 데니스는 신입사원인데도 주임 직급을 받았다.

첫 한 달은 신입사원 직무 교육을 받았다. 운동화 각 부분의 용어를 익혔다. 고참들은 틈나는 대로 데니스에게 복사와 영어 번역을 시켰다. 서류를 한 장씩 올려 복사기 덮개를 닫고 복사 버튼을 눌러야 했다. 그걸 많게는 수십 장씩 복사를 했다. 처음에는 한 장씩 복사하는 게 번거롭고 시간도 많이 걸렸다. 고참들에게 계속 욕을 먹었다. 좀 더 빨리 할 수 있는 방법은 없을까 고민을 했다. 요령을 터득하고 나니 시간을 많이 단축할 수 있었다.

 한 달이 지나자 회의에 참석하게 되었다. 그런데 사람들 말을 잘 이해하지 못했다. 분명 한국말로 말을 하는데 모르는 말들이 쏟아져 나왔다. 제품명, 부품 명칭, 생산 공정, 속어 등 사회 용어가 난무했다. 운동화 기술을 일본에서 전수를 받아서인지 일본어로 된 용어를 많이 사용하고 있었다.
 시간이 지나자 희한한 일이 벌어졌다. 직원들이 하는 말들이 조금씩 이해가 되기 시작했다. 그전에는 꿀 먹은 벙어리 신세였는데 조금씩 동료 직원들과 말이 통한다는 걸 느꼈다. 한참 걸렸지만 사회 용어에 익숙해지고 있었다.

사업을 염두에 두고 업무를 배우다

 면접 때 데니스는 업무를 빨리 배워 회사를 차리고 싶다는 말을 했다. 사실 그런 말은 면접 때 해서 좋은 말은 아닌 듯하다. 야망이 크다는 걸 어필하고 싶었는지 모른다. 하지만 회사는 오랫동안 충성하며 근무할 직원을 선호한다. 야망을 너무 일찍 드러냈다고나 할까? 하여튼 한 순간도 자기 사업을 하고 싶다는 생각을 버리지 않았다. 하지만 아는 게 없었다. '준비를 해보자. 지금부터 열심히 배워 보자.'는 결심을 했다.
 그때부터 다른 부서의 일도 이해가 가지 않으면 그냥 지나치지 않았다. 묻고 또 물었다. 무역부에 가서는 인보이스 작성하는 법을 배웠고,

생산부에 가서는 운동화 만드는 가죽을 재단하고 재봉하는 공정을 배웠다.

다른 부서 직원들은 그런 데니스를 부담스러워 했다. 친절하게 가르쳐주기보다는 오히려 경계를 했다. '이거 뭐 하는 놈이야?'라는 눈빛으로 쳐다봤다. 하지만 개의치 않고 배워 나갔다. 사업을 할 때 분명히 필요할 거니까 배워야 한다는 생각만 했다.

틈 날 때마다 생산 라인과 개발부에 가서 제품 만드는 걸 지켜봤다. 몇 달이 지나니까 곁눈질로라도 많은 걸 배울 수 있었다.

하지만 사수인 윌리엄 차장은 그런 데니스 주임을 싫어했다. 공장 여기저기를 쑤시고 다닌다는 소문을 들었을 것이다. 그래서인지 업무를 가르쳐주지도 않고 거래처 외근만 시켰다.

데니스 주임의 업무는 미국 유명 브랜드 개발 센터와 공장 사이의 다리 역할을 하는 것이었다. 개발 센터가 한국에 있었고 많은 미국인들이 근무를 했다. 거의 매일 개발 센터를 방문했다. 새로운 디자인이 나오면 공장 개발실에 샘플 제작을 의뢰했다. 미국인들은 한국어를 못하고 개발실 직원들은 영어를 못하니 중간에 통역과 업무 전달을 담당할 사람이 필요했던 것이다. 그게 데니스가 해야 하는 일이었다.

미국인들과 업무를 하면서 영어를 사용할 수 있는 게 좋았다. 점심 식사를 같이 하면서 좋아하는 피자와 햄버거도 실컷 먹었다.

업무 조급증

　개발 회의는 주로 데니스의 직속 상사인 윌리엄 차장이 주관했다. 데니스는 옆에서 듣고 메모만 했다. 어느 날, 미국 개발 센터에서 중요한 내용이 전달되었다. 'Urgent(긴급)!'가 두 개나 찍혀 있었다. 미국인인 담당 매니저가 데니스를 불러 내용을 알려 주고 빨리 조치를 취하라고 지시했다.

　마침 윌리엄 차장이 출장을 가서 자리에 없었다. 데니스는 어찌할 바를 몰랐다. 개발부장에게 가서 이런 내용의 전달 사항이 있는데 어떡하면 좋을지 의논했다. 그는 빨리 회의를 소집했고 데니스에게 회의를 주관하라고 했다.

　각 부서에서 소집된 사람들이 데니스를 바라보고 있었다. 미국인 매니저가 설명을 해 줬지만 막상 한국어로 설명하자니 쉽지 않았다. 내용과 용어를 제대로 이해하지 못한 채 설명을 했다. 사람들은 무슨 말인지 잘 모르겠다는 표정들이었다. 등에는 식은땀이 흘렀고 얼굴은 벌개졌다.

　결국 미국 본사의 지시를 제대로 전달하지 못한 바람에 몇 가지 일이 잘못돼버렸다. 윌리엄 차장이 출장에서 돌아온 후 데니스는 실컷 야단을 맞았다. 속으로 오기가 생겨 차장에게 따지듯 물었다.

　"저는 하루라도 빨리 업무를 배우고 싶었습니다. 그런데 차장님은 제게 업무를 가르쳐주지 않으셨습니다. 제가 업무를 제대로 할 수 있게 가르쳐 주시면 안 되겠습니까?"

　그러자 차장은 발끈하며 눈을 쏘아 보며 말했다.

"내가 언제 업무를 제대로 가르쳐 주지 않았다고 그래? 네가 제대로 못 배운 건 생각 못 해? 앞으로 난 네 업무에 전혀 간섭하지 않을 테니 네가 알아서 해."

그 이후로 윌리엄 차장과 데니스 주임은 완전히 틀어져버렸다.

출퇴근 시간을 아끼려고 회사 근처로 이사까지 했는데, 회사 생활이 고역이었다. 업무를 가르쳐 주는 건 고사하고 차장은 데니스에게 한마디도 하지 않았다. 데니스가 근무하는 동안 윌리엄 차장은 한 번도 업무를 차근차근히 가르쳐 준 적이 없었다. 속으로 원망을 많이 했다. 이제는 관계가 완전히 엉망이 되어 버렸고, 업무를 배울 수 있는 기회마저 사라졌다.

손에 피를 흘리며

비가 추적추적 내리는 날 부서장이 회식을 하자고 했다. 여직원들과 몇몇 직원은 바쁘다는 핑계로 참석하지 않았다. 분위기가 썩 좋지 않았다. 그러니 전부 술만 주거니 받거니 했다.

윌리엄 차장의 술잔이 빈 걸 보고 술을 따르려고 했다. 그러자 차장은 술잔을 치우며 "네 술은 받기 싫다."고 했다. 감정이 울컥 치밀어 올랐다. 눈을 질끈 감았다 뜨며 말했다.

"아니, 왜 제 술은 안 받으려고 하십니까? 업무도 가르쳐 주지 않고 술도 받지 않는 이유가 뭡니까?"

"그냥 네가 마음에 안 들어. 전에 네가 이사 했는데도 나에게 말 안

한 것도 그렇고……."

"그게 무슨 말씀이세요? 저와 말 한마디 안 하신 지 얼마나 됐는지 아세요? 말씀드릴 기회도 주지 않으셨잖아요? 저는 일을 배우고 열심히 일하려고 회사 다니는 겁니다. 저에게 왜 이러시는지 도무지 이해를 못하겠습니다."

"네가 이해하든 말든 내 알 바 아냐."

비꼬듯 던지는 그의 말에 설움이 밀려오는 걸 느꼈다. 회사 다니기 싫어졌다. 술잔을 테이블에 세게 내려놓으며 마지막 설움을 큰 소리로 토해냈다.

"알겠습니다. 제가 잘못했습니다."

그 길로 밖을 나왔다. 비는 계속 오고 있었다. 빗방울이 더 거세졌다. 우산을 쓰지 않은 채 한동안 서 있었다. 울분을 감출 수 없었다. 눈물인지 빗물인지 몰랐다. 손에 든 우산을 땅에 내리쳤다. 계속 내리쳤다. 손에서 피가 났지만 통증을 느끼지 못했다.

윌리엄 차장은 데니스가 마음에 안 들었던 것 같다. 그는 나름대로 골탕을 먹이고 싶었던 것 같다. 그리고 그게 통했다. 그렇게 데니스는 첫 직장을 떠났다.

올챙이를 거쳐야 개구리가 된다

지금 생각해보면 그때는 참 많이 부족했다는 생각을 한다. 그렇게 업무에 대한 조급증을 가질 필요도 없었다. 신입사원이면 신입사원답게 제 위치만큼 일을 하면 된다. 목표가 있더라도 한발씩 나가면 된다.

 동료들과 잘 지낼 수도 있었고 직장 상사와 공감대를 쌓아가며 그의 노하우도 배울 수 있었다.

 올챙이였다. 잘 형성되지 않은 다리로 물속에서 헤엄만 칠 수밖에 없었다. 개구리처럼 뛸 수도 없는데 자꾸 뛰려고만 했다.

 직장 생활을 오래한 선배들은 신입사원이나 후배들을 보면서 서투르고 부족한 점이 많다고 느낀다. 업무에서 실수를 많이 하고 간혹 경우에 어긋나거나 예의 없는 모습에 마음이 상하기도 한다.

 후배들에게 진솔한 조언을 하는 선배도 있지만 갖고 있는 힘으로 후배들을 괴롭히기도 한다.

 선배들 역시 그런 올챙이 시절을 겪었다. 처음부터 현재의 실력을 갖춘 건 아니다. 그걸 기억하고 올챙이 후배들에게 잘해줘야 한다. 그리고 많이 가르쳐 줘야 한다.

 지금 마음에 들지 않는 부분이 있더라도 언젠가 자기네들의 부족함을 깨닫고 선배들에게 죄송한 마음을 가지게 될 날이 올 테니.

글로벌 인재의 기준

결국 수출은 사람이 한다

 가끔 드라마에서 이런 대사를 듣는다.

 "이번 정리해고는 어쩔 수 없는 상황이니 이해해주길 바라네. 회사의 결정이니만큼 조용히 따라 주면 좋겠군."

 직원을 해고 시키는 과정에서 회사의 결정이니 어쩔 수 없다, 그러니 따라 달라는 요구를 하는 것이다. 그런데 여기서 '회사'란 무엇일까? 회사라는 생명체가 스스로 결정해서 직원을 해고했다는 건가? 아니다. 회사라고 통칭하는 것은 결국 회사 사람 중 누구인 것이다. 사장이 될 수도 있고, 임원이나 팀장이 될 수도 있을 것이다. 그런데 회사를 들먹이며 회사의 결정이니 운운한다.

 회사도 사람이 모여서 만들어진다. 사람 없는 회사가 어디 있는가? 사람이 경영하고 계획하고 영업하고 생산을 한다. 그걸 합쳐서 회사가 한다고 말하는 것이다.

 그럼 글로벌 마케팅은 누가 하는가? 회사가 하는가? 아니다. 회사 직원들이 한다. 물론 글로벌 마케팅을 담당자 혼자서 하는 건 아니지만 결국 사람이 한다.
 글로벌 마케터의 역량이 수출의 크기를 결정한다. 생산 능력은 100인데 글로벌 마케터의 역량이 부족해 오더를 50밖에 받아 오지 못하면 생산 능력의 반은 필요 없다. 고정비용은 정해져 있는데 생산을 반 밖에 못하니 제조원가가 올라간다.
 제조원가가 올라가니 수출 가격 또한 올라간다. 가격이 비싸면 바이어의 구매가 저조해지고 글로벌 마케터는 오더 받기 더 힘들어진다.

회사는 생산 능력의 100 또는 그 이상 오더를 받을 수 있게 글로벌 마케터를 독려해야 한다. 글로벌 마케터 또한 본인의 능력을 최대한 끌어 올려 최대한 많은 오더를 받아야 한다.

전병서의 『금융 대국 중국의 탄생』을 보면 재미있는 대목이 있다.
금융 위기 때 일본은 리먼 브라더스 등의 금융기관을 사들였지만 중국은 금융기관의 사람을 사들였다. 금융시스템은 사람에 의해 만들어졌다. 쓰러진 빈 껍데기 회사를 사는 게 아니라 금융시스템을 만든 사람을 스카우트하는 게 맞다.

결국 사람이 글로벌 마케팅을 한다. 글로벌 마케팅을 잘하는 데는 1차적으로 글로벌 마케터의 능력이 가장 중요하다. 그래서 수출을 잘하고 싶은 회사는 능력 있는 글로벌 마케터를 채용하는 것이 수출의 성패가 달려 있다는 것을 기억해야 한다.

일당백은 아니어도 두세 명 몫은 하는 사람

경력이 4~5년 되는 사람을 채용해도 짧으면 2~3개월, 길게는 6개월 이상 기다려야 성과를 기대할 수 있다. 하물며 신입사원을 뽑아 제대로 일을 시키려면 몇 년이 걸릴지 모른다. 성과를 낼 때까지 회사가 기다려주는 시간은 온전히 투자의 개념이다.

중소기업일수록 신입사원보다 경력사원을 선호한다. 그 이유는 바로 성과를 낼 때까지 기다려주는 시간과 비용을 최대한 줄일 수 있기 때문이다.

입사한 지 얼마 되지 않은 직원이 연봉과 복리후생에 대해 불만을 가지는 것은 잘못된 생각이다. 더욱이 글로벌 마케터라면 역량을 발휘해서 언제, 얼마의 성과를 이끌어낼 수 있는가를 먼저 고민해야 한다. 능력을 보이지도 않고 보상을 먼저 바라서는 안 된다.

갈수록 기업은 인건비에 대한 부담을 줄이고자 한 명이 두세 명 역할을 해주기를 바란다. 주어진 일만 하겠다는 생각을 가진 직원과 주어진 일도 못해내는 직원을 원하는 회사는 없다.

축구 중계를 보면서 멀티플레이어라는 말을 들었던 기억이 난다. 공격수는 골을 넣는 것 외에도 적극적으로 수비 가담을 하고, 수비수는 수비 하다가 역습이나 공격 기회가 있을 때 골을 넣을 수 있어야 한다는 것이다. 공격수가 공격만 하고, 수비수가 수비만 한다면 이길 가능성이 희박하기 때문이다.

글로벌 마케터가 해외 영업만 하겠다는 생각은 버려라. 선적 서류를 만들고, 인증을 받을 일이 있으면 상공회의소든 대사관이든 쫓아가야 한다. 다른 직원에게 미루거나 누군가 하겠지 하고 내버려 두면 안 된다.

영업을 하고, 선적 서류를 작성하고, 은행에서 신용장 네고를 하고, 전시회를 나가고, 회의에 참석하고, 해외 출장도 나가라는 말이다. 그 외에도 더 할 수 있다면 더 하라. 하루 종일 시간적 여유가 없을 정도의 업무를 맡아 해보라. 혹자는 말한다. 시간 여유가 있어야 큰 그림을 그릴 수 있다고. 시간 여유가 있다고 더 큰 그림을 그릴 것 같은

가? 아마 스마트폰을 하거나 연예 기사를 보고 채팅을 하느라 큰 그림을 그릴 시간이 없지는 않을까? 오히려 바쁠수록 아이디어는 더 잘 떠오른다.

업무를 계획적이며 전략적으로 하는 사람

 퇴근 시간 이후에 야근하는 것보다 근무 시간에 최대한 집중하여 업무를 끝내고 정시에 퇴근하는 게 훨씬 낫다고 생각한다. 급한 일이 남아 있다면 모르지만 웬만하면 근무 시간 내에 일을 끝내고 일찍 퇴근하자. 퇴근 후에는 자기 계발에 힘쓰거나 가족을 위해 소중한 시간을 사용하라.

 신입사원이나 소위 일머리가 없는 직원들을 보면 비슷한 점이 있다. 닥치는 대로 일을 한다. 일이 주어지면 그때 가서 엄청 바쁘다. 허둥대다 실수를 저지른다.

 일을 찾아서 한다는 말이 있다. 업무에 대한 고민을 많이 하는 사람은 항상 바쁘다. 더 많은 자료를 찾고, 보고서를 만들고, 계획서를 만들어 놓는다. 누가 시켜서가 아니라 필요할 것이란 예상을 하기 때문이다. 상사나 팀장, 사장이 요구할지도 모르는 자료를 미리 예측하고 준비를 하면 일이 주어진 다음에 허둥대지 않는다.

 요즘 플래너를 쓰는 사람이 많이 보인다. 스마트폰으로 일정 관리를 하기도 한다. 플래너에 오늘 했던 일, 내일 해야 할 일, 다음 주 또는 다음 달에 해야 할 일을 적어 보라. 그러면 업무에 체계가 잡히게 된다. 시간이 나면 과거에 적어 놓은 것을 보면서 빠진 일이 없는지 체크해본다.

업무를 할 때에는 전체적으로 머릿속에 한번 그려 보는 것이 좋다. 급하고 중요한 일이 뭔지 파악하고 일의 순서를 정한다. 일을 어떤 방식으로 하는 게 좋을지, 빠트리고 넘어가는 게 있지는 않은지, 이 일을 함으로 인해 내가 얻을 수 있는 게 무엇인지 쭉 상상해본다. 무작정 일을 시작하는 것보다 훨씬 빠르게 일을 할 수 있으며 시행착오도 많이 줄일 수 있다.

모든 업무는 계획적이며 전략적으로 해야 한다.

자신을 객관적 시각으로 볼 수 있는 사람

신입사원이나 회사를 옮긴 적이 없는 경우가 아니라면 회사를 그만 둔 경험들이 있을 것이다. 회사를 그만 두기 전에 보통 업무 인수인계라는 것을 한다. 물론 기분 나쁘다며 회사를 확 때려 치운 경우라면 몰라도, 후임자를 위해 인수인계 과정을 거친다.

인수인계서를 작성하고 후임에게 업무를 가르쳐준다. 대개 인수인계를 할 때 기분이 썩 좋지는 않다. 회사에 남긴 족적이 많을수록 아까운 생각이 든다. 내가 어떻게 이뤄놓은 건데, 이 바이어는 조금만 더 지나면 많은 오더를 줄 텐데 등 아쉬운 마음이 생긴다.

인수인계서를 작성해본 사람은 아마 느낄 것이다. 인수인계서를 만들면서 의외로 본인이 만들어 놓은 자료가 부족하고, 보충해줘야 할 일들이 많으며, 후임자를 교육하면서 본인이 아는 게 그렇게 많지 않다는 것을. 만약 이런 걸 못 느꼈다면 인수인계를 제대로 하지 않았다는 걸 의미한다.

현재 퇴사할 생각이 있는 게 아니더라도 인수인계 자료를 한번 만들어 보라. 2~3주 후에 회사를 그만 두게 되고 후임자에게 업무 인수인계를 해야 한다고 가정해보자. 그리고 '내 업무를 어떻게 하면 후임자가 문제없이 처리할 수 있을까'라는 기준으로 만들어 본다. 그러면 본인의 업무를 객관적으로 파악을 하게 된다. 본인이 업무를 제대로 했는지, 아니면 아직 많이 부족한지 느끼게 될 것이다. 그리고 업무를 전체적으로 보는 시각을 갖게 된다.

한 번쯤은 인수인계 자료를 만들어 보기를 권한다. 앞으로 본인의 업무를 계획적이며 전략적으로 할 수 있는 좋은 계기가 될 것이다. 단, 그 모습을 다른 직원들에게 들키지 않도록 주의해야 한다. 괜한 오해를 살 수도 있다.

발전적인 고민을 하는 사람

회사 조직이 커질수록 유휴 인력이 많아진다. 직원들에 대한 업무 분장이 잘 되지 않아 업무의 불균형이 생기기 때문이다. 상대적으로 일이 많은 직원의 불만이 커질 수밖에 없다.

내가 아는 글로벌 마케터 중 한 사람은 한달 동안 아무 일도 하지 않고 월급 받은 적이 있다며 자랑했다. 또 다른 사람은 하루 1~2시간이면 거의 업무를 다 처리하고 할 일이 없어 지루해 죽겠다는 말을 했다.

업무량이 많지 않아도 월급 적당히 받고 쉽게 회사 생활하는 사람이 있는 반면에 하루 종일 눈코 뜰새 없이 바쁘게 직장 생활하는 사람도 있다. 시간이 지나면 누가 더 경쟁력을 가진 사람이 될까?

반드시 업무량이 적어 시간 여유가 많은 사람이 경쟁력이 떨어진다고 단정 지을 수는 없다. 바쁘게 직장 생활하는 사람이 더 경쟁력이 있다고 말하기도 어렵다.

다만 발전적인 고민을 하느냐 아니냐에 따라 경쟁력이 있고 없고를 따져야 한다. 더 발전적인 고민을 통해 업무를 간소화하고 불필요한 시간을 단축시키며 새로운 바이어를 발굴하는 데 집중해야 경쟁력을 가질 가능성이 높다.

업무량은 상관없다. 글로벌 인재는 시간을 소중하게 여기며 더 나은 방법, 더 효율적인 업무 프로세스를 궁리하는 사람이어야 한다.

자신의 한계를 높여 나가는 사람

배우 차인표가 힐링캠프란 TV 프로그램에 나온 적이 있다. 그는 미국에서 식당 아르바이트를 했다. 식당 주방장의 가슴 근육이 부러워 어떻게 하면 그런 멋진 가슴 근육을 가질 수 있는지 물었다. 하루에 팔굽혀펴기를 1,500번 하면 된다는 답이 돌아 왔다. 깜짝 놀라며 어떻게 하루에 팔굽혀펴기를 1,500번이나 할 수 있냐고 되물었다. 그러자 주방장은 한 개부터 하면 된다는 명쾌한 해결책을 알려 줬다. 차인표는 그 후로 팔굽혀펴기를 하루에 1,500번 할 수 있는 경지에 이르렀고 멋진 가슴 근육을 갖게 되었다.

그도 처음부터 팔굽혀펴기를 하루 1,500번씩 할 수는 없었을 것이다. 어제 100번 했다면 오늘 110번 하는 식으로 조금씩 늘려 나갔을 것이다. 할 수 없다는 포기가 아니라 자신의 한계를 꾸준히 극복해 나간 투지가 있었기 때문에 가능했다.

너무 쉽게 직장 생활을 하려는 사람이 참으로 많다. 이런 사람들은 본인의 업무를 향상 시킬 생각이 없다. 새로운 일이 주어지면 못하겠다며 발끈한다. 업무의 경계가 명확하지 않아 상사가 누굴 시킬까 둘러보면 눈을 마주치지 않으려고 슬슬 피한다. 본인의 업무가 과중하여 도저히 새로운 일을 하기 어려운 경우라 하더라도 도전하는 사람이 있는 반면에 눈물까지 흘려가며 도저히 못하겠다며 발버둥 치는 사람도 있다.

이런 사람들을 보면 안타까운 생각이 든다. 새로운 일을 맡았다가 능력에 부쳐 제대로 못해낸다면 상사에게 야단맞을 수도 있다. 고 정주영 회장이 자주 쓴다는 "해보기는 했어?"라는 말처럼 해보지 않고 지레 포기하지는 말아야 한다.

2배 일한다고 2배 더 힘든 건 아니다. 마지못해 출근해서 바쁜 일 없이 하루 종일 인터넷 연예 기사나 검색하다 퇴근하는 사람이 더 힘들다. 두세 배 바쁘면 시간이 쏜살같이 지나가며 하루가 보람차고 내일이 밝아진다.

열심히 일하라. 다른 동료보다 훨씬 많이 일하라. 그들의 목구멍이 당신 손에 달려 있는 희열을 맛보게 될 것이다.

컨테이너 앞에서 무릎 꿇을 각오가 되어 있는 사람

　제조업체의 경우 공장과 본사가 같이 있는 곳도 있지만 다른 지역에 떨어져 있는 경우도 많다. 공장과 본사가 붙어 있는 회사에 근무하면 좋은 점은 수시로 생산 현장에 가서 품질과 생산 현황을 점검할 수 있다는 것이다. 그리고 제품이 만들어지는 전 과정을 볼 수 있으니 그만큼 좋은 공부가 없다.

　한편으로 단점도 있다. 본사와 공장의 경계가 모호하여 사무직 직원이 공장 일을 돕는 경우가 많다. 주로 컨테이너 상하차 작업이다. 수출 또는 수입품을 컨테이너에 싣거나 내리는 일이다. 특히 더운 여름날에는 컨테이너 내부 온도가 워낙 높아 온몸이 금방 땀에 젖는다.

　데니스 팀장이 공장과 본사가 붙어 있는 제조업체에 근무할 때였다.

　수출품이 출고되기 전에 품질 관리 직원이 수출품 검사를 하게 된다. 그런데 데니스 팀장은 해외영업부 소속인데도 불구하고 수출품 검사를 마다하지 않았다. 제품 품질에 이상은 없는지, 수량은 맞는지 등을 확인했다.

　한번은 랜덤(무작위) 방식으로 카톤 박스를 열어 수량을 확인해보았다. 몇 개가 부족했다. 다른 박스를 열어 보니 들쭉날쭉이었다. 할 수 없이 컨테이너 옆에서 박스를 하나씩 열고 수량과 포장 상태를 확인한 후 컨테이너에 실었다. 공장장이 오더니 굳이 그렇게 해야겠냐고 물었다. 수량이 정확하지 않으니 어쩔 수 없다는 답변을 하고 계속 박스를 열어 전수 검사(전체 물량을 모두 검사)를 했다.

생각보다 잘못된 박스가 많았고 포장 상태가 좋지 못한 제품이 있었다. 자리를 펴고 아예 무릎을 꿇고 일일이 확인했다. 결국 수출 물량 전부를 검사해 버렸다. 그러니 수량이 부족하거나 포장에 이상이 있다는 클레임은 없었다.

바이어들은 수량 하나만큼은 정확하다며 데니스 팀장을 추켜세우곤 했다. 데니스 팀장이 무릎 꿇고 전수 검사를 했다는 건 모른다. 하지만 그는 속으로 뿌듯했다.

이후로 제품이 출고되기 전에는 항상 데니스 팀장이 전수 검사를 했다. 물론 무릎을 꿇고. 품질에 이상이 있는 제품은 직접 사용해 봐야 알 수 있다. 하지만 출고 수량만큼은 정확하게 하고 싶었다.

작은 회사였지만 데니스 팀장이 무릎을 꿇고 전 출고 수량을 체크하는 모습이 직원들에게도 신선한 충격이었던 모양이다. 다들 그 부분에 대해 칭찬을 아끼지 않았다. 사장도 표현은 안 했지만 마음속으로 얼마나 데니스 팀장이 고마웠겠는가?

글로벌 인재는 조금 힘들더라도 바이어에게 실수를 하지 않는 방법이 있다면 꼭 그 방법을 택하길 바란다. 반드시 전수 검사를 하라는 건 아니다. 또한 컨테이너 앞에서 무릎 꿇을 필요까지는 없다. 그런 것까지 하겠다는 마음가짐이 중요하다.

외국에 나가면 눈빛이 달라지는가?

 글로벌 비즈니스를 하는 담당자가 누리는 최대 혜택이 무엇인지 아는가? 바로 해외출장이다. 대학 졸업반 학생들이 글로벌 마케팅을 하고 싶은 이유가 외국에 출장을 자주 갈 수 있기 때문이라고 한다.
 해외출장에 대한 이야기는 뒤에서 구체적으로 하겠다.
 관광이 아닌 일로써 출장을 가면 불편한 게 한두 가지가 아니다. 잠자리, 음식, 물, 시차, 언어 등등 집 떠나면 개고생이다. 하지만 글로벌 마케터는 해외 출장을 가면 불편하다는 생각을 버려야 한다. 짧은 시간에 최대한의 성과를 이끌어 내려면 정신 바짝 차려야 한다. 외국에 나가면 놀러 왔다는 생각을 버리고 미팅에 집중해야 한다. 바이어와 충분한 대화를 나누고, 인간적인 관계를 형성하며, 소기의 성과를 이끌어 내야 한다. 그렇게 하려면 눈빛에 신경 써라.
 외국에 출장 갔더니 음식이 입에 안 맞고 돌아다니는 것도 힘들고 바이어와 시간을 보내는 게 괴롭다면 다른 일을 찾는 게 낫다. 한국에서는 힘들고 지쳐 있어도 해외 출장을 가서는 눈빛이 달라지는 사람, 글로벌 마케터는 그런 사람이 되어야 한다.

박지성처럼 PLAY 하라

 박지성. 그를 모르는 한국 사람은 없을 것이다. 2002년 월드컵에서 보여준 그의 플레이는 모든 한국 사람을 감동과 열광이란 도가니에

빠뜨렸다. 또한 2010년 남아공 월드컵에서는 대표팀 주장을 맡아 사상 첫 원정 16강이란 위업을 이루는 데 큰 힘을 보탰다.

평발과 왜소한 체격으로 인해 운동선수로선 부족한 점이 많았던 그. 하지만, 자신의 미래를 믿고 준비하면서 꿈을 현실로 이룬 대표적인 인물 중 하나가 되었다.

두 개의 심장을 가졌다고 평가 받을 정도로 그라운드에서 보여주는 그의 지칠 줄 모르는 체력과 폭발력은 세계에서 가장 인기 있는 명문 축구 구단인 맨체스터 유나이티드에서 뛸 수 있도록 해준 원동력이다.

새로운 기회를 즐기고 그 기회를 발판 삼아 나의 비전을 스스로 만들기 원하는 사람은 박지성의 PLAY를 유심히 살펴봐야 한다.

P: Prepare(준비하라)

L: Leader(나를 이끌어줄 리더를 찾아라)

A: Ambition(야망을 가져라)

Y: Yield(결과를 만들어 내라)

P: Prepare(준비하라)

글로벌 인재에게는 언제 갑자기 큰 일이 주어질 지 모른다. 기회가 왔을 때 잡아야 한다. 그런데 그 기회라는 놈이 좀 웃긴다. 몸집이 크다. 여기저기 돌아 다니다 어떤 사람 앞에 선다. 그 사람이 어떤 포대 자루를 갖고 있는지 잰다. 기회란 놈이 들어갈만한 포대 자루를 갖고 있지 않으면 아무리 그 놈을 쑤셔 넣으려고 해도 안 된다. 결국 기회는 다시 날아가 버린다.

자신이 갖고 있는 포대 자루의 크기가 얼만한지 한번 보라. 매일 포대 자루를 열심히 짜서 크기를 키워 놨는지. 게으름 부리거나 포대 자루의 필요성을 못 느끼는 사람은 포대 자루가 작거나 없을 것이다.

열심히 능력을 갈고 닦아 원하는 큰 기회가 왔을 때 포대 자루에 담아라. 큰 포대 자루를 가졌다면 기다리지 말고 기회를 찾아 나서라. 그래서 보쌈이라도 해라.

박지성이 갑자기 월드컵 대표팀에 뽑힌 것은 아니다. 평발과 왜소한 체격을 극복하기 위해 부단한 노력을 멈추지 않았기 때문이다. '두 개의 심장'을 갖기까지 쉼 없이 뛰어 체력을 길렀다.

기회가 왔을 때 주저하지 말고 과감히 담을 수 있는 당신만의 포대 자루를 준비하라.

L: Leader(나를 이끌어줄 리더를 찾아라)

거스 히딩크. 그는 2002 한일 월드컵에서 세계 축구의 변방인 한국을 4강에 올려놓았다. 선수를 장악하는 능력에서 경기를 지배하고 이기는 능력까지 그가 보여준 결과들은 과히 놀랄 만하다.

2002 월드컵 포르투갈 전. 박지성은 골 에어리어에 서있었다. 크로스된 공을 가슴으로 트래핑을 한 후 앞에 서있는 수비수를 피해 오른발로 살짝 공을 띄웠다. 그리고 왼발로 강하게 찼다. 골키퍼 가랑이 사이로 들어간 공은 골이 되었다. 현란한 개인기를 보이며 골을 넣은 박지성은 곧바로 세레모니를 했다. 거스 히딩크를 향해 달려갔다. 그리고 온 힘을 다해 그에게 안겼다.

대부분 골을 넣은 선수는 주변의 동료들과 기쁨을 나눈다. 그러나 박지성은 히딩크 감독에게 기쁨을 표현했다. 아마 박지성은 자신을 대표팀에 발탁해서 성장할 수 있게 도와준 히딩크 감독에게 감사했을 것이다.

월드컵이 끝나고 히딩크 감독은 본인이 감독직을 수행하던 PSV에인트호벤에서 박지성이 뛸 수 있도록 이끌었다.

A: Ambition(야망을 가져라)

중학생인 아들이 하루는 이런 말을 했다.

"우리 학교 전교 1등 하는 ○○○이라고 있어요. 그 애와 친해져서 이런 저런 말을 하게 됐는데, 그 애가 공부는 잘하는데 꿈이 없는 것 같아요. 되고 싶은 게 없다고 해요."

아직 중학생이니 인생의 목표를 정하기에 이른지는 모르겠다. 그러나 꿈이 없는 아이들이 의외로 많다. 초등학생들은 수업 시간에 의사가 되고 싶다, 대통령이 되고 싶다, 선생님이 되고 싶다 등 미래의 꿈을 발표

한다. 중학생이 되면 진로를 파악하려고 장래 희망을 적어 오라고 시킨다. 그러나 매번 바뀌기도 하고, 성의 없이 적어 내기도 한다.

축구 선수로서 박지성은 어떤 꿈을 꾸었을까? 한국 프로축구 구단에서 뛰는 걸 목표를 했을 지도 모른다. 하지만, 2002 한일 월드컵에서 좋은 성적을 거두니까 박지성의 목표도 높아졌다. 꿈에 그리던 유럽 리그에서 뛰고 싶다는 간절한 소망이 생겼다. 그리고 그 꿈을 현실로 만들었다.

글로벌 인재 또한 각자의 꿈이 있을 것이다. 회사 내에서 승승장구하여 임원이 되는 것이 꿈인 사람이 있는 반면에 세계적인 글로벌 기업의 사장이 되는 야망을 가진 사람도 있다.

소박한 꿈을 폄하하고 싶지는 않다. 다만 꿈이 아닌 야망을 가지기를 바란다. 큰 물에서 큰 시야를 갖고 주먹을 불끈 쥐어 보기를 바란다.

Y: Yield(결과를 만들어 내라)

영업을 하는 사람이라면 누구나 피해가기 힘든 것이 있다. 바로 실적이다. 월마다 분기마다 년마다 마감을 해서 실적을 평가한다. 실적에 따라 급여가 달라진다면 피 말리는 마감 전쟁을 한다. 실적이 급여에 미치지 않는 경우라 하더라도 상사의 지속적인 실적 타령은 스트레스 그 자체이다.

하지만 영업직을 선택한 마당에 실적에 대한 스트레스는 겸허히 받아 들여야 한다.

2014 브라질 월드컵에서도 그랬지만 특히 2013 동아시안컵에서 대

한민국 축구 대표팀은 극심한 골가뭄에 시달렸다. 골을 넣지 못하니 경기마다 만족하기 힘든 결과를 얻었다. 감독의 전술 부재를 탓하기도 하지만 공격수의 골결정력에 대한 질타가 매우 거셌다.

공격수들은 최선을 다했다. 경기를 본 사람이면 인정한다. 그러나 최선을 다했다는 말로 덮어 두기에는 결과가 좋지 못했다. 아무리 숱한 공이 골대를 맞고 나왔고 상대방 골키퍼가 선방을 펼쳤어도 골을 넣어야 이긴다.

박지성이 두 개의 심장을 가졌고 지치지 않고 그라운드를 누볐어도 골을 만들어 내지 못했다면 대표팀(지금은 은퇴했다)에서나 소속팀에서 입지는 흔들릴 수밖에 없다.

글로벌 인재 또한 많은 바이어를 접촉했고 세계 여러 나라를 휘젓고 다녔다 해도 오더를 받아 오지 못하면 소용이 없다.

물론 오더의 품질이 있다. 최소 생산량에도 미치지 못하는 오더만 받아 오면 문제가 있다. 좋은 바이어를 찾아 좋은 품질의 오더를 받아오는 것이 글로벌 마케터의 임무다. 말만큼 쉽지는 않다. 상황이 받쳐주지 못하면 제아무리 뛰어난 글로벌 인재이라도 성과를 내기 어렵다. 그렇다고 손 놓고 핑계만 댈 수는 없다. 성과를 낼 수 있는 상황을 만들어가야 한다. 다른 부서와 때론 멱살 잡이도 하고 때론 파이팅을 외치기도 하면서 수출을 잘 할 수 있는 프로세스를 갖추어 나가야 한다.

글로벌 인재는 환경과 상황을 이겨내어 성과를 이끌어 내는 골 결정력에 따라 입지가 정해진다.

기회의 직업, 글로벌 마케터

글로벌 마케터와 박지성은 공통점이 많다. 박지성은 좁은 대한민국을 벗어나 세계로 달려 나갔다. 글로벌 마케터들에게 대한민국은 너무 좁은 그라운드다.

글로벌 마케터들은 영어와 같은 외국어를 할 수 있다. 회사에서 외국과 교류할 일이 있으면 그 일을 담당하게 되는 가장 1순위가 바로 글로벌 마케터다. 수출, 수입, 투자, 라이센스 계약 등 외국과 비즈니스를 하게 되면 사장은 누구를 찾게 되는가? 해당 언어를 할 수 있거나 영어로 의사소통이 가능한 글로벌 마케터들이다. 사장이 영어가 안 되면 통역을 위해서 찾을 것이고 영어가 된다고 하더라도 직원을 배석 시킨다. 그러니 글로벌 마케터들이 새로운 일을 맡을 가능성이 높아진다.

그만큼 기회가 많다. 회사에서 큰일을 맡고 성공하게 될 그런 기회 말이다. 물론 일을 두려워하고 주어진 일만 하려는 사람에게는 그 기회가 두려울 수도 있다. 하지만 이 책을 읽고 있는 당신은 글로벌 비즈니스를 통해 성공을 이루고 싶은 사람이란 전제를 두고 계속 이야기를 이어 나가겠다.

잘 먹는 것도 경쟁력

요즘 먹방이라고 해서 맛있는 음식을 먹는 모습을 보여 주는 방송이 인기다. 연예인들이 전국 맛집을 찾아다니며 군침 도는 음식을 맛깔스럽게 표현하는 방송이다. 처음에는 남 먹는 모습을 왜 방송하는지 이해가 되지 않았지만 나도 모르게 빠져 든다. 내가 직접 먹는 것도 아닌데 기분이 좋아진다.

저건 꼭 먹어 봐야지 하는 음식은 인터넷을 검색해서라도 찾아 간다. 방송에서 보던 것과 달라 실망을 하기도 하지만 역시 맛이 끝내준다며 단골이 된 식당도 있다.

해외출장의 즐거움, 먹출

데니스 팀장은 해외 출장의 고단함을 먹는 걸로 풀어준다. 소위 먹출(먹는 출장)이다. 열심히 바이어들과의 비즈니스를 마친 후에 먹는 현지 음식들은 큰 기쁨을 준다.

데니스 팀장은 입이 까다로운 편이다. 가리는 음식은 없다. 하지만, 맛있는 것만 먹는다. 그래서 까다롭다고 한다. 맛있는 것만 먹어도 다 못 먹고 죽을 텐데 굳이 맛없는 것까지 감당하고 싶지는 않기 때문이다.

데니스 팀장이 가장 좋아하는 음식은 중국 요리와 베트남 쌀국수다. 중국 요리는 중국 어느 지방에 가서 먹어도 정말 맛있다. 별의별 식재료를 가지고 만들어 낸다. 생각만 해도 군침이 돈다. 중국에 출장을 가면 주로 거래처가 식사를 대접한다. 따라 가서 맛있게 먹기만 하면 된다.

예전에 중국어를 한마디도 못했을 때 일이다. 중국에 도착해서 한국인 일행과 저녁을 먹으러 나갔다. 일단 아무 식당에나 들어갔다. 주문을 하려니 일행 중에 중국어 하는 사람이 없어 난감해 하고 있었다. 한국말로 "탕수육이나 라조기가 먹고 싶은 데 여기 있을까?"라고 일행에게 말을 했다. 그러자 중국 여종업원이 알았다는 듯이 주방장에게 주문을 넣었다. 잠시 후 요리가 나왔는데 정말 한국에서 먹던 탕수육과 라조기와 비슷했다. 그때 일행 모두 함박웃음을 지으며 맛있게 먹었다.

이제는 중국 거래처들도 한국 사람들이 어떤 중국 요리를 좋아하는지 잘 안다. 주문에 직접 참여하지 않아도 소고기, 돼지고기, 닭고기, 해산물 등 원하는 식재료만 이야기하면 알아서 시켜준다. 다 맛있다. 심지어는 "이번에는 어떤 맛있는 걸 먹게 될까?" 기대하면서 출장을 간다.

중국 거래처는 대접에 소홀하지 않으려고 참으로 애를 쓴다. 좋은 식당에서 좋은 음식을 대접하고 싶어한다. 쑤저우(소주)에 있는 한 식당에 가서 처음으로 경험했던 음식들이 있었다.

식당에 도착하니 거래처 사장은 유리로 된 수족관이 겹겹이 쌓인 곳으로 나를 이끌고 갔다. 수족관 안에는 각종 식재료가 들어 있었다. 생선, 새우, 조개 등 살아 있어 신선해 보였다. 그런데 구석에 깜짝 놀랄만한 식재료가 있었다. 뱀, 악어, 자라였다.

중국 거래처 사장은 이런 걸로 먹어보자며 주문 받는 여종업원에게 뭔가를 열심히 설명했다. 이야기를 나누고 있는데 요리가 하나씩 나왔다. 악어고기였다. 악어를 토막 내서 기름에 튀겼다. 한 번도 먹어 보지 못한 음식이라 약간 꺼림칙했지만 거래처 사장의 성의를 봐서 '도전'하기로 했다.

악어는 생각보다 맛있었다. 쫄깃한 닭다리 후라이드 맛이었다. 소금간이 되어 있었는지 짭조름한 맛이 기가 막혔다.

이어서 뱀요리가 나왔다. 요리 접시 옆에 뱀 간이 접시에 담겨 있는 걸 보았다. 거래처 사장은 뱀 간을 고량주에 빠뜨려 한입에 털어 넣으라고 했다. 몸에 좋다는 말과 함께. 하지만 기생충 감염이 걱정되어 먹지 않겠다고 사양했다. 극구 사양하자 중국 거래처 사장이 포기한 듯 자신이 먹어도 되냐고 물었다. 마치 이 귀한 걸 자기가 대신 먹게 돼 송구하다는 표정이었다.

여러 요리를 먹고 나니 죽이 나왔다. 죽의 정체를 물었다. 자라로 끓인 거라고 했다. 남자한테 정말 좋다는 말도 덧붙였다. 남자한테 좋다니 전의에 불타 열심히 먹었다. 정말 자라가 들어 있는지 모르겠지만 자라 등딱지에 덜어 먹으니 맛이 묘했다.

베트남 쌀국수는 90년 대 호주에 놀러 갔을 때 한국인 유학생들 소개로 처음 먹어 봤다. 처음 만난 유학생들이 "베트남 쌀국수 먹어 봤어요?"라는 게 인사말이었다. 그 정도로 폭발적인 인기를 끌었던 것 같다.

주소를 알아내 시내에서 한 시간쯤 거리에 있는 동네로 찾아 갔다. 베트남 사람들이 모여 사는 곳이었다. 소고기 국수를 시켰다. 얇은 소고기가 쌀국수 위에 산더미처럼 쌓여 있었다. 역시 맛있었다. 소문은 실망시키지 않았다. 다음에는 꼭 베트남 현지에 가서 먹어 봐야겠다고 결심했다.

그 결심이 베트남으로 이끌었을까, 정말 베트남과 비즈니스를 하게 되면서 베트남을 자주 가게 되었다. 제일 처음 도착해서 먹은 음식이 바로 쌀국수였다. 위생적이지는 않지만 노상에서 먹는 쌀국수가 식당에서 파는 것보다 더 맛있다고 거래처 사람이 귀띔해주었다. 한번 시도해 봤다. 저녁 9시경 한 할머니가 파는 쌀국수 리어카 앞에 앉았다. 그리고 소고기 쌀국수를 시켰다. 그날 장사를 잘하셨는지 육수가 별로 남아 있지 않았다.

국수를 한 젓가락 먹고 국물을 한 모금 들이켰다. 아, 이렇게 맛있을 수가. 지금도 그 맛을 잊을 수가 없다. 그 자리에서 쌀국수 두 그릇을 깨끗이 비웠다.

마지막일지 모르니 도전하라

외국 출장을 가면 거의 대부분 거래처와 사전에 약속을 정하고 간다. 거래처는 외국에서 온 손님에게 가능한 좋은 음식을 대접하려고 한다. 우리의 된장찌개, 김치찌개 수준의 평범한 식사가 아닌 고급 음식을 대접한다.

한번은 중동에 같이 출장을 갔던 동료 직원이 출장 후에 몸의 밸런스가 무너져 3개월간 엄청 고생한 걸 본적이 있다. 중동에서 열흘간 어쩔 수 없이 양고기만 먹었기 때문이다.

외국에 출장을 가면 현지 음식이 입에 맞지 않아 한국 식당을 찾는 사람들이 있다. 출장가면 고생인데 음식까지 입에 맞지 않으니 얼마나 힘들겠는가? 그래서, 김치를 비롯하여 각종 밑반찬에 컵라면을 꾸역꾸역 가방에 싸서 간다. 이해한다. 하지만 데니스 팀장은 출장을 가더라도 그런 걸 준비하지 않는다. 한국 식당도 찾지 않는다. 특별한 경우를 제외하고는 현지 음식만 먹는다. 맨날 먹는 한국 음식, 출장까지 와서 꼭 먹어야 하나란 기본 공식을 떠올리지 않더라도 굳이 찾아서 한국 음식을 먹지는 않는다.

현지인들이 즐겨 먹지만 우리 입에 맞지 않는 음식도 있다. 일단 시도해본다. 먹다 보면 입에 맞는 경우가 있다. 터키식 케밥에 토마토 삭힌 소스를 뿌린 양고기 스테이크는 처음 입에 대면 굉장히 거북하다. 앞에서 같이 식사를 하는 터키 사람은 맛있게 먹고 있는데 먹다가 말 순 없었다. 그래서 참고 계속 먹었다. 삼분의 일 정도 먹으니 먹을 만하다는 생각이 들었다. 삼분의 이 정도 먹으니 제법 맛있다는 생각이 들었다. 다 먹고 나니 다음에 또 먹고 싶다는 생각이 들었다. 분명 그런 음식이 있다. 우리에게 익숙한 음식만 고집하면 평생 느낄 수 없는 맛이다.

해외 출장을 다니면서 배를 불리는 데에만 연연해 하지 않기를 바란다. 아무도 모른다. 이번이 이 나라에 오는 마지막 출장이 될지. 마지막이라고 생각하고 마지막으로 주어진 기회에 '도전'해보자.

식당 명함을 챙겨라

음식이 괜찮았다면 꼭 식당의 명함을 챙겨라. 그리고 자기가 시도한 음식이나 요리의 이름을 메모하라. 맛있었건 그저 그랬건 상관없다. 이 요리의 이름이 뭔지, 특징이 어떤지, 가격대가 어느 정도인지 파악해 두라. 거래처 사람에게 이 요리들이 정말 맛있어서 그러니 양해해 달라고 하면 싫어할 사람 없다. 중요한 비즈니스 자리라면 비즈니스 이야기는 충분히 하고 식사가 끝날 때쯤에 물어도 된다. 자세히 알려 준다. 어떤 사람은 자기가 신나서 별 이야기 다하는 경우도 있다. 자기네들이 대접한 음식을 외국 사람이 잘 먹어 준다면 그보다 고마울 데가 없다. 다음에는 더 좋은 음식, 더 맛있는데 데려가겠다고 약속도 한다.

출장지에서 묵었던 호텔의 명함도 챙겨라. 이 또한 각 정보를 메모해 두라. 이렇게 음식과 호텔 정보를 잘 모아서 정리해 두면 정말 도움이 많이 된다. 다음에 출장을 가면 지난 번 경험에 비추어 더 나은 선택을 할 수 있다.

한편으로는, 현재 거래하는 회사와 언제까지 거래할지 모르기 때문에 사전에 대비하기 위해서다. 그 회사와 깨져서 다른 거래처와 거래를 해야 할 수도 있다. 지난 번 좋았던 호텔, 괜찮았던 식당 정보를 가지고 있다면 다시 이용하는 데 편리하다.

또한 사랑하는 애인 또는 가족과 해외여행을 할 때 분명 도움이 된다. 부모님을 모시고 갈 수도 있다. 출장을 갔던 지역에 여행을 가게 되면 출장과는 또 다른 상황이다.

사랑하는 사람들을 데리고 가니까 안전하고 깨끗한 호텔을 선택하고 가족들이 먹기에 좋은 메뉴를 선택해줄 수 있다. 그러면 애인 또는 가족, 부모님께 최고의 애인, 최고의 엄마, 아빠, 최고의 아들, 딸이 된다. 이미 내가 선발대가 되어 겪어본 것이니 실패할 리가 있겠는가?

외국 출장 가서 맛있는 것 먹는 먹줄, 분명히 글로벌 마케터가 누릴 수 있는 또 하나의 특권이다.

다양한 경험은 돈 주고라도 사라

KBS에서 방영된 '굿닥터'라는 드라마가 있다. 의사를 꿈꾸는 중학생 아들이 무척 좋아하는 드라마였다. 자폐증을 가졌지만 서번트 증후군이란 특별한 능력과 따뜻한 감성을 가진 의사로 분한 주원의 연기력은 대단했다. 드라마는 육체적 치료만이 아닌 정신적, 정서적 치료까지 할 수 있는 의사가 좋은 의사라는 걸 보여 주고자 했다. 그중에서 이런 대사가 나온다. 김도한 교수(주상욱 분)가 했던 말이다.

"모든 검사 기구로 환자의 상태를 100% 알 수 없다. 그래서 임상 경험이 중요한 거다."

의사들이 아무리 뛰어난 의료기구를 가지고도 환자의 상태를 100% 알기는 어렵다. 그래서 많은 임상을 통해 다양한 경험을 쌓는 것이 중요하다. 그래야 만에 하나 있을 수 있는 경우까지 따져가며 환자의 상태를 정확하게 진단할 수 있는 것이다.

인터넷만 접속하면 웬만한 정보를 수집할 수 있다. 책상에 앉아서 지구촌 곳곳에서 벌어지는 일들을 알 수 있고 간접 경험을 할 수 있다. 수출을 지원하는 기관이 많이 생겨나고 수출 지원 프로그램도 경쟁적으로 만들어지고 있다. 언어에 능통한 인재들이 쏟아져 나오니 사람 구하기 어렵지 않다. 즉, 글로벌 비즈니스 하기 정말 좋은 세상이다.

비즈니스 환경이 좋아졌다고 모두가 성공할 수 있는 건 아니다. 정작 중요한 것은 경험이다. 말로써 글로써 표현하지 못하는 몸으로 체득한 나만의 기술, 그것이 경험이다.

물론 경험을 가르칠 순 있다. 간접 경험도 경험이니까. 하지만 몸으로 직접 부딪치며 얻은 경험과 편하게 앉아서 말로 듣는 경험이 결코 같을 수 없다.

데니스 팀장은 여러 업종에서 일했다. 그럭저럭 사는 월급쟁이로 일한 건 아니었다. 사업을 하고 싶었고 언젠가 필요한 지식이 될 거라 생각했기 때문에 정신 바짝 차리고 배웠다. 본인 업무뿐 아니라 다른 부서 업무에도 관심을 갖고 묻고 배웠다. 제조업체에서 근무하면서 생산 공정을 세밀하게 볼 기회가 많았다. 이해가 되지 않으면 생산 담당자에게 물어서라도 반드시 이해하고 넘어 갔다.

하나의 업종에서 생산 공정을 제대로 이해하고 나니 다른 업종에 가도 별로 어려움이 없었다. 생산 라인만 봐도 전 공정이 이해가 되었다. 잘 모르는 게 있더라도 설명만 들으면 금방 알아들었다. 다양한 업종에서 여러 경험을 했다는 것이 데니스 팀장에게는 정말 소중한 자산이다.

수입 업무를 맡은 부서 여직원과 면담을 한 적이 있다. 수입 업무를 큰 문제없이 잘 처리하는 여직원에게 제안을 했다.

"수입 업무는 잘하고 있네. 문제없이 잘해내는 데 대해 감사하게 생각하고 있어. 나는 미란다씨가 더 성장하기를 바라. 혹시 다른 업무도 같이 해볼 생각 있나?"

미란다는 입사해서 몇 개월은 고생을 많이 했다. 업무량이 많았고 처음이라 익숙하지 않았기 때문이다. 이제 한숨 돌리나 했는데 다른 업무도 하라니 약간 겁이 나는 듯한 표정이었다.

"수입 업무는 이제 웬만큼 돌아가는 건 이해하잖아. 하지만 너무 편향적으로 일을 하는 것보다 반대 입장에서 일을 해보는 것도 좋을 것 같아. 그래서 말인데, 수출 쪽 업무도 같이 하면 어떨까?"

그녀는 다행이라는 미소를 지었다. 아마 잡무를 떠넘기면 어쩌나 걱정을 했던 것 같았다.

"네, 팀장님. 수출 쪽 업무라면 좋아요. 안 그래도 글로벌 마케팅을 해보고 싶었거든요."

글로벌 마케터가 수출 업무만 하는 것보다 다양한 부서의 업무도 경험해보기를 권한다. 특히, 수입 실무를 해보라. 바이어에게 영업을 하는 입장이 아니라 내가 돈 주고 물건을 사오는 바이어 입장이 돼보

라. 그러면 상황에 따라 바이어가 지금 무슨 생각을 하는지 짐작할 수 있게 된다. 협상에 있어서도 상당히 유리해 진다.

　수입 업무도 같이 할 때 이야기다. 하루는 해외의 공급처에서 애로사항이 있다며 연락이 왔다. 신용장에 준비해야 하는 서류가 너무 많다는 것이다. 반드시 필요한 서류나 조건이 아니라면 간소화시켜 달라고 부탁했다. 언뜻 이해가 가질 않아서 신용장 카피를 보내 달라고 요청했다. 수입신용장 개설 신청을 할 때, 필요한 서류 리스트를 기입하게 된다. 그런데 필수 서류 외에 추가 서류를 제출하라는 조항이 들어 있는 것이었다. 그래서 은행에 그런 조항들을 삭제해 달라고 요청했다.

　소위 지저분한 신용장에 대해 정작 바이어 본인은 모르고 있는 경우도 허다하다. 사우디 바이어는 통관 서류가 5가지만 필요했고, 상공회의소 인증만 받으면 그만이었다. 그런데 신용장을 받아본 데니스 팀장은 복잡하고 까다로운 조항들을 발견했다. 바이어에게 상황을 설명하고 신용장을 최대한 간단하게 발급해 달라고 부탁했다. 이후로는 이게 중동 L/C(신용장)가 맞나 싶을 정도로 간단한 L/C만 받았다.

　사무용 제품을 생산하는 중국 S사의 진 사장과 티엔진에 있는 한식당에서 만났다. 제품 공급이 예정보다 자꾸 1~2주일가량 늦어지는 일이 발생해서 의논 차 출장을 갔던 것이다. 진 사장의 극진한 대접을 받으며 가벼운 이야기를 나눴다. 식사가 끝날 즈음 진 사장이 조심스럽게 말을 꺼냈다. 혹시 중국 포워딩 업체를 바꿔줄 수는 없는지 물었다. 데니스 팀장이 지정한 포워딩 업체의 중국 지사에 구조적인 문제가 있었던 모양이다. 그 포워딩은 외국계로서 규모가 꽤 큰 회사였다. 중국 지사에는 직원이 많았지만 담당자가 명확하지 않았다. 또한 전화 통화가 굉장히 어려웠다. 중국의 S사는 제품 생산이 끝나도 포워딩 직원과 통화하기도 어렵고 명확한 선적 일정도 제대로 받지 못했다.

데니스 팀장은 한국으로 돌아가 상황을 파악한 후 해결책을 알려주기로 했다. 한국 포워딩 업체 지사장과 이 문제를 협의했으나 해결이 어렵다는 답변이 왔다. 유럽 본사에 클레임을 제기했지만 중국 지사에서 꿈적도 하지 않는다는 것이다. 포워딩 업체를 교체했다. 그랬더니 중국 공급자의 선적 일정이 빨라졌다.

수출자와 수입자, 서로의 입장이 다르다. 하지만 그 입장을 모두 경험해보고 이해한다면 비즈니스를 하는데 상당한 도움이 된다. 수입 업무를 하면서 알게 되었던 것들을 수출 업무를 하면서 적용할 수 있었다. 수출자의 애로를 수입자, 즉 바이어는 모르고 있을 수 있다. 해결 방안을 갖고서 바이어에게 도움을 구하라. 의외로 쉽고 간단히 문제들이 해결된다. 그래서 다양한 경험이 중요하다.

고기도 먹어본 놈이 잘 먹는다

　마음 맞는 사람들과 함께 나누는 '삼겹살에 소주 한잔'은 피로를 풀어주는 피로회복제다.
　고기하면 떠오르는 사람이 있다. 강호동이다. 강호동은 아침에도 삼겹살을 구워 먹을 정도로 고기를 좋아한단다. 나도 강호동 정도는 아니지만 고기 마니아다.

고기 마니아
　비프스테이크를 보자. 나는 미디움 래어 정도로 구운 스테이크를 좋아한다. 겉은 익었지만 속살은 익지 않았다. 쉐프의 실력은 육즙을 얼마나 잘 유지하며 굽느냐로 판가름 난다. 속살은 열에 살짝 달군 정도로만 익혀져 있다.
　나이프와 포크를 들고 스테이크 한 점을 자른다. 겉은 갈색이며, 속은 선홍빛이다. 입에 넣고 살짝 씹으면 입안 가득 퍼지는 육즙의 향기가 코 안에 느껴진다. 살코기만 있으면 퍼석한 느낌이 많아 싫다. 지방이 적당히 섞인 부위가 좋다. 고소함이 육즙과 섞이면 환상적인 맛을 연출한다.

　돼지고기는 국민 모두 좋아한다. 특히 '삼겹살에 소주 한 잔'으로 대표되는 삼겹살은 가격이 저렴하여 서민의 음식, 서민의 안주였다. 하지만 지금은 삼겹살 수요가 너무 많아 가격이 그리 착하지는 않다. 가격만으로 서민의 음식이던 삼겹살이 서민이란 말과 멀어진 느낌이다.

　삼겹살 하면 노릇노릇하게 구워지는 모습을 가장 많이 떠올린다. 기생충과 세균의 전이를 막기 위해 돼지고기는 잘 구워서 먹어야 한다. 그렇다고 너무 익혀 딱딱해지면 식감이 떨어진다.

　양고기 또한 꽤 괜찮은 고기다. 누린내 난다고 싫어하거나 꺼리는 사람도 있다. 나에게는 양고기에 대한 추억이 있다. 호주에 머물 때 묵었던 기숙사 근처에 있던 양고기 바비큐 집이 생각난다. 그 집은 철로 된 꼬챙이에 양고기를 통째로 꽂아 요리한 바비큐를 판다. 자동으로 빙글빙글 돌아가며 양고기의 기름기를 쫙 뺀다. 돈에 여유가 없을 땐 플라스틱 용기에 조금 담은 테이크아웃 양고기를 사먹었다. 식당에 들어가 먹는 것보다 양을 많이 준다.

　사온 양고기를 고추장에 발라 맥주와 함께 먹는 그 맛은 지금도 그립다. 혼자 방에 앉아 먹기도 하고 한국인 친구들과 함께 나눠 먹기도 했다. 다들 양고기를 고추장에 발라 먹는 그 맛에 감탄했다.

　어릴 때부터 고기를 자주 먹었다. 아버지가 고기를 무척 좋아하신 이유도 있었지만 아버지 사업 상 개업식당에 가서 팔아줘야 하는 경우가 많았다. 그때마다 아버지는 가족들을 데리고 외식 삼아 가셨다. 덕분에 어릴 때부터 고기 맛을 알게 되었다. 그러니 고기를 더 좋아하게 되었고 잘 먹게 되었다.

친구 중에 생선을 전혀 먹지 않는 친구가 있다. 어릴 때 생선을 잘못 먹어 고생한 이후로 지금까지 생선은 전혀 먹지 않는다. 정말 고생했나 싶어 안쓰럽다.

반대로 고기의 진정한 참 맛을 알게 되면 고기만 찾는다. 그래서 '고기도 먹어본 놈이 잘 먹는다'란 말이 생겼나 보다.

성공 DNA는 만들어진다

사람은 좋은 경험이든 나쁜 경험이든 경험으로부터 뭔가를 배운다. 또한 경험을 통해 좋은 것과 싫은 것을 나누게 된다.

성공이라는 것도 반드시 경험을 해보아야 하는 것 중에 하나다. 대단한 성공도 좋고 조그만 성공이라도 좋다. 일단 성공을 맛보고 나면 다음에 또 하고 싶어진다.

골프채를 휘둘러 정확하게 맞는 순간을 경험하면 또 골프채를 휘두르고 싶어진다. 설령 아흔아홉 번 부정확한 스윙을 해도 한 번의 그 짜릿한 손맛을 기다리게 된다.

축구의 골 맛, 야구의 홈런 맛 모두 같은 맥락이다. 그 한 번의 짜릿함이 사람을 미치게 만든다. 골프에, 축구에, 야구에.

『누구나 한번쯤 꿈꾸는 나만의 첫 책 쓰기』를 쓴 양정훈은 산악인 허영호 대장의 강의에서 이런 말을 들었다고 적었다.

"정상에 서면 또 다른 정상이 보인다."

한 분야에서 최고가 된 사람은 다른 분야에서도 최고가 될 가능성이 높다. 세상 사는 일이 비슷해 하나를 깨우치면 다른 걸 깨우치기 쉬워진다.

영어를 마스터한 사람이 중국어도 짧은 시간에 금방 배우는 것과 같은 이치다. 성공의 맛을 보았기 때문이다. 목표를 정해 한번 이루고 나니까 다른 목표도 명확하게 눈에 들어온다. 그리고 전력투구한다.

사업을 해서 얻어지는 것만이 성공은 아니다. 스스로 세운 목표를 이루는 것도 성공이다. 목표를 정하고 실행에 옮겨 얻게 된 성공도 충분히 가치가 있다. 직장에서, 가정에서, 학교에서 나만의 목표를 정하라. 그리고 하나씩 원하는 목표를 이루며 성공의 참맛을 느껴라. 그러면 자연적으로 성공 DNA가 만들어진다. 한번 성공의 맛을 느끼면 새로운 목표를 세우게 되고 더 많은 것들을 이루게 된다.

그리고 기회가 된다면 내 일을 통해 성공을 이루어 보라. 비록 실패를 맞게 되더라도 좌절하지 마라. 실패를 딛고 일어선 당신이 가질 능력, 내공, 경험은 돈 주고 살 수 없는 소중한 것들이다. 부동산 부자가 아닌 내공 부자, 경험 부자는 어떤가? 그것도 나쁘지 않다.

당신이 느껴본 성공의 손맛과 실패의 손맛은 다음에 또 다른 성공으로 당신을 이끌 것이다.

쇼맨십에 능하라

예전만큼은 아니지만 아직도 TV 오락프로를 보면 MC 자리는 유재석, 강호동이 휘젓고 있다. 유재석은 부드러운 카리스마로 게스트와 물 흐르듯 토크를 진행한다. 강호동은 힘이 센 천하장사 캐릭터로 과장된 리액션을 통해 시청자들의 눈길을 사로잡는다.

말 잘하는 사람이 성공하는 세상

말 잘하는 사람이 인정받는 세상이 왔다. 그냥 웃긴 이야기만 늘어놓는 것이 아니라 같은 이야기도 조리 있게 이야기 하면서 웃음과 감동을 주는 사람이 인기가 많다. 잘난 체 하지 않아도 서서히 좌중을 압도하여 모임의 주인공이 되는 사람들이다.

초등학교에서도 발표 잘하고 각종 행사에서 마이크를 잡는 학생들이 있다. 목소리만 크다고 되는 게 아니라 모범생 같은 이미지에 사람들 앞에서 주눅 들지 않는 당당함이 중요하다. 한번 성공적으로 행사를 진행한 학생은 다음 행사 때에도 사회를 보거나 진행을 맡을 수 있는 우선권이 주어진다.

엄마들은 자기네 아들, 딸이 이런 기회를 가지도록 연습을 시키기도 하고 선생님께 잘 봐 달라고 부탁하기도 한다.

학생들 눈에 자꾸 비쳐지다 보면 학급 회장이나 전교 학생회장을 맡을 가능성이 높아진다. 자기 자식들이 높은 자리에 앉는 걸 싫어

할 부모는 아무도 없다.

　많은 사람들 앞에서 떨지 않고 말을 잘 할 수 있다는 것이 애들이 살아가는데 있어 얼마나 중요한지 알기 때문이다. 그래서 극성이다.

　나는 어릴 때부터 키가 작았다. 하지만 어떤 아이들도 그를 놀리거나 함부로 대하지 않았다. 학급 반장이었고 선생님의 사랑을 독차지(?) 했기 때문이다. 잘 보이지도 않는 조그만 녀석이 앞에 서서 떠드는 애들에게 조용히 하라고 했다. 그때만 해도 애들이 순진해서 그런지 반장 말은 잘 들었다. 학급에서 하는 모든 회의나 토론의 사회를 맡기도 했다. 앞에 나서서 하는 일은 거의 혼자 하다시피 한 것이다.

　초등학교 6학년 때에는 전교어린이부회장이 되었다. 선거 유세 때는 단점을 적극 활용했다.

　"작은 고추가 맵습니다."

　매운 맛을 본 건지 많은 지지자들이 생겼다. 회장 자리는 놓쳤지만 부회장을 따냈다.

마이크 잡은 놈이 장땡

　사람들 앞에 나서서 말을 한다는 것, 어떤 이들에겐 두려움일지 모르지만 어떤 이들에겐 야릇한 희열이다. 나는 어릴 때부터 사람들 앞에 서며 그 희열을 맛봤다.

　사람들은 다수의 틈바구니에서 한 사람 또는 소수의 사람들을 바라보면서 편안함을 느낀다. 나는 나를 바라보는 수많은 시선을 느끼는 것이 짜릿하다.

　사람들 앞에 서면 일단 다수의 사람들과 눈높이가 다르다. 내 눈이 더 높은 위치에서 사람들을 바라본다. 그 눈높이의 차이로 어떤 이들은 불안감과 두려움을 느낀다. 그 눈높이의 차이를 자연스럽게 받아들이고 잘 활용하면 새로운 세상이 보인다.

　방송인 김제동은 "마이크 잡은 놈이 장땡 아닙니까?"라고 말했다. 실제로 그렇다. 희한하게 마이크 잡은 '놈'이 그 자리에서 누리는 권력(?)은 대단하다.

　레크리에이션 강사가 시키는 대로 다 한다. 아니 다 해야 한다. 평소 같으면 체면 때문에 부끄러워서 못하는 일도 마이크 잡은 레크리에이션 강사가 시키면 하게 된다. 나이도 직급도 잊고 춤도 추고 노래도 한다.

　강단에 서서 특강을 하면 시간이 초과되더라도 강사가 강의를 끝내지 않으면 다른 사람이 중단시키지 못한다. 주례가 지루한 주례사를 30분씩 끌어도 참고 들어야 한다. 교장 선생님이 '마지막으로 한마디만 더 하면' 하고도 한참을 더 말씀하셔도 어쩔 수 없다. 마이크를 잡은 사람들이기 때문이다.

　회사에서 프레젠테이션을 할 일이 참 많다. 사업계획서 발표부터, 거래처에 회사 소개를 하거나 신제품을 발표하는 등 사람들 앞에 서서 뭔가를 이야기할 기회가 많다. 그런데 프레젠테이션도 하는 사람이 계속 하게 되고 하지 않는 사람은 할 기회가 거의 없다. 프레젠테이션을 잘하는 사람에게 기회가 자꾸 주어지기 때문이다.

프레젠테이션은 잘해야 한다. 더구나 글로벌 마케터들은 외국인들 앞에서 영어로 프레젠테이션을 할 때가 많다. 이 또한 잘해야 한다. 한국말로 해도 떨리고 힘든데 영어로 하라고? 막상 해보면 영어로 하나 한국말로 하나 별 차이가 없다.

사람들 앞에 서서 프레젠테이션 잘하는 사람은 영어로 해도 잘한다. 왜냐면 준비를 잘하니까. 사람들 앞에서 떨지 않는다면 한국말로 할 걸 영어로만 바꾸면 된다. 영어 대본 하나 더 쓴다는 차이밖에 없다.

회사와 제품을 많은 사람에게 홍보하는 자리에, 또는 알고 있는 좋은 정보와 생각을 대중에게 알리는 자리에 당신이 서게 되었다. 그러면 어떻게 하면 좀 더 효율적으로 본인의 생각을 알릴 방법이 없을까를 궁리해야 한다.

프레젠테이션 잘하는 비결

1. 스토리를 만들어라.

내가 하고자 하는 이야기를 어떻게 전달할지 전체적인 구도를 잘 짜라. 서론을 어떤 이야기로 풀어 나갈지 서론에서 본론은 어떤 식으로 자연스럽게 연결할지 결론은 어떻게 마무리 지을지 전체적인 설계도를 머릿속에 그려보라.

2. 대본을 써 보라.

머릿속에 설계도를 그렸으면 어떻게 살을 붙일지는 직접 대본을 써 보면 좋다. 처음 인사말부터 구어체로 쭉 써 보라. 일단 생각을 글로 표현해보면 생각에 체계가 잡히고 괜찮은 아이디어가 떠오른다. 대본 작성을 통해 생각을 정리하라. 그렇다고 대본을 외우라는 말은 아니다. 내 경험에 의하면 대본을 외워서 한 것보다 큰 맥락만 기억하면서 했던 프레젠테이션의 효과가 훨씬 컸다. 더 자연스럽고 호응이 좋았다.

3. 임팩트를 줄 수 있는 포인트를 잘 살려라.

대본 작성을 통해 생각한 것을 정리했으면 중간중간 말하고자 하는 중요 포인트를 정하라. 내가 하려는 중요한 내용을 제대로 전달하지 못했다면 그 프레젠테이션은 잘했다고 볼 수 없다.

개그맨들이 말하는 '웃음 포인트'와 같다. 이렇게 말을 하면 이쯤에서 사람들이 웃을 거라고 기대하는 포인트가 있다는 말이다.

중요 포인트를 정했다면 그 중요 포인트를 어떻게 전달할 것인지 생각하라.

4. 내용에 감동을 더 하라.

우화의 사전적 의미를 보자.

'인건화한 동식물이나 기타 사물을 주인공으로 하여 그들의 행동 속에 풍자와 교훈을 나타내는 이야기'

우화는 그냥 이야기를 한 것이 아니라 그 이야기 속에 감동을 주는 깨달음이 있기 때문에 쉽게 가슴에 다가오고 오랫동안 기억에 남는다.

프레젠테이션을 한다고 해서 꼭 딱딱한 내용만 말하고 끝내면 너무 재미없지 않은가? 이런 경우에도 주제와 상황에 맞는 적절한 이야기, 인용구, 명언을 곁들여 사람들 뇌리에 신선한 자극을 줄 수 있다. 그래야 내 말이 더 설득력을 가진다. 말하고자 하는 중요 포인트를 감동적으로 가슴에 와 닿게 전해야 한다.

다른 연사는 딱딱한 내용만 이야기하고 내려가더라도 당신은 신선한 충격을 줘라. 당신에 대한 반응은 "이야! 그 사람 말 참 잘하네."이다. 그러면 당신의 프레젠테이션은 성공이다.

5. 명강사의 강의를 많이 들어라

요즘은 책 쓰기, 컨설팅, 강의를 해서 먹고 사는 1인 기업이 많이 생겨나고 있다. 이 중에는 베스트셀러 작가이자 명강사가 많다. 그들의 책은 주제는 달라도 독자의 마음이라는 잔잔한 호수에 돌멩이를 던져 물결을 일으킨다.

책은 참 잘 쓰는데 말을 잘 못하는 강사도 있다. 책 내용은 별 거 아닌데 말은 기가 막히게 잘하는 강사도 있다.

각 분야에서 오랜 기간 동안 쌓은 노하우를 책을 통해 강의를 통해 세상에 선보인다. 그들의 강의를 많이 들어보자. 많이 들어봐야 한다. 그래야 강사에 대한 평가를 하고 좋은 점과 나쁜 점을 판단할 수 있다. 마이크 잡는 방법, 목소리 톤, 말의 강약, 제스처, 손의 위치, 다음 주제로 부드럽게 넘어가는 방법 등을 배운다. 또한 눈에 거슬리는 강사의 행동, 어투 등을 알게 된다.

내가 마이크를 잡는 순간 다른 사람 눈에 어떻게 비쳐지는지 내 목소리는 어떻게 들리는지 미리 알아야 한다. 거울을 보면서 마이크 잡는 위치는 괜찮은지 편안해 보이는지 확인해보라. 녹음기에 내 목소리를 녹음해보면서 발음이 꼬이지 않는지 말끝을 흐리지 않는지 확인해보라.

6. 파워포인트를 잘 활용하라.

예1 파워포인트 화면을 띄웠다. 빽빽한 글자만 나열되어 있다. 청중은 글자를 쳐다 보느라 바쁘다. 너무 글자가 많으니 머리 아파 읽다가 만다. 발표자가 앞에서 아무리 떠들어도 집중력이 떨어져 더 이상 말이 귀에 들어오질 않는다.

예2 파워포인트 화면에 중요한 문구들이 보인다. 발표자의 말을 유심히 듣고 있는데 화면에 애니메이션이 하나 떴다. 캐릭터 하나가 계속 같은 동작을 반복하고 있다. 자꾸 눈이 그리로 간다. 애니메이션이 신경 쓰여 발표자의 말을 듣는 둥 마는 둥 한다.

주로 파워포인트를 사용해 프레젠테이션을 한다. 흰 바탕에 검은 글씨만 나열하는 사람도 있고, 이것 저것 화려한 템플릿을 사용하여 멋지게 보이려는 사람도 있다.

　프레젠테이션은 발표자가 청중들에게 정보를 전달하는 것이 목적이다. 청중들이 화려한 파워포인트 애니메이션이나 기교를 보러 온 게 아니다. 너무 단순하지도, 너무 화려하지도 않은 범위 내에서 당신이 하고자 하는 말이 가장 잘 전달될 수 있는 최적의 파워포인트 기술을 익혀라. 하지만 한가지 꼭 기억해야 할 게 있다. 파워포인트는 단순히 도구일 뿐이다. 중요한 것은 파워포인트를 멋지게 보이는 기술이 아니라 당신이 하고자 하는 창의적이며 감동적인 메시지다.

7. 상상하라.

　내가 발표할 차례가 왔다. 내 이름이 불려진다. 옷 매무새를 가다듬는다. 헛기침을 해서 목을 푼다. 앞으로 걸어 나와 마이크를 잡는다. 청중들을 왼쪽에서 오른쪽으로 한번 쭉 훑어본다. 200명 정도 온 것 같다. 저 끝에는 눈부신 조명이 내 시야를 잠시 멀게 했다. 방송용 카메라가 나를 찍고 있다.

　프레젠테이션을 하거나 강의를 하게 되면 나는 항상 그 상황을 상상해본다. 몇 명 정도의 사람 앞에서, 어떤 식으로 걸어 들어와, 인사는 어떻게 하며 첫 인사말은 뭐라고 띄울 것인지 상상한다.

　이러한 상상 훈련은 나에게 상당한 도움을 준다. 내가 그 장면을 미리 경험해봄으로써 마치 전에 해본 것과 같은 익숙함을 만들어 낸다. 그러면 훨씬 자연스럽다. 떨리지도 않는다.

발표를 앞두고 연습을 할 것이다. 실제로 말을 하면서, 포인트를 줘야 하는 상황에서 톤을 얼마만큼 높일 것인가 손짓은 어떻게 해야 강한 인상을 줄 것인가 연습을 한다. 그런 연습뿐 아니라 상상에 의한 시뮬레이션 연습을 하면 실전에 큰 도움이 된다.

8. 내용을 300자로 요약해보라.

프레젠테이션을 할 내용을 약 300자 정도에 요약해보라. 상대가 왜 내 말을 들어야 하는지, 상대에게 무슨 말을 하는지 정확하게 알 수 있다. 300자로 요약이 안 된다면 포인트가 없거나 프레젠테이션에서 주절주절 의미 없는 말을 나열할지 모른다.

본인의 생각을 멋있게 포장해서 말로 잘 끄집어내는 사람은 어떤 그룹에서도 주목을 받게 된다. 그리고 본인을 그 그룹 내에 알리고 존재감을 높일 수 있다.

회사 내에서 '발표를 잘하는 사람'이라 인식되면 대중 앞에 나서게 되는 기회가 많이 주어진다. 회사에서 행사가 있을 때마다 마이크를 잡게 된다. 심지어 회사 행사의 사회도 맡게 된다. 재미있는 게 사회자 앞에서는 모두 작아진다. 직급, 나이, 성별 이런 거 크게 문제가 되지 않는다. 사회자가 이끄는 대로 행사가 진행되며 '높으신 분'도 사회자가 시키는 대로 한다. 심지어 노래도 하고 춤도 춘다.

글로벌 마케팅도 일종의 '쇼(show)'다. 내가 가진 걸 보여 주고 그걸 판다. 60점짜리 제품을 가지고 있다면 제품에 화장을 하고 포장도 예쁘게 하고 조명을 잘 비추어 90점짜리처럼 보이게 해야 한다. 그래야 바이어가 사고 싶을 거 아닌가?

그래서, 글로벌 마케터는 '쇼'를 잘할 필요가 있다. 바이어가 나에게 호감과 신뢰를 갖게 하여 내가 파는 제품을 사게 만들어야 한다.

보여줄 게 있으며 잘 보여주라. 제품이든 사람이든.

전투에 나가면서 마음속으로 외쳐라.
"It's Show time!"

글로벌 인재 사장 되기

"오늘 저녁 같이 할까? 내가 살게."

스포츠 브랜드를 영업하면서 알게 된 미국인 마크가 같이 저녁 식사를 하자고 했다. 지금까지는 데니스 팀장이 마크에게 접대를 했다. 마크가 밥을 산다니 좀 이상하다는 생각이 들었다. 하지만 밥 산다는데 마다할 이유도 없어서 약속을 정했다.

약속 장소로 나간 데니스 팀장은 마크 옆에 앉아 있는 처음 보는 외국인을 발견했다.

"데니스 팀장, 인사하지. 이쪽은 토마스." 마크가 옆에 앉은 사람을 소개했다.

"안녕하세요? 처음 뵙겠습니다. 데니스입니다."

"안녕하세요? 저는 토마스입니다."

마크는 먹고 싶은 거 시키라며 메뉴판을 건넸다. 모두 스테이크를 주문했다. 시원한 맥주를 건배하고 한 모금 들이켰다.

목이 말랐는지 거의 반 잔을 한 번에 쭉 넘긴 마크는 입을 열었다.

"데니스, 내가 자네에게 이 사람을 소개해주려고 오늘 보자고 한 거야. 토마스는 내 친구인데 스페인에서 신발, 의류, 모자와 같은 스포츠 브랜드 사업을 하고 있지."

데니스 팀장은 일이 어떻게 돌아가는지 대충 감이 왔다. 이런 류의 이야기는 많이 들어서 잘 알고 있었다.

바이어가 사업을 제안하다

바이어가 거래하는 제조업체나 공급업체의 유능한 글로벌 마케터를 스카우트하는 사례가 많다. 또는 실력 있는 글로벌 마케터에게 사업을 제안하는 경우도 있다. 그동안 바이어의 제품 공급을 담당했으니 바이어가 원하는 바를 잘 이해하고 신뢰할 수 있기 때문이다.

이런 경우는 현재 거래하는 제조업체나 공급업체가 제공하는 서비스에 만족을 하지 못하기 때문이다. 아니면 여러 업체를 동시에 거래할 필요성이 있는데 현지에서 일을 처리해줄 에이전트가 필요하기 때문이다.

대기업의 경우 자금력이 있으니 현지에 지사를 설립하면 되겠지만 신중을 기하기 위해 몇 년 동안 에이전트를 두기도 한다. 외국의 중소 브랜드는 한국산 제품을 수입하거나 한국에 론칭을 하기 위해서 에이전트를 선정한다. 에이전트를 선정할 때에는 모르는 사람보다 서로를 잘 아는 사람, 즉 기존 거래선에서 근무하는 사람을 선호하게 된다.

데니스 팀장은 이렇게 사업을 제안 받아 바이어들과 좋은 비즈니스를 하는 사장들의 이야기를 많이 들어봤다.

마크가 토마스를 소개해준 건 분명 에이전트를 제안하기 위해서일 거란 생각이 들었다. 데니스 팀장은 순간 오만 가지 생각이 머리를 헤집고 다니는 걸 느꼈다.

토마스는 데니스 팀장보다 한 살 많았다. 동안인 데니스 팀장보다 10살은 많아 보였지만 금발 머리에 다부진 체격은 운동을 많이 했다는 걸 짐작하게 했다.

독일계 스페인 사람인 토마스의 아버지는 유명 스포츠 브랜드 스페인 지사장을 역임했다. 스포츠 브랜드 업체에서 30년 간 근무를 하면서 배운 노하우를 접목해 본인의 브랜드를 만들었다. 이제 그의 아들인 토마스가 브랜드를 키워 나가야 할 임무를 맡았다.

한국뿐만 아니라 중국과 동남아 등지에 있는 제조업체를 관리해줄 파트너가 필요했다.

아직 토마스의 회사는 작았다. 큰 에이전트나 바잉 오피스는 토마스의 회사와 거래하려고 하지 않았을 것이다. 그래서 한국에 있는 마크와 얘기를 나누었고 괜찮은 사람 하나 소개해 달라고 부탁 했을 것이다.

마크는 평소에 같이 일하면서 데니스 팀장을 능력 있고 괜찮은 사람이라고 생각했다. 토마스 얘기를 듣는 순간 데니스 팀장을 떠 올렸고 소개 차 데니스 팀장을 불러 냈던 것이다.

"토마스 사장님, 저는 가진 돈이 많지 않아 당장에 사업을 할만큼의 여력이 없습니다. 저도 사업을 꿈꾸고 있지만 사업을 하기에는 경험이 많지 않습니다."

데니스 팀장은 글로벌 마케팅을 하면서 가슴 속에서 솟구쳐 오르는 욕망이 있었던 것은 사실이다. 직접 이런 사업을 하면 정말 잘 할 것 같았다. 그리고 큰 돈을 벌고 성공할 수 있을 것 같았다. 사업을 꿈꾸고 있었지만 계획을 갖고 준비를 해 온 건 아니었다. 그래서 갑작스런 제안에 한편으론 흥분이 되면서도 또 한편으로는 두려움이 밀려 왔다.

기회를 이대로 놓칠 것인가?

토마스는 같이 식사를 하면서 데니스 팀장이 마음에 들었다. 마크가 소개해 준 사람이니 믿을 만 하다는 것도 데니스 팀장을 선택하게 된 큰 요인이 되었다. 토마스는 다음의 제안을 했다.

"데니스 팀장, 이렇게 하면 어떨까요? 우리 제품 중에서 런닝화만 먼저 해보세요. 우리 제품 중에서 가장 무난하면서 꾸준히 팔리는 제품들이 있거든요. 그 제품들로 시작하자는 거죠. 신발 공장들이 그 정도는 품질 걱정 없이 잘 만들어 낼 겁니다."

그리고 토마스는 회사 카탈로그와 신발 사진, 신발 디자인을 테이블 위에 올려 놓았다. 일반적이고 쉬운 디자인들이었다.

데니스 팀장이 주저하는 듯이 계속 카탈로그만 뒤적거리자 토마스가 말했다.

"결심이 서면 연락 주세요. 회사 설립을 하고 신용장을 받을 수 있도록 하세요. 그러면 내가 바로 오더와 함께 신용장을 개설하지요. 신발 생산하는데 한달 정도 걸리잖아요? 그러면 네고 해서 커미션 챙기면 됩니다. 그 돈으로 사무실 얻고 직원을 채용하세요. 그리고 내가 오더를 계속 늘려 나가면 회사는 정상적으로 유지가 될 겁니다."

순간 데니스 팀장의 눈이 반짝거렸다. '이럴 수가. 이 사람은 내가 뭘 걱정하고 뭘 원하는지 다 알고 있군.'

회사 설립이 가능했다. 큰 돈이 없어도. 그의 말대로 되면 데니스 팀장은 걱정할 게 없었다. 이제 데니스 팀장의 결정만 남은 것 같았다. 마크도 옆에서 싱긋 미소를 지으며 '완벽하지 않아?'란 눈빛을 보냈다.

데니스 팀장은 그동안 꿈만 꾸었던 사업을 실제로 해볼 기회가 눈

앞에 펼쳐졌다. 회사를 그만 두어야 한다는 부담감은 있지만 이보다 더 좋은 기회는 없을 것 같았다.

'저지르자. 나는 아직 젊다. 실패하더라도 다시 취직하면 되지. 나에게는 더 없는 기회다.'

용기 있는 자가 미인을 차지했다

아내와 장고의 의논을 한 끝에 데니스 팀장은 회사에 사표를 제출했다. 사업자 등록을 하고 은행에 계좌를 개설했다.

토마스의 오더는 크지는 않았지만 어느 신발 공장에서나 만들 수 있는 쉬운 디자인이었다. 오히려 부담 없이 시작할 수 있어 좋았다.

한국에 있는 여러 신발 제조업체와 접촉하여 가격과 샘플을 받아 보았다. 공장마다 가격 차이가 컸다. 단순히 이윤의 차이만은 아닐 것이라 생각했다. 가격을 준 공장 중에서 규모와 샘플 품질을 감안하여 세 업체를 1차 선정했다.

가격 차이가 나는 원인을 분석하기 위해 공장의 개발팀을 찾아갔다. 오랜 시간 머리를 맞대고 회의를 한 결과 이유를 알아냈다.

신발 디자인에 따라 패턴을 만들고 패턴에 따라 각 자재를 재단하게 된다. 패턴을 잘 만들어야 자재의 손실을 최소화하게 되고 원가를 절감할 수 있다. 가장 합리적인 가격을 산출해 낸 공장을 최종 파트너로 정했다.

모든 일은 순조로웠다. 토마스는 약속대로 신용장을 개설하였다. 공장과 계약을 하고 본격적으로 생산에 돌입하였다.

토마스의 오더는 꾸준히 이어졌다. 그가 한 약속은 거의 지켜졌다. 디자인도 새롭고 세련된 것들로 업그레이드 되었다. 사람이 추가적으로 필요했다.

경쟁력 강화를 구상하다

1년 전부터 바이어들이 가격이 높아 경쟁력이 떨어진다며 해결책을 요구했다. 중국산 제품이 저가 공세를 펼치며 경쟁에서 앞서 나갔다. 도저히 한국산 제품으로는 승산이 없었다. 그렇다고 중국이 만들지 못하는 특수소재나 기능성 제품을 만들기에는 자금력이나 기술력이 부족했다.

데니스 사장은 인건비가 저렴한 중국과 베트남 등지를 다니며 공장을 물색했다. 포스트 차이나라 하여 베트남이 새로운 투자처로 떠오르고 있었다.

베트남의 여러 공장을 방문하여 생산 설비와 가격, 품질 수준을 검토하여 운동화 1개 공장, 샌들 1개 공장을 선정했다.

지어진 지 오래 되지 않은 공장들이라 생산 설비가 깨끗했다. 그리고 사장들이 신규 오더를 유치하기 위해 매우 적극적이었다.

한국이 아닌 해외에서 생산하기 때문에 공장에 상주할 직원이 필요했다. 그들은 공장에서 숙식을 해결하며 생산 및 품질을 관리하는 역할을 한다. 인스펙터라 불리는 검사 요원들이다.

데니스 사장은 신발에 경험이 많은 스티브 부장을 채용했다. 그는 마침 베트남에서 신발 관련 사업을 준비하고 있었다. 서로 합의점을 찾았고 스티브 부장은 데니스 사장 일을 하기로 했다. 물량이 크고 기술적인 체크 사항이 많은 샌들 공장에 스티브 부장을 배치했다. 그리고 그의 소개로 알게 된 로버트 부장을 운동화 공장에 배치하였다.

베트남의 기술력은 아직 중국에 미치지 못했다. 가진 노하우가 많지 않았다. 그래서 오더를 주는 바이어의 의견을 그대로 따르거나 존중해주었다.

베트남은 기술력은 낮지만 장점이 많았다. 우선 사람들이 성실하고 손재주가 좋아 정교한 작업들이 가능했다. 장사꾼 같지 않고 비즈니스에서도 순진한 편이었다.

그러나 생산에 따른 인프라가 잘 구축되지 않았다. 중국이나 한국에서 쉽게 구할 수 있는 부자재조차 베트남에서 구하는 건 어려웠다. 그런 부자재들을 한국이나 중국에서 구매해서 보내줘야 했다.

베트남 공장과 완제품에 대한 가격을 정한 후 부자재 공급 협상을 했다. 가격이 결정되면 한국과 중국에서 적절한 컬러와 품질의 부자재를 공급해주는 식이었다. 완제품 수출해서 커미션 챙기고, 베트남 공장에 부자재 팔아서 이윤을 챙겼다. 일거양득이었다.

위기는 새벽에 조용히 찾아온다

1년 가까이 스티브 부장과 로버트 부장은 일을 잘해주었다. 생산보다 영업에 신경을 써야 하는 데니스 사장에게 큰 힘이 되었다. 품질과 생산을 도맡아 처리해주니 데니스 사장은 새로운 바이어를 발굴하는 데 주력할 수 있었다.

그러나 시간이 지나며 조금씩 문제가 발생했다. 바이어에게 보낸 샘플이 바이어의 마음에 들지 않아 새로 샘플을 제작하는 일이 잦아졌다.

한편으로는 생산 일정이 자꾸 길어지고 있었다. 운동화 생산 담당인 로버트 부장은 "우리 오더 물량이 이 공장에서 3번 째 정도입니다. 그러니 첫 번째, 두 번째 바이어가 급한 오더를 끼워 넣으면 우리 오더가 뒤로 밀리게 됩니다."라고 설명했다. 데니스 사장은 기가 찼다. "우리가 넘버 3라고 해도 공장에서 납기 약속을 했으면 지켜야 하는 것 아닙니까?"라고 큰소리로 말했다.

데니스 사장은 베트남 공장 사장을 만날 필요가 있을 것 같았다.

"응위엔 사장님, 우리 오더 물량이 세 번째 정도 된다고 들었습니다. 그렇다고 약속된 시간을 어기면 어떡합니까? 우리 바이어들도 난리가 났습니다."

"우리 사정을 로버트 부장에게 설명을 했더니 알겠다고 하더군요. 데니스 사장님 오더가 급하지 않은 것 같아 연기 시킨 거에요." 응위엔 사장은 이제 와서 무슨 소리냐는 식으로 항변했다.

로버트 부장을 불렀다. 그는 데니스 사장보다 12살 많다. 그래서 데니스 사장은 그를 형님처럼 대했다. 그러나 이러한 거짓 보고는 용서하기 힘들었다.

"웅위엔 사장은 로버트 부장님께 양해를 구하고 일정을 늦춘 거라고 하던데요. 이게 어떻게 된 겁니까?"

로버트 부장은 눈을 마주치지 못하며 말했다.

"웅위엔 사장이 하도 간곡하게 부탁하기에 그러라고 했습니다."

데니스 사장은 어이가 없었다. "우리 오더도 급한데 남 사정 봐줄 만큼 여유가 어디 있어요? 그리고 그렇게 됐으면 미리 사실을 말해주셔야 하는 거 아닙니까?"

로버트 부장은 앞으로는 그런 일 없도록 하겠다는 약속을 했다.

데니스 사장은 기분이 썩 좋지 않았다. 바이어에게는 약속을 어긴 게 되었고 직원에게서는 거짓말을 들어야 했으니까 말이다.

바이어 빼돌리기

해외 출장을 다녀온 데니스 사장은 선적 일자가 또 다시 연기되었다는 말을 들었다. 이유가 뭔지 알아보았다.

로버트 부장은 본드가 불량이어서 접착력이 떨어지기 때문에 검사를 통과시킬 수 없다고 주장했다. 지금까지 나간 제품들도 똑같은 본드를 사용했고 그 본드는 한국에서 공수해온 것이었다. 그런데 왜 이번에 문제가 되는지 이해할 수 없었다.

샌들 공장을 관리하던 스티브 부장을 급히 불렀다. 원인을 파악하기 위해 도움을 요청했다. 스티브 부장은 생산 중인 제품, 포장 완료된 제품, 투입 예정인 자재들을 꼼꼼히 살펴보았다. 그리고 공장장을 불러 베트남어로 작업 지시를 했다.

"신발 갑피와 창을 접착하려면 접착 면의 자재를 긁어내고 약품을 칠합니다. 그리고 본드를 발라 접착을 하게 됩니다. 그런데 긁어낸 부분에 약품을 칠하지 않았습니다. 이렇게 되면 일시적으로는 붙어 있을지 몰라도 신발을 신고 조금만 다녀도 떨어지게 되어 있습니다."

생산된 신발을 유심히 살피며 데니스 사장은 스티브 부장의 설명을 들었다. 그러나 이해가 가지 않는 부분이 있었다.

"아니, 신발 하루 이틀 하는 것도 아닌데 약품을 칠하는 걸 빠뜨린다는 게 말이 됩니까? 이해가 가질 않아요."

"맞습니다. 로버트 부장이나 베트남 공장장이 이런 걸 모를 리 없거든요. 일단 새로 작업을 지시했으니 빨리 생산을 마무리 짓고 선적을 하시죠."

스티브 부장은 의심 가는 게 있긴 하지만 일단 선적을 완료하자는 의견이었다.

잘못된 걸 수정해 가면서 바로 잡는 게 처음부터 정상적인 작업을 하는 것보다 훨씬 시간이 많이 걸렸다. 결국 신용장 선적 시한을 놓쳐 버렸다.

토마스에게 전화를 했다. 최선을 다했으나 선적 시한을 놓쳤다는 사정을 설명했다. 신용장 조건변경을 요청했다. 그는 지금까지 잘 했는데 일이 왜 이렇게 됐냐며 안타까워했다. 구매 부서에 신용장 정정 지시를 할 테니 가장 빠른 배에 선적하라고 했다.

예정된 수량보다 15% 가까이 적게 생산 되었다. 일단 선적을 하고 변경된 신용장을 기다렸다. 하지만 시간이 지나도 변경된 신용장은 오지 않았다.

신발 공장에서 신발대금을 결제하라고 계속 독촉을 했다. 데니스 사장은 커미션을 받지 못할 뿐 아니라 신발 대금조차 지불하기 어렵게 되었다. 부자재 비용도 지불하지 않은 상태였다.

토마스에게 전화를 해서 물었다. 토마스는 상기된 목소리로 내뱉듯이 말을 던졌다.

"얼마 전 도착한 제품들에 하자가 발견되었어요. 밑창의 접착이 불량인 것 같아요. 매장에 나간 제품 중에서도 밑창이 떨어져 반품된 것들이 많아요. 하자가 있는 제품이 30% 이상 될 것 같은데요. 큰일이에요."

데니스 사장은 순간 눈 앞이 캄캄했다. 이번에 발견된 문제가 세 달 전부터 벌어졌던 것이다.

토마스는 말을 이어 나갔다. "그리고 혹시 직원 중에 로버트란 사람이 있나요? 그 사람이 나에게 연락을 했어요. 영어가 서툴더군요. 처음에는 제대로 이해를 못했는데 자기와 거래를 하자는 말인 것 같아요."

토마스의 말에 데니스 사장은 뒤통수를 망치로 맞은 것 같았다. 아니 그럼 이 모든 게 로버트 부장이 저지른 일인가? 급히 로버트 부장을 찾았다. 그는 이미 사라지고 없었다. 통역을 담당한 여직원도 함께 사라졌다. 핸드폰은 꺼져 있었다.

하이킥에 뒤통수를 맞다

토마스는 결국 결제를 하지 않았다. 겨우 연결된 전화 넘어 토마스의 안타까움이 묻어 났다.

"나로서도 방법이 없군요. 반품이 많아 브랜드 이미지에 타격이 커요. 내가 받은 물건은 내가 처리하겠소. 나머지는 데니스 사장이 알아서 하시오."

"토마스 사장님, 결제는 해주세요. 물품 대금과 부자재 비용을 갚지 못하면 끝입니다."

"하지만 물품에 하자가 있는 걸 뻔히 알면서 결제할 수는 없어요. 그동안 고생 많이 했는데 일이 이렇게 되어 안타깝소. 데니스 사장과 거래는 더 이상 힘들 것 같아요."

"거래는 끊지 마세요. 미국과 거래가 시작되면 어려움 없이 돌아갈 테니 기회를 주세요."

"데니스 사장에게 실망한 것은 직원 관리에요. 너무 직원을 믿었던 건 아닌가요? 젊으니까 경험이 부족해서 그렇다는 건 이해해요. 그럴수록 직원을 잘 써야 합니다. 로버트 부장은 다른 회사에서도 비슷한 문제를 일으켰을 겁니다. 그런 사람을 쉽게 쓰고 쉽게 믿어 버린 거죠."

쿵쾅거리는 가슴을 진정시키기 힘들었다. 토마스가 결제를 해주지 않는 것도 문제지만 거래를 끊게 되면 더 큰 문제다. 다른 바이어들은 아직 물량이 적거나 본격적으로 거래하기에는 시간이 좀 더 필요했다.

게다가 갚아야 할 대금도 남아 있고 직원 급여도 생각해야 했다. 한국에 있는 관리 이사에게 전화를 걸었다. 관리 이사는 일단 한국으로 들어오라고 했다. 베트남 공장이 결제 문제로 어떻게 나올지 모르니 한국에서 해결 방법을 찾으라고 했다.

베트남 공장에는 사실대로 얘기하고 방법을 찾으면 되지 않겠냐고 말했다. 관리 이사는 순진한 소리 하지 말라고 했다. "우리가 생각하는 것과 그 쪽에서 받아들이는 건 다를 수 있습니다." 그는 강한 어조로 주장했다.

한국 사무실로 돌아온 데니스 사장은 대책 회의를 했다. 일단 토마스의 생각을 돌리기는 힘들다고 판단했다. 거래처에 갚아야 할 돈이 얼마인지 따져 보았다. 신용장 네고를 해서 커미션을 받았다면 쉽게 해결될 수 있었지만 그것은 이미 물 건너 간 일이다. 남아 있는 돈 모두 털어 거래처에 갚아야 할 돈은 다 갚기로 했다. 직원 급여까지 고려하니 돈이 많이 부족했다. 돈을 빌릴 수 있는 데까지 여기 저기 돈을 끌어 모았다.

베트남에 있는 스티브 부장이 전화를 했다. 베트남 공장과 이야기가 잘 되었다고 한다. 응위엔 사장은 품질에 대한 부분은 공장에 가장 큰 책임이 있으니 감수하겠다고 했다. 결제 되지 않은 제품은 모두 베트남으로 반환하여 자체적으로 처분하겠다고 했다. 정말 고마웠다. 응위엔 사장도 손해가 컸을 텐데 이해해주니 고마울 따름이었다. 다른 오더가 있으면 언제라도 찾아 오라고 했다. 데니스 사장은 꼭 그렇게 하겠다고 약속했다.

눈물로 사업을 정리하다

모두 해결하고 나니 데니스 사장은 빚쟁이가 되었다. 고민이었다. 한두 달 버티는 것도 쉽지 않게 되었다. 그래도 걸리는 문제없이 해결했다는 점에서 속은 후련했다. 이제 빚 갚으며 사업을 어떻게 꾸려 나갈 것인가 고민해야 했다. 하지만 심적으로 많이 지쳐있었다. 사업하다 보면 어려운 일이나 힘든 일이 왜 없겠는가? 그걸 잘 이겨 나가야 한다. 그래야 더 긴 세월 사장 노릇할 수 있다.

희한한 일이 벌어졌다. 슬프게도 좋지 않을 일은 겹쳐서 나타났다. 집에 우환이 생기고 가깝게 지내던 친구에게도 안 좋은 일들이 생겼다. 그리고 다른 바이어들과도 일이 잘 진행 되질 않았다.

점점 지쳐 갔다. 빚만 남은 상황에서 생활도 힘들고 사무실 운영 경비도 없었다. 관리 이사에게 고민을 털어 놓았다. 그도 상황을 모를 일 없었다. 그는 데니스 사장이 많이 지쳐 있는 것 같다며 재충전이 필요하다고 했다.

"재충전이라는 게 꼭 휴식을 취하는 것만 있는 건 아닙니다. 사장님은 아직 젊잖아요? 월급쟁이 하면서 마음을 다시 잡고 안정된 생활을 하시는 것도 필요할 것 같아요. 그러다 재충전이 되면 또 사업하시면 되잖습니까? 사업하다 힘든 일이 생기는 건 당연합니다. 버티면 좋은 일도 있겠죠. 하지만, 대책 없이 무조건 버티는 건 무모한 일입니다. 직장생활 하면서 재충전하고 더 배우는 기회도 갖는 게 좋을 듯합니다."

'그래. 관리이사 말씀이 맞아. 내가 너무 어린 나이에 혈기만 믿고 뛰어든 것 같다. 토마스가 나를 도와주려는 마음은 정말 고마웠다. 일이 이렇게 된 것도 모두 내 잘못이다. 토마스 말처럼 내 사람을 만들지 못해 결국 뒤통수를 맞지 않았나? 조금 시간을 갖고 나를 돌아보자.'

관리 이사에게 회사를 정리하겠다는 의사를 전했다. 그는 사장의 뜻에 따라 사무실 정리를 시작했다. 베트남에 있는 스티브 부장에게 이 사실을 알렸고 몇 안 되는 직원들에게도 사정을 설명했다.

1,000원의 가치

사무실에 계속 출근은 했다. 집에 앉아 있는 게 더 힘들었다. 아무도 없는 사무실에 컴퓨터 모니터만 바라 보고 있었다. 아내에게 최소한의 생활비를 쥐어 주고 나니 사무실 출근해서 쓸 돈이 없었다. 겨우 1,000원짜리 한 장 들고 출근했다. 그걸로 컵라면 하나 사고 자판기 커피 한 잔을 마셨다. 그런 생활이 지속되었다. 뭐가 잘못되었는지 모르겠다. 무리하게 사업을 한 것도 아니고 허튼 짓에 눈이 먼 것도 아니었다. 그런데 이런 결과가 나온 것에 대해 무척 안타깝고 속이 상했다.

아무도 없는 황량한 사무실에서 결심을 해야 했다. 계속 버티면서 새로운 바이어를 물색할 것인가, 아니면 회사를 접고 취업을 할 것인가?

거래처는 두 군데 이상이어야 한다. 수출을 하든 수입을 하든. 하나의 거래처만 있다가 그 거래처에 문제가 생기면 즉각 대처가 되질 않는다. 이런 일을 예상하지 않은 건 아니었다. 그래서 괜찮은 바이어를 하나 더 발굴하려고 했었다. 그러나 아직 준비가 되지 않은 상황에 일이 크게 터져버렸다.

간간히 물건을 수입했던 미국 바이어에게 연락을 했다. 지금은 발주 계획이 없을 뿐 아니라 공급처를 한 곳으로 통합하겠다는 말을 남겼다. 즉, 데니스 사장과 거래는 어렵다는 뜻이었다.

버틸 자금이 없었고 거래가 될 만한 바이어도 없었다. 아무래도 사업을 계속 하기에는 무리라는 판단이 섰다.

'수업료 내고 공부 많이 했다 치자. 그리고 더 배워서 다시 사업을 하면 되지 않나? 그래 취직하자. 나를 필요로 하는 데가 있을 것이다. 찾아 보자.'

가장 자신감이 충만할 때 사업에 뛰어 들었다. 그래서 겁이 없었다. 경험은 적었지만 뭐든지 할 수 있을 것 같은 젊은 나이였다. 도전하지 못해 주저하는 사람보다 낫다는 생각에 과감했던 것 같다. 결과는 좋지 않았다. 하지만 후회 없이 한번 해 봤다. 이런 기회를 갖지 못했다면 어땠을까? 월급쟁이 하면서도 사업이란 걸 해보고 싶어 몸이 근질근질했을 것이다. 교육비와 생활비가 많이 들어갈 중년의 나이에 막연한 기대감으로 사업에 뛰어 든다면, 그러다 만약 실패라도 한다면 더 힘든 결과가 벌어질지도 모른다.

잘 했다. 좋은 공부했고, 많은 경험을 쌓았다.

실패의 손절매

사업을 해서 성공할 수 있는 확률은 그다지 높지 않다. 그래도 성공하는 사람은 성공한다. 사업이 힘들어지면 사장은 선택을 해야 한다. 계속 가든지, 아니면 접든지.

주식에서 손절매란 말이 있다. 주가가 예상대로 움직이지 않을 때 끊어 주라는 것이다. 만약 주가는 계속 떨어지는데 손절매를 하지 못하면 손해를 만회하는데 많은 고통이 수반된다. 물론 주가라는 게 떨어졌다 다시 오를 수 있다. 하지만 그 반대로 계속 폭락하게 되면 손절매를 하지 못한 걸 후회하게 된다. 그리고 일어서고 싶어도 못 일어선다. 가능성이 있는 주식이라면 몇 년 후에 다시 원위치로 복귀할 수도 있다. 하지만 그 몇 년은 주식투자자에게 너무 힘든 시간이 될 지도 모른다.

 데니스 사장은 접는 걸 선택했다. 계속 가기엔 경험, 내공이 너무 미약했다. 많은 악재가 겹쳤다. 안 좋은 일은 왜 그리 한꺼번에 오는 지…….
 데니스 사장은 두 가지를 크게 깨달았다. 하나는 사람이 정말 중요하다는 것과 또 다른 하나는 중요한 일에는 대안을 마련해야 한다는 것이었다.
 실패를 실패로 남겨 두면 안 된다. 실패를 창조적 자산으로 만들어야 한다. 두려움을 딛고 부딪혀 봤다는 용기를 스스로에게 칭찬하고 부지런히 노력하여 또 다른 기회의 밑거름이 되도록 해야 한다.

 '내 경험과 지혜가 지금의 몇 배로 성장하는 날 나에게 기회는 다시 올 것이다. 현재에 충실하며 스스로를 키울 것이다. 그리고 더 강한 나를 만들 것이다.'

꿈과 희망을 찾고 있는 글로벌 인재에게

적을 만들지 말라는 진정한 의미

데니스 팀장이 이직을 준비하고 있을 때였다. 스포츠 브랜드로 어느 정도 이름이 알려진 회사에 이력서를 제출하였다. 면접 보러 오라는 전화를 받고 시간에 맞춰 회사를 방문했다.

면접 보러 온 사람들이 많아서 깜짝 놀랐다. 아마 각 부분에 여러 사람들을 뽑아서인 것 같았다. 영어 시험을 쳤다. 문제가 생각보다 어려웠다. 어려운 단어들이 많이 나열되어 있었다. 최선을 다해 시험을 쳤다.

1시간쯤 기다렸다. 누군가가 데니스 팀장의 이름을 두세 번 큰 소리로 외쳤다. 면접장에 들어가니 40대 중반으로 보이는 사람이 앉아있었다. 그는 왜 입사를 지원하게 되었는지 물었다. 데니스 팀장은 글로벌 마케팅을 하고 싶다는 답변과 포부를 천천히 말을 했다. 면접관은 무역에 대해 잘 아느냐는 질문을 던졌다. 그리고는 ○○○에 대해 설명해보라고 했다. 데니스 팀장은 처음 들어보는 용어였다. 솔직히 잘 모르겠다고 담담히 말했다. 그러자 면접관은 눈을 크게 뜨더니 "그것도 모르면서 면접 보러 왔어요? 이 사람이 기본이 안 되어 있구먼."이라고 화를 내듯이 야단을 쳤다. 데니스 팀장은 당황했다. 그게 얼마나 중요한 용어인지 모르겠다. 그렇다고 면접을 보러 온 사람에게 막말을 하며 야단을 치는 건 아니지 않는가?

합격자 발표일 인데도 아무런 전화가 없었다.

몇 년이 지나 데니스 팀장이 한창 사업을 하고 있던 어느 날 지인 한 분이 연락을 했다.

"내가 소개할 사람이 있는데 같이 가도 되겠어요? 중국에서 공장을 크게 하는 회사인데 요즘 오더가 별로 없어 고민인가 봐요. 생산 라인이 반밖에 안 돌아간대요. 오더 갖고 있는 무역회사를 소개해 달라고 해서……."

"아, 알겠습니다. 그럼 한 번 들리시죠. 지금은 베트남에서 생산하고 있는데, 중국도 고려해보겠습니다."

이틀 후 지인이 한 사람을 데리고 사무실로 찾아 왔다. 데니스 팀장은 깜짝 놀랐다. 같이 온 사람은 몇 년 전 ○○○이란 무역 용어를 모른다고 면박을 줬던 그 면접관이었다.

당연히 그는 데니스 팀장을 못 알아봤다. 사무실에 들어온 그는 데니스 팀장에게 꾸벅 인사를 하더니 명함을 건넸다.

'○○○상사 무역부 이사 ×××'

생각해보니 면접 당시 그는 본인이 누군지 밝히지도 않았다. 데니스 팀장은 아는 척을 해야 하나 고민을 했다. 그냥 모른 척 하기로 했다.

××× 이사는 연신 굽실거리며 오더를 좀 밀어 주시면 감사하겠다고 부탁했다. 데니스 팀장은 기분이 묘했다. 불과 몇 년 전 데니스 팀장의 입사를 결정할 수 있는 면접관이었던 사람이 지금은 데니스 팀장에게 부탁하고 있다. 그것도 굉장히 저자세로.

자존심 상했던 몇 년 전처럼 ××× 이사에게 복수하고 싶은 마음은 없었다. 끝내 그 사람과의 옛날 인연에 대해서는 말하지 않고 조용히 돌려 보냈다. 물론 ○○○상사와는 거래를 하지 않았다. 글로벌 비즈니스를 담당할 젊은 패기를 채용하면 되지 왜 그렇게 무역 용어 하나에 집착했는지 모르겠다. ××× 이사는 자기가 면접을 봤던 사람들을 우습게 봤는지 모르겠다. 본인이 면접관이란 위치를 십분 활용해서 젊은 사람들의 사기를 꺾기 위해 어디서 희한한 용어를 하나 갖고 왔는지도 모르겠다. 그때 면접을 봤던 대다수의 지원자들이 데니스 팀장과 같은 좌절감과 모멸감을 느꼈을 것이다.

××× 이사는 지금까지도 데니스 팀장이 그중 한 명이었다는 걸 전혀 모를 것이다.

인생은 롤러코스터

『논어』 위정 편에 나이 쉰이 되면 하늘의 명을 안다는 뜻의 '지천명'이란 말이 나온다. 데니스 팀장은 40대가 되면서 하늘이 만물에 부여한 최선의 원리를 조금씩 알아가고 있다. 인생이란 게 뭘까 고민을 하면서 제2의 사춘기를 겪고 있다.

다른 건 몰라도 인생이 정말 롤러코스터 같다는 건 확실히 깨달았다. 결코 영원히 좋은 것도 영원히 나쁜 것도 없더라는 것이다. 좋을 때가 있으면 언젠가 나쁠 때가 온다는 걸 안다. 지금은 너무 힘들어도 반드시 좋은 날이 올 것이란 믿음을 갖게 되었다.

사람의 지위도 마찬가지다. 지하철로 출퇴근하면서 수많은 직장인들을 본다. 저마다 규모가 다른 회사에서 많고 적은 연봉을 받으며 회사를 다닌다. 지금 매고 있는 저 넥타이를 언제까지 맬 수 있을까? 젊은 청년들은 직장을 구하지 못해 희망이 없고 나이든 중년들은 언제까지 회사를 다닐 수 있을지 불안해 희망이 없다.

지금 누리고 있는 지위, 명예, 재물이 영원하지 않다는 것을 모르는 걸까? 사람들은 왜 다른 이들을 괴롭히지 못해 안달이 났을까?

직장 동료끼리 왕따를 시키고, 상사가 부하 직원의 희망을 꺾고, 부하 직원이 상사를 무시한다. 거래처 사람을 만나면 좀 더 유리한 위치에 있는 사람이 갑 행세를 한다. 나이든 사람을 동생 다루듯이 하고 거래를 핑계로 무리한 요구를 하기도 한다.

인맥 관리의 기초는 바로 '영원한 것은 없다'라는 생각에서 출발한다. 내 앞에서 굽실거리는 저 사람에게 언젠가 내가 굽실거려야 하는 날이 올지도 모른다는 점을 기억해야 한다.

데니스 팀장은 동료나 부하 직원, 거래처 사람들에게 결코 함부로 대하지 않는다. 젊었을 때 했던 수많은 시행착오가 '인생이란 롤러코스터 같다'는 걸 가슴 깊이 느끼게 만들었기 때문이다.

사람은 잘 나갈 때보다 바닥으로 추락했을 때 그동안 어떻게 살아왔는지 정확히 확인할 수 있다. 굳이 바닥까지 추락해보지 않아도 쉽게 알 수 있는 방법이 있다. 직장에서 정말 힘들 때 옥상에 올라 하늘을 바라보라. 그리고 휴대폰을 꺼내 연락처 목록을 검색해보라. 과연 당신이 정말 힘들다고 하소연할 만한 사람이 있는지. 가슴이 답답해 누구라도 붙잡고 마음을 털어 놓고 싶어도 막상 전화하려면 마땅한 사람이 없다. 그러다 몇 명에게 전화해서 말을 하려면 뻔한 안부만 묻고 전화를 끊는다. 울고 싶은 마음이 들지만 누구 하나 그걸 알아차리고 "저녁에 술 한 잔 살게."하는 사람이 없다. 당신을 이해하고 진심으로 맞장구 쳐줄 사람이 있다면 복 받은 사람이다.

어려움에 처해 도움을 바랄 때도 마찬가지다. 평소 알고 지내던 사람들에게 전화해서 도움을 요청해보라. 당신이 아쉬운 소리를 하면 상대의 반응이 어떤지 보라. 적극적으로 도와주려는 사람이 많다면 그나마 인맥 관리를 잘한 것이다. 하지만, 그런 사람이 많지 않다면 인생을 다시 돌아봐야 할 것이다.

동료가 내 인생의 키를 쥐고 있다면

한번은 알고 지내던 헤드헌터가 데니스 팀장에게 전화를 했다.

"예전에 다녔던 회사에서 회계를 담당했던 ○○○이란 사람 아시죠?"

"네, 그런데요?"

"대기업 한 곳에 추천을 하려고 합니다. 회사 분위기도 좋고, 연봉도 지금보다 30%는 더 받을 수 있어요. 스펙도 나쁘지 않아 특별한 문제만 없으면 추천하려고요. 추천만 하면 거의 될 거 같은데요. 그 사람, 어떤 사람이에요?"

○○○은 데니스 팀장이 잘 안다. 나이가 비슷한데다 3년가량 같이

근무를 했기 때문이다. 하지만 데니스 팀장은 그에 대해 좋지 않은 감정이 있다. 나이는 비슷하지만 항상 데니스 팀장보다 한 직급 아래에 머물렀고, 데니스 팀장에게 사사건건 시비를 걸었던 사람이다. 크게 다툰 적은 없으나 자금 집행 건마다 트집을 잡는 그에게 좋은 감정이 있을 리 없었다. 데니스 팀장은 뭐라고 대답해야 할지 몰랐다. 좋은 사람이라 말하기도, 안 좋게 말하기도 그랬다. 그래서 "글쎄요."라고 대답했다. 그러자 헤드헌터는 수화기 너머로 뭔가 알겠다는 듯 고개를 끄덕이는 모습이 느껴졌다.

"네, 데니스 팀장님. 무슨 말씀인지 알겠습니다."

헤드헌터는 그를 대기업에 추천하지 않았다.

헤드헌터는 인재를 회사에 추천해주고 그에 따른 보수를 받는 사람이다. 단순히 사람만 소개해주고 소개비를 받는 게 아니다. 사람을 잘못 추천하게 되면 회사는 다시는 그 헤드헌터에게 일을 맡기지 않는다. 그래서 겉으로 드러난 스펙 이외에도 인재와 사전 인터뷰를 통해 사람 됨됨이를 파악한다. 또한 주변의 인맥을 총동원해 인재에 대한 평판 조회를 한다. 즉, 회사 생활이 어땠는지, 동료와 관계는 원만했는지, 부정이나 불미스러운 사건은 없었는지 조사를 한다. 개인의 프라이버시를 침해할 소지도 있겠지만 제대로 된 인재를 발굴하기 위한 어쩔 수 없는 과정이다. 회사 입장에서도 한 시간의 짧은 면접으로 인재를 제대로 파악한다는 건 불가능하다는 걸 안다. 사람이 중요하다는 걸 잘 아는 회사일수록 사람에 대한 시행착오를 줄이고 싶어한다. 그렇기 때문에 헤드헌터를 통해 추천을 받는 것이다.

데니스 팀장의 전 직장 동료였던 ㅇㅇㅇ처럼 좋은 회사에서 많은 연봉을 받고 일할 수 있는 기회를 평판 조회 때문에 놓치는 건 정말 안타깝다. 헤드헌터가 데니스 팀장에게만 물어 보고 판단하지는 않았다. 여러 사람에게 물어보니 비슷한 답변이 나왔을 것이다. 그래서 추천하지 않았던 것이다.

슬퍼하지 마라. 인과응보가 있으니까

데니스 팀장은 불교 신자는 아니지만 '인과응보'란 말을 좋아한다. 사람은 행한 대로 대가를 받게 된다는 뜻이다. 기부나 봉사활동을 통해 주는 행복을 알게 되는 긍정적인 대가도 있지만 죄를 지어 벌을 받는 경우도 그렇다.

법에 저촉된 죄만 죄는 아니다. 다른 사람의 마음에 상처를 주는 사람도 반드시 벌을 받게 되어 있다. 죽을 때까지 벌을 받지 않고 살 것이라고 생각하는가? 그 사람의 삶을 뜯어 보면 분명 벌을 받고 있다. 본인뿐 아니라 자식이나 사랑하는 사람들의 불행으로 인한 마음의 벌.

지금 높은 위치에 있다고, 지금 돈이 많다고, 지금 나에게 권력이 있다고 절대 자만하지 마라. 또한 지금 낮은 위치에 있다고, 지금 돈이 없다고, 지금 나에게 권력이 없다고 절대 낙심하지 마라.

좋은 놈, 나쁜 분

죄를 지어 형사에게 조사를 받는 피의자가 있다. 죄를 인정하지 않고 버틴다. 형사 한 명이 들어와 죄 지은 거 다 아니까 빨리 실토하라며 윽박지른다. 잠시 후 다른 형사 한 명이 들어와 다 이해한다며 형처럼 따뜻하게 다독거려 준다. 그러면 피의자는 눈물을 흘리며 잘못을 시인하게 된다.

형사들은 원하는 걸 얻기 위해 협상 전략을 펼친 것이다. 한 명은 나쁜 사람, 또 한 명은 좋은 사람으로 역할 분배를 한다.

글로벌 비즈니스에서도 이런 전략이 필요하다. 한 명은 매출과 수금을 독촉하는 악역을 맡고, 다른 한 명은 바이어의 하소연을 들어주며 다독인다. 바이어는 마음이 풀어져 회사에서 원하는 방향으로 따라온다.

대체적으로 실무 담당자가 악역을, 팀장이나 상사가 선한 역을 맡게 된다. 악역을 맡은 실무 담당자는 협상력을 극대화하기 위해 바이어에게 본의 아니게 모질게 군다. 회사 입장에서는 악역을 담당한 실무자 덕분에 협상에서 유리한 고지에 오를 수 있다. 그런데 이게 문제다. 악역을 담당한 실무자는 바이어와 관계가 애매해진다. 바이어는 겉으로 드러내지 않지만 분명히 실무자에 대해 앙금이 남아있다.

실무 담당자가 다른 회사로 옮기거나 사업을 하겠다고 연락하면 바이어는 회신도 하지 않는다. 바이어는 '네가 나에게 그런 식으로 대해 놓고 이제 와서 도와달라고? 웃기는 소리 하네.'라고 생각할 것이다. 실무 담당자는 회사의 이익을 위해 악역을 맡았을 뿐이다. 그런데 그게 인생에 안 좋게 작용을 한다는 것이 문제다.

멀리 보면 바이어와 좋은 관계를 유지하는 것이 참으로 중요하다. 최소한 나쁜 감정만 안 생겨도 다행이다. 그런데 앙금이 남게 하면 골치가 아프다.

바이어를 상대할 때 가능하면 악역을 맡지 마라. 부득이하게 악역을 맡아야 한다면 바이어에게 앙금이 남지 않게 잘 풀어줘야 한다.

물은 낮은 데서 높은 데로 흐르지 않는다

산골짜기의 조그만 냇물이 아래로 흘러 뭉치고 뭉쳐 강물을 이룬다. 물은 높은 데서 낮은 데로 흐르는 건 당연한 이치다.

부모가 자식에게 주는 내리 사랑은 말할 것도 없고 직장에서도 사회에서도 내리 사랑이 있다. 상사는 부하직원에게, 선배는 후배에게 깨끗한 물을 흘려 보내야 한다. 그래야 많은 후배들이 보고 배운다. 그래서 높은 데 있는 물이 맑고 깨끗해야 한다.

나 혼자 먹을 물은 냇가에서 떠도 국민이 먹을 물은 강에서 떠야 한다.

우리 사회를 이끌어 갈 대다수의 구성원은 낮은 곳에 모여 있다. 후배들이 누릴 기회는 강물에서 찾을 수밖에 없다. 강이 깨끗해야 먹을거리가 많다. 그러니 선배는 가지고 있는 지식과 지혜를 긍정적으로 갈고 닦아서 후배에게 전해주어야 한다. 그래야 이 사회가 건강해진다.

부하직원의 착각

후배나 부하직원들 중에 선배나 상사로부터 내리 사랑을 받을 준비가 안 되어 있는 사람을 자주 봤다.

"저 놈의 팀장만 없으면 내가 저 자리에 앉을 수 있을 텐데."
"우리 부장은 능력도 없으면서 어떻게 저 자리에 올랐나 몰라."
"사장이 저 모양이니 회사가 이 모양이지."

정말 막말 퍼레이드다. 물론 이런 말을 듣는 상사에게 1차적인 책임이 있다. 부하직원에게 존경 받지 못했기 때문이다. 하지만 이런 생각을 하는 부하직원에게 더 큰 문제가 있다.

부하직원이 자주 하는 착각에 이런 것들이 있다. 상사가 없어지면 자기가 그 자리에 앉을 거란 착각, 상사가 아니라 자기가 그 위치에 있다면 더 잘할 수 있을 거란 착각 말이다. 상사가 없어지면 과연 그 자리에 본인이 앉게 될 거라고 생각하는가? 아니면 본인이 그 자리에 앉으면 지금의 상사보다 더 잘 할 것이라 생각하는가? 그렇지 않다.

막상 상사가 없어지더라도 본인이 그 자리에 앉게 된다거나 더 잘 하게 될 거라는 보장은 없다. 왜냐면 그런 부하직원들은 아직 준비가 덜 되어 있기 때문이다.

일단 위의 말처럼 상사에 대한 불만이 많은 사람은 결코 상사로부터 배울 자세가 되어 있지 않다. 상사에게는 짧게는 수 년에서 길게는 십수 년을 몸으로 부딪히고 배운 것들이 있다. 이런 고급 지식과 지혜를 배워서 내 것으로 만들어야 한다. 그래야 그 자리에 앉을 기회를 얻고 상사보다 더 잘해낼 수 있다.

그런데 이미 마음속에는 상사를 부정하고 무시하는데 뭘 배우겠는가? 배울 마음의 준비가 안 되어 있는 사람에게 기회가 주어지겠는가?

회사 내에서 본인의 업무를 가장 잘 알고 가르쳐줄 수 있는 사람은 직속 상사다. 열린 마음으로 배워야 한다. 그래야 그 상사만큼의 능력이라도 갖출 수 있다.

고개를 숙여라. 고개를 숙여야 실력이 쌓인다. 물은 아래로 흐르고, 기회는 발 밑으로 흐른다.

감동은 배신하지 않는다

인천공항 오후 6시. 입국장 게이트 사이로 카트를 끈 사람들이 흘러 나왔다. 아프리카 사람처럼 보이면 팻말을 들어 보였다. 하지만 모두 데니스 팀장을 지나쳐 버렸다.

8시가 넘어가자 불안한 마음이 들었다. 두바이에서 출발한 비행기는 이미 몇 시간 전에 도착을 했다. 그런데 실사단은 나타나지 않았다.

'무슨 일이 생긴 게 아닐까?'

인천공항 출입국 관리사무소에 전화를 걸었다.

"에티오피아에서 오신 손님이 혹시 거기 계신가요?"

그러자 출입국 관리사무소 직원은 말했다.

"네. 그런데 이 사람들이 한국 업체를 실사하러 한국에 왔다는데요. 에티오피아에서 우리나라를 실사한다니, 이해가 되질 않네요."

아프리카에서 온 사람이 한국 업체를 평가한다니 이해가 힘들 것이다. 그러나 우리는 수출을 위해 실사를 받아야 했다. 그리고 우리에게는 정말 중요한 일이었다.

"그분들은 에티오피아 공무원들이고요. 한국 업체를 실사하러 오신 게 맞습니다."

한참 실랑이를 벌인 후 그들은 나올 수 있었다. 그런데 기다리던 게이트가 아닌 다른 게이트로 나왔다. 실사단은 근처의 택시 기사에게 부탁해 우리 회사로 전화를 했다. 마침 야근하던 직원이 급히 데니스 팀장에게 전화를 했다.

'아, 큰일 났구나. 최대한 빨리 찾아야 하는데.'

데니스 팀장은 입국장을 빠른 걸음으로 휘저었다. 아프리카에서 온 듯한 세 사람이 서 있는 게 보였다.

"에티오피아에서 오신 분 맞으신가요?"

"네. 데니스 팀장이세요?"

드디어 실사단을 만났다. 그들은 장시간 비행으로 피곤한데 출입국 관리 사무소에 3시간 가까이 대기하고 있었던 게 불쾌했던 것 같았다. 그들의 화를 풀 수 있는 방법이 없을까? 문득 데니스 팀장이 더 화를 내자는 생각이 들었다.

"그 사람들 미친 거 아니에요? 한 나라를 대표해서 한국 업체를 실사하러 오신 분들을 이렇게 푸대접을 하다니, 있을 수 없는 일입니다. 내가 반드시 다른 루트를 통해 그 사람들을 가만 두지 않을 겁니다."

데니스 팀장이 씩씩거리며 한참을 출입국 관리 사무소 직원들을 욕하자 그들도 화가 좀 풀린 것 같았다. 다행이었다.

식사를 하고 호텔에 데려다 주었다. 자기들 대변인이 된 듯한 데니스 팀장에게 친근함을 느낀 것 같았다. 그들은 밝게 웃으며 내일 아침에 만나자며 인사했다.

실사단은 2주 일정으로 한국에 왔다. 우리 공장 말고도 4개 공장을 더 방문하는 빡빡한 일정이었다. 우리 공장은 이틀이 배정되었다. 즉, 우리는 이틀만 실사단을 맞으면 된다. 다른 공장 관계자들은 일요일 저녁에 실사단을 마중 가고 싶어 하지 않았다. 데니스 팀장은 본인이 하겠다며 나섰다. 그리고 매일 다른 회사와 저녁 약속이 있는지 확인하고, 만약 약속이 없으면 데니스 팀장이 가서 식사를 대접했다.

기꺼이 여행사 가이드가 되어라

실사단은 주말에 특별한 계획이 없었다. 그래서 서울 투어를 시켜주겠다며 자청했다. 남산 케이블카, 서울 타워, 경복궁, 명동, 한강유람선 등 서울 구경을 시켜 주었다. 데니스 팀장이 운전해서 태우고 다녔고, 물론 비용은 데니스 팀장 회사가 부담했다.

그들은 주말인데 쉬지도 않고 투어를 시켜줘서 고맙다는 인사를 잊지 않았다. 2주일 동안 거의 매일 호텔로 찾아 갔다. 불편한 거 없는지 물어 봤다. 물과 빵이 필요하다고 하면 마트에서 구입해 각 방에 넣어줬다.

모든 일정을 마치고 마지막 날이 되었다. 그들을 태우고 공항으로 갔다. 체크인을 하고 보딩 패스를 받는 것까지 확인했다. 출국장으로 들어갈 때까지 지켜봤다.

그들은 2주 동안 정말 고생 많았다며 데니스 팀장과 포옹을 나눴다. 떠나는 마지막 뒷모습에 손을 흔들어 주었다.

그들이 떠난 후 데니스 팀장은 몸살을 앓았다. 2주 동안 거의 쉬지 않고 실사단 뒷바라지를 했으니 멀쩡하다면 이상할 법도 하다.

한 달 후 그들은 데니스 팀장에게 실사 합격이란 큰 선물을 안겨주었다.

사소한 것에서 결과가 달라진다

제약회사는 수입국 현지 공무원이 시설을 점검하는 실사를 받게 된다. 사실 데니스 팀장의 공장은 부족한 부분이 많았다. 그래도 당당히 합격했다. 정성이 감동을 낳았다. 그들은 공장 시설이 기준치에는 미치지 못하나 이 정도 마음가짐이라면 충분히 개선 가능성이 있다고 판단했던 것이다. 그들은 현재의 부족함보다 미래의 가능성에 큰 점수를 준 것 같았다.

데니스 팀장은 외국에서 손님이 오면 정성을 다한다. 공항에 도착하는 순간부터 돌아가는 날까지 전 일정을 챙긴다. 때론 여행사 가이드가 되어 여러 관광지로 안내한다. 필요한 것은 사소한 것이라도 직접 챙겨준다. 마트에서 쇼핑할 때에는 직접 카트까지 끌고 다닌다. 심지어는 마트 문 닫을 때까지 따라 다닌 적도 있다.

영화 '친구'에서 나온 대사처럼 "내가 니 시다바리가(내가 너의 졸병이냐)?'라는 생각은 하지 않는다. 비싸고 좋은 걸 대접하지 않더라도 정성을 대접한다. 손님들은 분명 그 정성을 느낀다. 우리 제품을 사주는 바이어든 우리에게 물건을 팔려는 서플라이어든 외국에서 온 손님들에게 잘해주어라. 그들에게 한국은 낯선 땅이다. 오로지 당신에게 의지할 수밖에 없다. 외국에서 손님이 올 때를 대비해 괜찮은 관광지 리스트를 만들어 보라. 그리고 맛이 좋고 분위기가 깔끔한 식당을 파악해 두어라. 갑자기 섭외하려면 실패할 확률이 높다. 평소에 갈만한 곳을 미리 파악해 두면 도움이 된다. 관광지에 대해 이야기 거리를 만들어 두는 것도 좋다. 관광지가 만들어진 연도, 유래, 숨은 이야기를 들려주면 외국 손님들이 좋아한다. 그들이 자기네 나라로 돌아가면 가족이나 동료들에게 들려줄 이야기가 생기는 것이다. 한국에 갔던 이야기를 하며 신이 나서 추억들을 풀어 놓을 것이다. 그런 손님들에게 정성을 보여 주면 그들은 당신의 진정한 파트너로 거듭날 것이다.

감동은 되돌아 온다

탄자니아에서 손님이 왔다. 비즈니스 가능성을 타진하려고 한국을 방문한 것이다. 날씨가 쌀쌀해 겉옷을 준비해주었다. 고마워했다.

4일간의 비즈니스 일정을 모두 마쳤다. 월요일에 돌아가는 스케줄이어서 주말에는 특별한 일이 없었다. 데니스 팀장은 시내 관광을 시켜 줄 마음을 갖고 있었다. 그런데 임원 중 한 명이 이런 말을 했다.

"데니스 팀장, 주말에 할 일 없지? 탄자니아 바이어 관광이나 시켜줘."

탄자니아 바이어는 괜찮다며 호텔에서 쉬겠다는 의사를 표시했다. 임원은 막무가내로 밀어붙였다.

사실 가족들과 주말에 해야 할 일이 있었다. 하지만 손님이 왔으니까 양해를 구하고 바이어를 만나러 나갔다.

좋은 기분으로 손님을 모시려고 노력했다. 싫은 내색을 하면 상대는 금방 눈치를 챈다. 탄자니아 바이어는 이틀간의 관광에 큰 만족을 보였다. 서울의 발전된 모습에 감탄을 금치 못했다.

일요일 오후, 탄자니아 바이어가 자기는 정말 만족했으니 이제 가족들에게 돌아가라고 했다. 일요일 저녁이라도 가족들과 식사를 하라는 배려였다. 그때 임원이 전화를 했다. 같이 저녁 식사를 할 테니 자기 집 근처로 오라고 했다. 탄자니아 바이어에게 설명을 하니 손을 내 저었다. 그럴 필요 없으니 호텔로 데려 달라고 했다. 하지만 임원의 고집에 저녁 식사를 같이 하게 되었다.

식사를 기다리는 동안 환담을 나누었다. 탄자니아 바이어는 임원에게 데니스 팀장에 대한 감사의 말을 건넸다.

"주말 동안 나를 위해 시간을 내준 데니스 팀장에게 정말 감사를 드립니다. 분명히 가족들과 약속도 있을 텐데 미안한 생각이 드네요.

그러니 저녁 식사는 빨리 끝내고 얼른 가족들과 시간을 보내도록 하는 게 좋을 듯합니다."

그러자 그 말을 듣던 임원이 입을 삐죽거리면서 말했다.

"It's his job(이건 얘 일이에요)!"

말하자면 주말이건 아니건 바이어를 수행하는 건 데니스 팀장의 일이니 신경 쓰지 말라는 뜻이다. 이 말을 들은 데니스 팀장은 기분이 상했다. 물론 손님이 한국을 방문했으니 불편하지 않도록 뒷바라지하는 게 글로벌 마케터의 일이지만 꼭 손님 앞에서 그런 식으로 말할 필요는 없었다.

바이어 또한 어떻게 그런 말을 할 수 있느냐는 듯이 임원을 빤히 쳐다봤다. 그리고 식사하는 동안에 임원에게 말을 하지 않았다. 분명 바이어도 임원의 생각이 잘못되었다는 걸 알고 있었다.

데니스 팀장은 아무렇지 않은 듯 행동했고 바이어가 돌아가는 날까지 잘 수행했다. 바이어는 공항에서 데니스 팀장에게 진심으로 감사해했다.

그 바이어는 데니스 팀장의 든든한 파트너가 되었다.

목표를 높게 잡아라

"이번 달 말까지 내년도 사업계획서를 제출해주세요."

기획실장의 한마디에 머리가 지끈거린다. 어느 회사나 연간 목표를 잡고 사업 계획을 짠다. 영업 부서는 가능한 보수적으로 목표를 잡으려고 한다. 그래야 달성 가능성이 높으니까. 회사는 매출 확대를 위해 목표를 높여 잡으라고 독려한다. 당장 다음달 매출이 목표에 미달하면 작게는 상사에게 야단을 맞고 크게는 급여나 성과급에서 불이익을 받는다. 그러니 영업사원은 목표에 민감할 수밖에 없다. 매출 목표를 정하기 위해 회사와 영업사원은 치열한 신경전을 벌인다.

실현 가능한 목표만 잡는다는 것, 글로벌 마케터의 사기를 떨어뜨리지 않는다는 점에서는 이해한다. 왜냐하면 실적이 매번 목표에 못 미치면 영업할 맛이 안 나기 때문이다. 하지만, 회사와 정한 목표와 별개로 글로벌 마케터 자신의 목표는 달라야 한다.

금년 매출이 100이라면 내년 매출은 10~20% 늘어난 110에서 120 정도 잡는 게 일반적이다. 하지만 글로벌 인재 자신은 이것보다 훨씬 높은 목표를 잡기 바란다. 단기적으로는 힘들더라도 중장기적으로는 2~3년 안에 300으로 매출을 늘린다는 목표를 정하라.

단순히 10~20% 늘리는 정도의 목표라면(물론 이것도 힘이 들겠지만) 결과가 정말 10~20% 밖에 늘지 않는다. 자신의 마인드가 10~20%에 맞춰져 움직이기 때문이다.

하지만 '2~3년 안에 300%'와 같이 목표를 정해보라. 불가능하다는 마음을 버리고 어떻게 하면 300%의 매출을 달성할 수 있을까 만 고민하라. 10~20% 확대는 거래처에 방문해서 바이어에게 사정하면 가능할 수 있다. 300%란 매출을 달성하기 위해서는 단순히 거래처에 방문하는 것만으로 부족하다. 획기적인 마인드의 전환이 필요하다는 말이다.

바이어와 만남을 자주 갖는 건 물론이고 새로운 빅바이어의 발굴, 경쟁자의 가격 동향, 대박 가능한 제품의 발굴, 원가를 절감할 수 있는 피나는 노력, 적절한 홍보를 통한 인지도 상승 등 수많은 아이디어가 쏟아져 나오게 된다. 그러면 300%란 매출을 달성하거나 아니면 거의 근접한 실적을 이루어내게 된다.

호랑이를 그리려고 해야 치타라도 그린다. 처음부터 치타를 목표로 그리면 치타는커녕 고양이를 그리게 될지도 모른다.

힘들고 부딪히는 부분이 분명히 많다. 글로벌 마케터 또는 글로벌 마케팅 부서만 발버둥 친다고 달성할 수 있는 문제가 아닌 것이다. 치열하게 싸워 나가야 한다. 바이어와의 싸움에 앞서 내부 싸움에서 이겨야 한다. 그리고 바이어를 설득하고 바이어의 인식도 전환시키며 나의 목표를 바이어의 목표로 만들어야 한다.

목표는 훨씬 높고 훨씬 멀리 잡자. 글로벌 인재라면 눈에 보이는 목표에 몇 발 더 가는 데 만족하지 말자.

'왜?'라는 질문을 하라

"이번 수입경비 명세서에 ○○○이란 항목이 있던데, 왜 그게 청구됐죠?"

"네, 팀장님. 우리가 계속 지불했던 건데요."

"가격 조건을 보면 공급자가 부담해야 하는 경비인데, 왜 우리가 내야 합니까?"
"제가 인수인계 받을 때부터 그렇게 하고 있던 건데요."
"무슨 항목인지도 모르고 돈을 지불하는 게 맞는 건가요?"
"쭉 해 오던 거라서…… 하던 대로 한 것뿐인데요……."

회사의 부서 통폐합 정책에 따라 수출 부서와 수입 부서가 통합된 적이 있었다. 업무 파악 과정에 원료 수입을 담당했던 여직원과의 대화 내용이다. 그 여직원을 비난하고 싶지는 않다. 다만, 그 여직원에게 아쉬웠던 점이 '왜?'라는 질문을 왜 안 했냐는 것이다.

문제의식을 느끼고 일을 하는 직원들은 생각보다 흔하지 않다. 늘 하던 대로 한다. 상사가 시키니까, 전임자가 했던 거니까, 팀장이 별 말 없으니까 하던 대로 한다. 그러나 회사 업무를 보면 의외로 개선해야 할 부분이 상당히 많다. 더 효율적으로, 더 저렴하게, 더 빠르게 할 수 있는데도 타성에 젖어 그대로 한다. 참으로 안타깝다.

"왜?"라는 질문을 할 수 있어야 변한다.

글로벌 인재는 타성에 젖지 말아야 한다. 하던 대로 하는 걸 가장 두려워해야 한다.

유영만이 쓴 『니체는 나체다』에 니체가 변화에 대해 멋진 해석을 한 대목이 나온다.

"미래를 분만하는 자가 되려면 현재에 미래의 씨를 임신해야 한다. 미래를 변화시키는 힘은 바로 현재에 있다."

현재 당신이 가지는 "왜?"라는 질문은 당신의 미래를 변화시킬 '미래의 씨'라는 걸 기억하라.

에필로그

2% 부족한 사람

"벌써 오늘이 뉴욕에서 마지막 밤이네요. 지사장님께서 저를 며칠 겪어 보셨으니 저에 대한 평가를 해주시면 어떨까요? 조언도 좋고 충고도 좋습니다."

"나는 당신의 이런 점이 마음에 들어요. 스스로를 평가해 달라고 하는 열린 마인드, 그리고 평가에 대한 자신감."

"감사합니다. 저는 제 스스로를 아직 잘 모르겠습니다. 열심히 합니다만, 열심히 하는 걸로는 부족하다는 생각이 들 때가 있습니다."

"당신은 영어도 잘하는 편이고 제품에 대한 프레젠테이션도 괜찮았어요. 그런데 2% 부족하다고나 할까, 뭔가 아쉬운 점이 있네요."

"그게 뭐지요? 좀 더 자세히 말씀해주세요."

"일단 내 말을 곰곰이 생각해보세요. 한국 가서 만나면 그때 다시 이야기해보도록 합시다."

미국 뉴욕에서 미국의 최대 사무용품 유통업체 중 하나인 오피스디포(Office Depot) 국제 입찰에 참가했을 때다. 오피스디포는 입찰 방식으로 선정한 각국의 제조업체에 공급권을 준다. 나는 미국계 바이오피스와 공동으로 입찰 작업에 들어갔다. 그 바잉오피스의 지사장은 40대 후반의 한국 여성이었다.

지사장은 왜 나에게 2% 부족하다는 말을 했던 것일까? 나는 한국에 돌아와서도 그 말뜻을 이해하지 못했다. 나 스스로에 대해 아쉬움을 느끼고 있던 차에 그런 답을 듣게 되니 더 혼란스러웠다.

'정말 나에게 부족한 점이 뭘까?'

스스로에게 계속 질문을 던졌다. 답을 찾지 못하자 미국에서 있었던 일을 곱씹어 보았다.

뉴욕으로 출발하는 전날에 한쪽 눈이 충혈되었다. 피곤해서 그러려니 생각하고 대수롭지 않게 생각했다. 미국에 도착하니 눈병이 도졌다. 왼쪽 눈이 벌겋게 변했고 자꾸 눈물이 나왔다. 지사장은 나를 보더니 걱정을 했다. 프레젠테이션이 바로 코앞인데 할 수 있겠냐고 했다.

나는 할 수 있다며 큰소리를 쳤지만 상태는 점점 더 심해졌다. 눈물과 함께 진득한 액체가 흘러 나왔다.

지사장과 프레젠테이션에 앞서 사전 점검을 했다. 프레젠테이션 연습을 하고 예상 질문과 답변을 정리했다. 프레젠테이션을 준비하는 부담감만큼 눈에 신경이 많이 쓰였다. 도저히 나을 기미가 보이지 않았다. 뉴욕에 마침 지사장 아는 사람이 살고 있었다. 부탁을 해서 항생제를 구했다. 그러나 효과가 나타나지 않았다.

프레젠테이션 당일 예정된 장소로 이동을 했다.

오피스디포 담당자들이 앉아 있었다. 악수로 인사를 대신하고 단상에 올라섰다. 모두들 내 눈을 쳐다보았다. 한쪽 눈이 이상하다는 걸 느꼈는지 몇 명은 고개를 앞으로 빼서 내 얼굴을 뚫어져라 쳐다봤다.

눈병 때문에 상태가 좋지 않음을 양해해 달라는 멘트를 시작으로 프레젠테이션을 시작했다. 회사 소개를 마치고 제품 소개에 들어갔다. 제품 포장과 사용법을 설명했다. 약 한 시간에 걸친 프레젠테이션을 마쳤다.

1차 프레젠테이션에서 제시한 가격을 수용하기 힘들다는 답변이 돌아왔다. 대신 차기 입찰 권한을 부여하겠다는 것이다. 그때 최종적으로 가격과 수량을 결정하겠다고 했다.

눈병이 난 것 빼고는 크게 실수한 건 없었다. 프레젠테이션도 괜찮았다. 그런데 뭐가 2% 부족하다는 거지? 이해가 가질 않았다.

한국에 돌아와서도 '나에게 부족한 2%가 뭔가?'라는 질문이 계속 머릿속에 남아 있었다. 일에 열중하는 와중에도 그 질문은 문득 심장을 망치질 하는 듯했다. 시간이 흐른 뒤 바잉 오피스 지사장을 직접 만나 물어 보기로 했다. 그러나 연락이 되질 않았다. 다른 회사로 자리를 옮겼다고 한다. 핸드폰 번호를 알지 못하니 연락할 방법이 없었다. 그대로 2%에 대한 답은 미궁에 빠졌다.

나는 여전히 그 2%에 대한 답을 찾고 있다. 그런데 그동안 2%를 찾으려는 노력이 나를 더 나은 사람으로 만들고 있었던 것이다. 어떤 결과물을 만들어 놓고도 혹시 2%가 부족한 게 아닌가 다시 돌아 봤다. 항상 스스로 완벽하지 않은 98점짜리라고 여기며 노력하고 또 노력했다.

SBS에서 방송한 'K팝스타'라는 오디션 프로그램을 재미있게 본 적이 있다. 참가자 중 한 사람이 너무 연습을 많이 해서 목이 쉬었다. 막상 최고의 모습을 보여 줘야 하는 자리에서 최악의 모습을 보이게 되었다. 그때 심사위원인 가수 보아가 한마디 했다.

"자기 관리도 실력이거든요."

듣는 각도에 따라 재수 없게 들릴 수도 있다. 하지만, 나는 100% 공감했다. 프로는, 또는 프로가 되려는 사람은 자기 스스로에게 냉정해야 한다. 어떤 변명 없이 최고의 모습이어야 한다.

나는 여전히 98점에 머물러 있다. 아니, 98점이 안 되는지도 모르겠다. 그래서 책을 쓰게 되었다. 더불어 책을 쓰면서 나에게 부족한 2%를 찾는 수행을 했다.

인도 회사의 한 임원이 한국에 처음 방문하게 되었다. 그는 한국의 발전된 모습을 보고 충격을 받았다. 저녁 식사 자리에서 막걸리를 혼자서 7병이나 마시고 뻗어 버렸다. 그는 "왜 내 조국은 한국처럼 되지 못할까?"라는 한탄의 말만 되풀이했다.

대한민국은 그동안 세계를 놀라게 만들 만큼 비약적인 발전을 이룬 나라다. 우리는 세계가 놀랄 기적을 현실로 만든 민족이다. 서로가 2% 부족한 걸 메워가며 더 큰 꿈을 이루기를 희망한다.

글로벌 비즈니스를 빼고 기업을 이야기할 수 없는 시대다. 그러므로 글로벌 비즈니스를 하는 글로벌 마케터의 역할이 매우 중요하다. 글로벌 마케터, 글로벌 인재라면 자신에 대한 마케팅에 신경 써야 한다. 세계 어디를 가도 잘 팔릴 수 있도록 품질을 높이고 포장에 신경 써라. 매 순간 최고의 모습을 보이도록 노력하라.

어떤 업종에서 어떤 직급에 있더라도 이 책을 읽는 당신이 글로벌 비즈니스의 주인공이 되길 바란다.

Q&A 글로벌 마케터에 대해 궁금한 것들

Q 글로벌 마케터(해외영업 담당자)는 어떤 일을 하는 직업인가요?

A 직장 경험이 없는 학생들은 글로벌 마케팅에 대해 환상이 있는 것 같습니다. 해외출장 다니고 외국 사람과 대화하며 좋은 식당에서 식사하는 그런 직업으로 생각합니다. 맞습니다. 그런 일을 하는 사람들입니다. 그런데 중요한 것은 그게 다가 아니라는 말입니다. 그 이면에 숨겨진 힘든 일들이 더 많기 때문입니다.

정확하게 말하면 글로벌 마케팅을 담당하는 글로벌 마케터도 영업사원입니다. 제품을 파는 직원이란 말이죠. 다만 그 대상이 한국 사람이 아니라 외국 사람이라는 점만 다를 뿐입니다.

매달, 매년 매출 목표를 정하고 최대한 달성하려고 몸부림치는 사람들입니다. 국내 영업사원들과 거의 같은 업무를 한다고 보시면 맞습니다. 신규 거래처를 발굴하고, 출장 가서 만나고, 제품 소개해서 주문을 받아 냅니다. 그리고 대금을 회수하는 일을 합니다.

폼만 잡는 그런 직업은 아닙니다. 그렇다고 폼이 안 나는 것도 아닙니다.
공항을 내 집 드나들 듯 자주 갑니다. 간혹 기내식이 지겨울 정도로 비행기를 자주 타기도 합니다. 남들은 제 돈으로 해외여행을 가지만 글로벌 마케터들은 회사 돈으로 갑니다. 여행으로는 한 번 가기 힘든 그런 특이한 나라도 가봅니다.
바이어가 한국을 방문해서 같이 다니며 영어를 쌀라쌀라 해대면 사람들이 힐끔힐끔 쳐다볼 때에는 으쓱하기도 합니다. 외국인과 함께 쇼핑을 가면 외국인 D/C(할인)도 받습니다.

글로벌 마케터들은 다른 부서에 비해 상대적으로 업무 만족도가 높습니다. 이런 말이 있습니다. "한 번 글로벌 마케팅 밥을 먹어본 사람은 다른 일을 하다가도 다시 돌아온다." 자신이 하는 일에 대해 그만큼 재미와 보람을 느낀다는 말인 거죠.

글로벌 마케터란 직업을 고민하고 있다면 나는 강력히 말하고 싶습니다.

"주저하지 말고 꼭 해보세요. 후회하지 않을 겁니다."

Q 글로벌 마케터가 하는 일을 구체적으로 알려 주세요.

A 글로벌 마케터의 일 중에서 가장 많은 부분을 차지하는 게 해외영업입니다. 2000년대 초만 하더라도 해외영업팀(영업), 무역팀(무역서류), 마케팅팀(홍보), 수입팀(구매)이 나뉘어져 있었습니다. 최근에는 이런 부서들이 통폐합을 거쳐 하나의 팀에서 업무를 담당하는 추세입니다. 그만큼 한 사람의 역할이 커졌다는 말입니다. 두세 명의 일을 해내야 하니 업무량이 많아졌습니다. 대신 무역에 관한 전반적인 업무를 모두 경험해 볼 수 있다는 장점이 있습니다.

회사마다 글로벌 마케터가 해야 하는 일이 모두 다르겠지만 아래의 업무에서 크게 벗어나지는 않을 겁니다.

1. 해외영업
   - 신규 시장 및 바이어 발굴

- 시장 및 가격 조사

- 가격 협상

- 오더(주문) 수주

- 생산 지시

- 생산 일정 및 출고 일정 협의

- 제품 품질 또는 포장 상태 확인

- 대금 회수

- 해외 출장

- 전시회 참가

- 바이어의 오더 계획 파악

- 수출품 품질에 대한 불만 접수 시 협상

- 해외 거래선과 계약(수출, 라이센스 계약)

- 당해 연도 사업 평가 및 차기 연도 사업 계획

- 제품 교육(교육을 하기도, 받기도 함)

- 바이어 방문 시 수행

- 바이어 미팅 시 통역

2. 무역서류

- **무역 서류 작성**(인보이스, 패킹리스트, 신용장 네고 서류 등)

- 영문 계약서 작성

- 은행 신용장 네고

- 대사관, 상공회의소에 무역 서류 인증

3. 홍보

- 해외에 제품 홍보(광고, 프로모션, 세미나)
- 수출 및 수입에서 특별한 성과에 대한 대외 홍보(신문, 잡지에 기사 게재)
- 마케팅 전략 수립

4. 수입
    - 원료 소싱 및 구매
    - 완제품 소싱 및 구매
    - 해외 공급선과 계약(수입, 독점 계약)
    - 수입 대금 송금
    - 수입 통관
    - 수입품에 대한 불만 접수 시 공급처와 협상

Q 해외마케팅은 해외출장을 자주 가나요?

A 해외출장을 자주 갑니다. 그러나 '자주'라는 기준이 회사마다 조금씩 달라요. 다른 글에서 해외마케팅도 영업이라는 말씀을 드린 적이 있습니다.

대기업에 노트북을 납품하는 영업사원의 경우를 예로 들어 볼게요.
대기업에 노트북을 30대 정도 납품할 목표를 정해 두었습니다. 영업을 하려면 어떻게 할까요? 대기업의 노트북 구매 담당자에게 연락을 해야겠죠. 전화로 할 수도, 이메일을 보낼 수도 있습니다. 그러나 제일 확실한 방법은 직접 찾아가서 구매 담당자를 만나는 겁니다. 그래서 제품을 보여 주고 가격을 절충하여 판매를 완료 합니다.

글로벌 마케터도 영업을 하는 입장입니다. 수출을 잘하려면 해외에 있는 바이어를 만나는 게 거래를 성사시킬 수 있는 가장 좋은 방법이겠죠. 따라서 자주 가서 만나고 친해져야 합니다. 그런데 거래처가 한 군데만 있는 건 아닙니다. 따라서 여러 나라에 있는 바이어들을 방문해야 합니다. 또한 회사의 분위기와 문화, 그리고 경영자의 마인드에 따라 출장을 자주 갈 수도 있고, 한번 가기 정말 힘들 수도 있습니다.

A 기업의 경영자는 해외출장을 단순히 경비로 생각합니다. 담당자가 출장을 가려면 잘못 가게 훼방을 놓습니다. 계획서를 여러 차례 요구하며 출장을 가기 전부터 진을 빼놓습니다. 출장 갔다 오면 보고서를 요구합니다. 그런데 보고서를 과하게 요구하여 보고서를 쓰는 데만 하루 꼬박 걸립니다. 그리고 그 보고서를 직원들 앞에서 프레젠테이션을 하라고 합니다.

B 기업의 경영자는 해외출장을 투자라고 생각합니다. 바이어를 만나 친해지면 비즈니스는 당연히 따라 올 것이란 걸 압니다. 해외출장을 가면 고생한다는 걸 이해하니까 담당자를 격려하고 힘을 불어 넣어 줍니다.

국내출장과 달리 해외출장은 비용이 많이 드는 게 사실입니다. 항공료, 호텔, 식대, 교통비, 접대비 등 만만치 않죠. 해외출장 가서 경비를 너무 아끼는 것도 바람직하다고 볼 수 없지만 가능한 절약하는 마음을 가지도록 합니다.

데니스 팀장의 경우에는 통상 한 달에 한 번 가는 게 적당하다고 생각합니다. 거래처가 15개라면 15개월마다 한 번씩 방문하는 셈이 되겠죠. 너무 안 가거나 너무 자주 가는 것도 좋지 않습니다. 적당한 게 좋습니다.

 해외마케팅 담당자는 해외출장을 자주 갑니다. 제가 아는 어떤 사람은 해외출장을 얼마나 자주 가는지 한 달에 반은 해외에 있더군요. 부러운 건지, 불쌍한 건지……

Q '바이어'란 어떤 일을 하는 사람을 말하는 건가요?

A 이 책에서 말하는 '바이어'는 무역에서 수입을 하는 회사나 담당자를 뜻합니다. 마트에서 과일을 사는 사람을 소비자라고 부릅니다. 그런데 과일을 대량으로 구매하는 마트 담당자를 바이어라고 부릅니다. 즉, 소비자에게 팔 제품을 대량으로 구매하는 일을 하는 사람들을 바이어라고 칭하는 겁니다.

무역에서는 제품을 만들어 수출하는 사람과 그 제품을 수입하여 외국 현지에 공급하는 일을 하는 사람으로 나뉩니다. 여기서 제품을 수입하는 사람이 바이어가 되겠죠. 한국에서 운동화를 수입하는 바이어가 하는 일을 한 번 예로 들어 보겠습니다.

중국에 있는 운동화 제조업체를 찾습니다. 품질을 믿을 수 있고, 대량 생산이 가능해 가격대가 저렴하면서 믿을 수 있는 제조업체를 선정하겠죠. 이미 제조업체가 만들어 놓은 제품을 수입해서 판매하는 바이어도 있겠지만 바이어가 원하는 제품을 주문자상표부착방식으로 수입하는 바이어도 있습니다.

운동화는 기능만큼 디자인이 중요합니다. 디자인이 예뻐야 비싼 돈을 주더라도 살 테니까요. 바이어 회사 소속 디자이너가 직접 디자인한 제품을 선호할 겁니다. 그래야 바이어가 원하는 디자인을 가진 독특한 운동화를 수입할 수 있으니까요. 디자인이 결정되면 운동화의 기능성을 제조업체와 협의합니다. 그리고 가격대를 정하고 제조업체에 주문을 하게 됩니다. 생산과 선적 일정을 확인한 후 국내 영업 사원들과 판매 대리점에 제품 공급 일정을 통보합니다. 판매가 잘 될 거라 예상하는 운동화 모델은 광고를 하거나 이벤트를 통해 판매를 촉진합니다.

회사마다 파트가 나뉘어 있기도 하지만 작은 회사의 바이어는 이 일들을 모두 맡아 하기도 합니다. 좋은 제품을 싸게 구매해서 예정된 날짜에 이상 없이 수입하는 일을 하는 사람. 이런 사람들이 바이어입니다.

Q 바이어가 가격만 알아보고는 연락을 끊어 버렸는데요. 이런 일이 많나요?

A 그럼요. 바이어도 사람인데 좋은 사람, 못된 사람 있지 않겠습니까? 저 또한 다양한 바이어들을 만나 봤습니다. 물론 좋은 바이어가 더 많습니다만 개중에는 저질, 악질 바이어도 있습니다. 질문자 말씀처럼 가격 조사를 하려고 접촉하는 바이어도 있고 샘플만 받아 챙기는 바이어도 있습니다. 또한 돈을 주지 않고 도망가는 바이어도 있고 사기 치는 바이어도 있습니다. 항상 조심하셔야 합니다.

그런 저질, 악질 바이어에게 당하지 않으려면 어떻게 해야 할까요? 마음먹고 달려드는 못된 바이어에게 당할 재주는 없습니다. 다만 확률을 줄일 수는 있지요.

글로벌 마케터가 바이어와 공감대를 형성하기 위해 진정성을 보여 줘야 하듯이 마찬가지로 바이어에게 진정성을 요구하는 것입니다. 예를 들면 처음 알게 된 바이어가 가격을 요구할 경우입니다. 이럴 때에는 바이어에게 숙제를 주어 테스트를 유도합니다. '귀사의 매출액, 직원 수 등 상세한 소개 자료를 보내 달라.' '시장 규모와 전망' '귀사의 영업을 활성화할 계획' 등을 물어 봅니다. 진정으로 질문자와 거래할 의사가 있는 바이어라면 어떤 식으로든 자료를 만들어 제공합니다. 거래를 하고 싶으니까요. 하지만 가격만 알아보거나 다른 이상한 의도가 있는 바이어라면 그런 자료를 제공하지 않습니다. 어차피 거래할 생각이 없으니까 귀찮은 일은 하지 않으려는 경향이 있거든요.

한 가지 더. 질문자 회사에서 생산하는 전 제품에 대해 가격을 달라고 요구하는 바이어에게는 가격을 주지 마세요. 바이어마다 관심이 있는 제품이 다르기 때문에 전 제품에 대한 가격을 달라고 요구하지는 않습니다. 바이어가 수십 개 제품에 대한 가격을 요구한다면 질문자께서는 그중에서 우선순위를 정해 달라고 요구하십시오. 그래서 몇 가지 제품에 대한 가격만 먼저 제시하는 쪽으로 유도하시는 게 좋을 것 같습니다. 차후 비즈니스가 진행되는 걸 보면서 추가로 가격을 알려 주셔도 늦지 않을 거라고 생각합니다.

Q 글로벌 마케터가 되는 데 특별한 전공이 필요한가요?

A 글로벌 마케터란 직업에 관심이 있으시군요. 글로벌 마케팅을 하는 데는 특별한 전공이 필요하지는 않습니다. 글로벌 마케팅이 무역과 관계가 있으니 예전에는 무역, 경영, 어학 전공자를 선호했던 적도 있습니다. 하지만 지금은 전공에 제한을 두지 않습니다.

물론 조건은 있습니다. 글로벌 마케팅이 아무래도 외국과의 비즈니스이다 보니 어학 능력이 중요한 건 사실입니다. 영어는 기본적으로 요구되지만 일본어, 중국어 등 특정 언어를 구사하는 인재를 찾기도 합니다.

또한 글로벌 마케팅을 하되 전공을 활용하여 기술영업을 하는 회사에 입사하는 것도 좋습니다. 예를 들면 화학공학을 전공한 인재가 화학제품을 수출하는 회사에 입사하여 글로벌 마케팅을 하는 것이죠. 바이어에게 전문적인 제품 설명이 가능하니까 비전공자보다 유리한 점이 있습니다.

글로벌 마케팅을 하는 데는 전공은 중요하지 않습니다. 적성이 얼마나 잘 맞느냐가 중요합니다. 본인이 하는 일에 재미와 보람을 느낄 수 있는 사람이 글로벌 마케팅에 적합한 인재라고 생각합니다. 성실하며 배우려는 자세를 가진 인재라면 글로벌 마케터에 도전하세요. 꼭 성공하리라 믿습니다.

Q 글로벌 마케터를 채용하는 회사에 면접을 보러 갑니다. 어떤 점을 충분히 어필해야 좋은 결과가 있을까요?

A 제가 글로벌 마케팅을 담당할 인재를 채용할 때 면접에서 다음 사항을 중점적으로 확인합니다. 참고하시기 바랍니다.

1) 어학 능력

영어나 특정 언어로 대화가 가능한지를 확인합니다. 토익과 같은 공인점수는 참고만 하고 영어로 대화를 할 수 있는지 봅니다. 영어로 자기소개를 하라고 하지는 않습니다. 왜냐면 영어 자기소개만큼은 지원자들이 준비를 잘해 오기 때문에 시켜 봐야 변별력이 떨어지니 소용없습니다.

처음부터 영어로 대화를 하든지 아니면 몇 가지 질문을 해서 얼마나 순발력 있게 영어로 답하는지 체크를 합니다.

2) 건강과 식성

글로벌 마케터는 해외출장을 자주 다닙니다. 일단 체력이 뒷받침되어야겠죠. 장시간 비행기를 타는 건 물론이고 외국의 날씨에 적응을 잘해야 합니다. 그리고 음식을 특별히 가리지 않고 잘 먹는지 물어봅니다. 글로벌 마케터가 외국에서 낯선 음식을 잘 먹지 못해 고생하는 경우를 가끔 보았습니다. 그게 흉이 되는 건 아니지만 담당자도 바이어도 불편한 건 사실입니다. 바이어와 공감대를 형성한다는 측면에서 함께 식사하는 자리는 참 중요합니다. 그런데 음식이 입에 맞지 않아 잘 먹지 못하거나 식사 때마다 김치를 꺼내 먹어야 한다면 서로 고역일 수도 있습니다. 낯선 음식도 가리지 않고 잘 먹는다면 글로벌 마케팅에 유리한 인재라고 볼 수 있습니다.

3) 원만한 인간관계

직장인에게 원만한 인간관계는 정말 중요한 요소입니다. 특히 글로벌 마케팅은 사람과 사람의 비즈니스입니다. 바이어와 유대를 잘 맺을 수 있는 인재라면 당연히 최고죠. 바이어를 자기편으로 만들 줄 아는 친화력을 가진 인재, 기업이 마다할 이유가 없겠죠.

바이어와 문제를 일으키는 담당자는 회사 내 동료들과도 문제가 많습니다. 끝내 적응하지 못하고 그만 두는 경우도 있습니다.

4) 꼼꼼한 성격

인간관계에서는 원만한 게 좋지만 업무에서는 꼼꼼한 게 좋습니다. 지리산은 자신감 있는 사람이 등정에 성공하지만 에베레스트는 꼼꼼한 사람이 등정에 성공합니다. 그만큼 준비를 철저히 하고 실수를 줄여야 한다는 말입니다. 글로벌 마케팅은 덤벙대는 사람보다 꼼꼼한 성격을 가진 사람이 성과를 더 잘 냅니다. 바이어의 신뢰를 얻는 게 무엇보다 중요합니다. 자꾸 실수를 하거나 중요한 사안을 놓치는 사람에게 어느 바이어도 신뢰를 주지 않습니다. 따라서 실수를 하지 않으려는 자세가 중요합니다.

무엇보다도 면접에서는 의지와 열정을 보여 주셔야 합니다. 뽑아 주면 좋고 아니면 말고 식의 태도를 보인다면 누구도 그 사람을 채용하지 않습니다. 꼭 해내고야 말겠다는 의지와 뜨거운 열정을 강력히 어필하세요. 분명 좋은 결과가 있을 겁니다. 파이팅!

Q 해외영업 쪽으로 이직을 하고 싶은데 영어를 꼭 잘해야 하는지 알려 주세요.

A 해외영업 쪽으로 이직을 생각하시는군요. 해외영업 업무는 특성상 외국 바이어와 대화를 할 일이 많습니다. 그러니 영어로 의사소통이 가능해야 합니다.

한국말을 못하는 사람이 한국에서 화장품을 판매 한다고 가정합시다. 화장품에 대해 설명을 못하고 바디랭귀지만 한다면 제대로 판매하기 쉽지 않을 겁니다. 해외영업에서 영어회화는 필수 조건이라고 할 수 있죠. 영어를 잘한다고 해외마케팅을 잘하는 건 아닙니다. 영어 실력이 수출 실적과 비례 하다면 교포나 통역사들이 수출하면 대박 나겠네요? 그건 아닙니다. 유창한 영어 실력을 겸비하면 금상첨화겠지만 해외영업도 영업입니다. 단지 외국인을 상대로 한 영업입니다. 영업이 쉽지 않다는 건 잘 아실 겁니다. 영업 마인드, 고객의 니즈를 읽을 수 있는 감각, 그리고 협상 능력이 더 중요합니다.

질문자 님의 영어 실력이 어느 정도인지는 모르겠지만 해외영업에 도전해보시길 권해 드립니다. 글로벌 시대에 해외영업은 기회가 정말 많은 직업입니다. 영어 실력이 부족하다면 업무를 배우면서 열심히 영어도 공부하시면 됩니다.

영어회화가 가능하신 수준이 되면 다른 외국어도 한 가지 더 배울 것을 권합니다. 개인적으로 중국어를 추천합니다. 지구상에서 가장 많은 사람이 사용하는 언어가 중국어입니다. 영어와 중국어가 가능하다면 전 세계 인구의 상당수와 의사소통이 가능하게 됩니다.

Q 사장님과 해외출장을 가는데요. 돈 아낀다며 정말 싸구려 호텔에서만 묵어요. 바이어들이 어느 호텔에 묵느냐고 물어 보는데 말하기 부끄럽기도 해요. 사장님을 설득하고 싶은데 뭐라고 말씀드리면 좋을까요?

A 싸구려 호텔은 추천하고 싶지 않습니다. 해외출장을 가서 경비를 절약하는 차원에서 싼 숙박시설만 이용하는 경우가 있습니다. 이런 경우 치안이 불안하고 소지품 분실의 우려가 큽니다. 집 떠나면 개고생이잖아요? 해외에서 생활하는데 호텔이 지저분하고 식사가 좋지 않으면 불편이 크고 사기가 저하됩니다. 특히, 해외 거래선을 처음 방문하는 출장이라면 가능한 5성급 호텔에 숙박하는 게 좋다고 생각합니다. 상대는 우리를 잘 모릅니다. 우리가 싸구려 호텔에 묵는다면 우리 회사의 수준이나 경영 상태를 의심할 수 있습니다. 처음에는 괜찮은 호텔에 숙박해서 우리 회사의 품격이 결코 낮지 않다는 걸 보여 주는 게 좋습니다. 어떤 호텔에 묵는 게 뭐 그리 대수냐고 생각할 수 있겠지만 보이는 부분도 무시할 수는 없습니다.

두 번째 방문부터는 바이어에게 적당한 호텔을 추천해 달라고 도움을 구하면 됩니다. 사장님의 근검절약 정신을 직원이 함부로 평가해서는 안 됩니다. 다만 싸구려 호텔의 문제점을 잘 설명 드려서 합리적인 출장이 되길 바랍니다.

Q 공대 복학생인데요. 의류나 패션 아이템을 취급하는 회사의 해외영업팀에서 일을 해보고 싶습니다. 저는 사람들과 대화하는 게 재미있고 소질도 있는 것 같습니다. 그런데 전공과 전혀 상관없는데 그런 회사에서 잘할 수 있을지 걱정입니다.

A 공대생인데 패션 MD나 마케터가 꿈이시군요. 사실 패션 MD 쪽은 아무래도 관련 전공자가 더 유리한 건 사실입니다. 제가 거래했던 외국계 회사의 경우 의류를 중국과 홍콩에서 제작하여 미국 백화점에 수출하는 일을 했습니다. 그런데 그 회사 대부분의 MD가 패션 관련 전공자였던 게 기억납니다.

그렇다고 패션 관련 전공자가 아니라 해서 그 일을 하지 못한다는 말은 절대 아닙니다. 다만 인력을 채용하는 과정에서 과연 회사가 패션 전공자가 아닌 사람을 채용해야 하는 타당성이 있느냐 하는 것이겠죠. 그러니 질문자 님께서 '그 일을 하고 싶다'가 아니라 '그 일을 할 수 있는 자격이 있는가'를 먼저 생각해야 할 것 같습니다.

그 자격이라는 것은 자격증을 말하는 게 아니라 패션과 관련하여 얼마나 관심이 많고 지식이 있으며 어떤 노력을 했느냐를 생각해보세요. 어느 정도 자격이 된다고 판단되면 회사에 충분히 어필해야 합니다. 일단 회사에 취직을 해야 MD 일을 배울 수 있겠죠. 기업 입장에서는 패션 전공자가 많이 있는데 굳이 비전공자를 채용할 이유가 없기 때문입니다.

희망적인 걸 말씀드리겠습니다. 제품을 만드는 업무가 아니라 마케팅이나 영업 쪽의 일이라면 길은 많이 열려 있습니다. 제약회사를 예로 들어 드리죠. 제약회사에서 영업하는 직원들의 전공이 뭘까요? 당연히 약사라고 생각할 수 있죠? 약품을 판매하니까 약사가 영업을 하는 게 맞다고 생각하는 게 일반적이니까요. 한 제약회사에서 영업직에 종사하는 사람이 30%가 넘는데 그들 중 약사는 거의 없습니다. 약대 출신은 영업보다는 연구나 개발, 또는 제조 쪽의 일을 합니다. 그러니 제약영업이나 마케팅은 비전공자의 몫이 됩니다.

패션 쪽도 마찬가지겠죠. 패션 전공자는 디자인이나 제품을 만드는 업무에 관련이 더 많을 겁니다. 그러니 영업이나 마케팅은 오히려 비전공자가 할 가능성이 높습니다. 질문자 님 꿈이 의류의 제조가 아니라 영업이나 마케팅 쪽이라면 전공에 대해 너무 스스로를 제한하지 마시기 바랍니다.

공대생이니까 패션 쪽 일은 할 수 없다는 선입견은 버리고 지금부터 준비해 나가세요. 기업 입장에서는 같은 이력서라도 공대 출신이지만 패션 쪽에 관심이 많고 관련 일을 잘 할 수 있는 뭔가를 가진 인재라면 마다할 이유가 없으니까요. 잘 준비하셔서 좋은 결과 이루시길 바랍니다.

Q 4년 차 직장인입니다. 중소기업에서 무역서류를 작성하는 업무를 하고 있어요. 처음에는 무역 업무를 배우는 게 정말 재미있었습니다. 그런데 같은 업무가 반복되면서 성장에 한계를 느끼고 있어요. 제가 하고 싶은 일은 발전 가능성이 많은 해외영업일입니다. 그러나 저의 약점은 영어입니다. 바이어와 프리토킹을 하기에는 실력이 부족합니다.

제 고민은 직장을 퇴사하고 1년 정도 캐나다 어학연수를 갈까 생각 중인데 이게 최선의 방법일까요? 나이가 20대 후반의 여자로서 미혼이며 많은 비용이 들기 때문에 고민이 많습니다.

어학연수 없이 해외영업부로 바로 이직이 가능할까요?

해외영업부 지원 시 경력을 인정받을 수 있나요?

A 글로벌 마케터가 되고 싶은데 무역 서류 작성하는 일만 하다 보니 한계를 느끼셨군요. 그런데 해외영업직으로 이직을 하기에는 영어 실력이 부족해 두려운 점도 있으시고요.

무역 실무보다 해외영업을 선택하신 건 정말 잘하신 결정입니다. 무역 실무는 다른 사람으로 대체가 가능한 업무입니다. 하지만 해외영업은 그렇지 않습니다. 그러니 직원이 힘을 가질 수 있고 이직도 용이한 편입니다.

글로벌 마케터에게 영어 회화 능력은 필수입니다. 그렇다고, 직장인이 영어 실력을 늘리기 위해 어학연수를 가는 건 권하고 싶지 않습니다. 일단 연수 기간 동안 돈을 벌지 못하면서 쓰기만 해야 합니다. 실제 투자 비용은 현재 연봉 + 연수경비가 됩니다. 그러니 단순히 캐나다 연수에 필요한 비용만 투자를 하는 게 아닙니다.

또한, 경력의 단절은 도움이 되지 않습니다. 어학연수를 갔다 온 다음에 바로 취직이 된다는 보장도 없습니다.

입사 면접 때 무역 프로세스를 잘 이해하기 때문에 해외영업에도 도움이 된다는 점을 충분히 어필하세요. 회사마다 기준은 다르겠지만 해외영업부로 입사할 때 무역 실무도 대부분 경력으로 인정받을 수 있습니다.

글로벌 마케터가 꿈이라면 영어 공부 열심히 하세요. 어학연수를 고려하는 것보다 퇴근 후 영어 학원을 다니도록 하세요. 1년만 영어에 미쳐 보자 생각하고 해보세요. 요즘 영어 학원비 지원해주는 회사가 많습니다. 회사에서 지원 받아 영어 실력을 늘릴 수 있어요.

지금 다니는 회사에서 해외영업부로 발령이 가능한지 팀장과 협의해보세요. 그게 여의치 않다면 글로벌 마케터를 구하는 회사를 알아보세요. 면접 때에는 '부족하지만 열심히 하겠다', '영어도 열심히 배우겠다'고 열정을 보여 주세요. 분명 좋은 결과로 이어질 거라 믿습니다.

저자 후기

TV를 보다가 아내가 물었다.

"어떤 집에 살고 싶어?"

뜬금없는 아내의 질문에 잠시 머뭇거리다 대답했다.

"글쎄……."

나는 어떤 집에 살고 싶은 걸까? 마당 있는 집, 벽돌로 지어진 이층집, 바다가 보이는 집, 아니면 잔소리하는 아내가 없는 집(?)……?

사실 내 마음속에는 드림 하우스가 있다. 스페인에서 봤던 그 집.

스페인의 날씨는 눈부시게 화사했다.
공항 한편에 선글라스를 낀 아이바 씨가 서있었다. 검은 곱슬머리, 떡 벌어진 어깨, 짧은 목, 그는 한 눈에 알아보기 좋은 외모다. 마치 키 큰 마라도나를 연상시킨다.

그는 스포츠 브랜드 회사를 경영하고 있다. 의류와 신발, 스포츠용품을 제조, 판매한다. 브랜드를 홍보하기 위해 전문 잡지에 광고를 내고, 스포츠 경기에 스폰서도 한다.

아이바 씨는 나를 호텔에 데려다 주면서 시차 적응이 잘 안 될 테니 푹 쉬라고 했다. 호텔은 마치 어느 휴양지에 온 듯한 느낌을 줄 정도로 멋있었다.

하룻밤 푹 자고 나니 몸이 개운하고 정신이 맑아졌다.

'하루 만에 시차 적응을 하다니, 역시 나는 외국 체질이야'라며 스스로 대견해했다.

비즈니스를 마치고 한국으로 돌아오기 전날 아이바 씨는 나를 자기 집에 초대했다.

그의 집으로 가는 길에 근처에 사는 아이바 씨 부모님 댁에 잠시 들리게 되었다. 부모님은 농사를 지으며 살고 있었다. 스페인식으로 조금은 어색한 뺨 인사를 했다. 그들은 매우 기분 좋아하며 나를 더 친근하게 대해주었다.

아이바 씨의 집은 바닷가가 가까운 낮은 언덕 위에 있었다. 집은 한 폭의 그림과 같았다. 집은 큰 편이 아니었지만 마당과 정원, 수영장은 매우 컸다. 그리고 여러 가지 동물을 키우고 있었다. 그중 조랑말 두 마리가 눈에 띄었다. 내가 아이바 씨 집에 도착했을 때 마침 부인과 6살짜리 딸이 조랑말을 타며 놀고 있었다. 그의 부인은 조랑말을 탄 채 나에게 인사를 했다. 미인이었다. 피부는 연한 갈색이었고 마른 체형이었다.

저녁 식사를 마치고 집 주변을 산책 했다. 나는 그 집이 정말 마음에 들었다. 동화책에 나오는 그런 집이 바닷가 언덕 위에 있으니 누가 봐도 마음에 들 것 같았다.

누구에게나 꿈이 있다. 되고 싶은 것, 갖고 싶은 것, 하고 싶은 것들이 있을 것이다.

나는 글로벌 비즈니스를 하면서 명확한 꿈이 생겼다. 큰 회사의 사장, 멋진 스포츠카, 아름다운 배우자, 대한민국에서 가장 비싼 아파트…… 아니다.

나에게는 '바닷가 언덕 위의 새하얀 집', 한국에만 있었다면 영원히 가보지 못했을 그런 집, 글로벌 마케터가 되었기에 직접 보고 마음속에 간직할 수 있었던 집. 나는 그런 집에 살고 싶다.

열심히 살았다. 하지만 막연하게 열심히 살았다. 꿈이 뭔지 확실하지 않았다. 글로벌 마케터를 평생 직업으로 선택했고 그걸 통해 내 꿈을 뚜렷하게 볼 수 있었다.

19년이란 세월 동안 글로벌 비즈니스 한 길만 걸어 왔다. 그 이야기를 후배들에게 들려주고 싶었다.

의사가 되고 싶다는 아들 이준, 아빠 닮아 행복하다는 딸 유정에게 부끄럽지 않을 정도로 정말 열정적이며 치열하게 살고 있다는 현재 진행형 이야기다.

  글로벌 인재를 꿈꾸는 후배들에게 밝고, 긍정적이며, 희망적인 이야기가 되었기를 진심으로 바란다.

  마지막으로 이 책을 쓰는 데 많은 도움을 주신 분들께 진심으로 감사드린다.